한국전쟁

전쟁을 불러온 것들 전쟁이 불러온 것들

한국전쟁 70주년
6.25 톺아보기

전쟁을 불러온 것들 전쟁이 불러온 것들

한국전쟁

6.25
KOREAN WAR

이상호 지음

섬앤섬

"2년 전에 昨故하신 아버님(李時雨)께 이 책을 바칩니다."

책을 펴내며

'역사'로서의 '한국전쟁' 바로보기

한국전쟁이 발발한 지도 70년이 흘렀다. 동양에서는 사건에 10년 단위로 의미를 부여하는 경우가 많다. 70년이면 인간의 나이로 보면 '고희^{古稀}'이다. 고희는 두보가 지은 시에 나오는 '인생칠십고래희^{人生七十古來稀}'에서 나온 말로 사전적 의미로는 드물다는 뜻인데, 옛날에 70살까지 살기가 힘들었기 때문이다. 필자가 70년을 언급한 이유는 조금 다르다. 즉 이제 한국전쟁을 하나의 역사적 사건으로 정리할 수 있다는 것이다.

한국전쟁 참전자들 중에는 10여 세에 참전한 일명 '소년병'도 있는데 이들의 현재 나이는 적어도 80대 중반이다. 즉 역사에서 한국전쟁에 참전한 가장 나이 어린 세대들로 이들 역시 역사의 뒤안길로 사라지고 있다. 결국 한국전쟁은 70년이라는 시간을 통해 역사적인 사건으로 남는 것이다.

그동안 긍정적이든 부정적이든 전쟁 참여자들의 증언이나 주장으로 사실의 편곡이 다소 있어 왔다. 이것이 사건 왜곡에 대한 부정적 책임을 그들에게 돌리려는 것은 물론 아니다. 하지만 개인의 체험을 역사적 사건에 대한 실체로 인식하는 이들에게는 새로운 사료로 소개되는 내용이 이해하기 어려울 수도 있을 것이라고 여겨진다. 하지만 필자는 이러한 한국전쟁 체험자들의 역사적 사라짐에 대해 한편 안타까움을 전하면서도 역설적으로 이제 한국전쟁에 대한 객관적인 역사 평가를 할 수 있는 기회가 오고 있다고 평가한다.

박사학위 논문을 쓸 때에 매우 힘들어 하며 다짐했던 생각이 떠오른다. '박사학위만 받으면, 내가 쓰고 싶은 책을 마음껏 써야지!'이제 와서 되돌아보니 꿈만 높았던 것이 아니었는지 자문한다. 사료를 제대로 읽을 시간을 갖기는커녕 책도 제대로 읽을 여유조차 없으면서 많은 책을 쓰겠다는 욕심만 앞섰으니….

이 책은 필자가 그간 여러 학술지에 발표한 논문을 모아서 보충, 수정하여 작성하였다. 미술에는 콜라주^{collage}라는 기법이 있는데, 그 중 포토 모자이크$^{photo\ mosaic}$라는 작업은 수많은 사진을 모아 새로운 하나의 사진을 완성하는 것이다. 필자도 이렇게 10개의 논문을 모아 하나의 책을 만드는 포토 모자이크 기법을 활용하고자 시도하였으나, 결과는 기대했던 것과는 많이 달라졌다. 책 내용의 오류에 대해서는 이런 필자의 무모함 탓으로 돌려야 할 것이다.

하지만 주변에 많은 분들의 도움으로 아직까지 연구자라는 이름을 허락받을 수 있게 되어 다행이라고 생각한다. 책을 내고 감사의 인사를 적으며, 그 분들의 도움을 하나하나 되새길 수 있어 기쁘기도 하다. 우선 퇴직하신 이후에도 지금까지 많은 지도 편달을 주고 계신 이주영 교수님의 학은學恩은 아무리 감사해도 지나치지 않을 것이다. 또한 늘 학교 현장에서 필자를 격려해주시는 건국대학교의 사학과 교수님들께도 감사를 드리고 싶다. 다양한 분야에서 활동하며, 지루할 때마다 틈틈이 해외답사를 다녀올 수 있는 기회를 제공해 주는 역사문화콘텐츠의 선생님들께도 감사의 인사를 전하고 싶다. 학문적 정열을 불태우고, 주독야경(?)하며 열심히 연구하고 있는 한국역사연구회 현대한국군사연구반의 반원에게도 고마운 마음을 전한다. 특히 책을 미리 검토해주고 필자로 하여금 긴장의 땀을 흘리게 했던 송재경, 류기현 후배에게도 고마움을 느낀다. 한편 미국 방문 시 자료 소개와 그 이후에도 지속적으로 관련 자료를 찾아서 알려주시는 미국립문서기록관리청(NARA)의 김미숙 선생님께도 지면을 빌려 인사를 전하고 싶다.

무슨 일을 하더라도 든든한 배경이 되어주는 가족들이야말로 연구를 하는 필자의 가장 강한 버팀목이다. 2년 전 작고하신 아버지를 그리며 항상 아들을 걱정해주시는 어머니와 가족들, 그리고 동학으로 필자가 쓴 연구물의 첫 심사자인 아내 박영실 박사에게도 늘 고마운 마음을 전하고 싶다.

선후배라는 굴레로 흔쾌히 책의 출간을 맡아주신 한희덕 대표님께는 뭐라 드릴 말씀이 없다. 항상 시간에 쫓겨 스케줄에 맞추지 못하는 필자의 게으름을 술 한잔 마시며 너털웃음으로 인내해주신 혜량惠諒에 감사하다. 좋은 책을 만들어주신 섬앤섬 직원들께도 감사드린다.

　미켈란젤로는 "조각가가 하는 일이란 돌 안에 들어 있는 형상을 해방하는 것 뿐"이라고 이야기했다. 그와 같이 본다면 역사가의 임무는 '존재하는 사료 안에 있는 진실을 들추어내는 것'이라고 정의 내려도 좋을 것이다. 과연 필자가 얼마나 사료 안에 있는 진실을 직시했는지는 독자들이 이 책을 통해 평가해 줄 것이라고 믿는다.

한강의 아름다운 모래강변에서
2020. 6

이상호

차 례

책을 펴내며

서론 : 전쟁을 불러온 것들, 전쟁이 불러온 것들 · 14

1장 전후 한일관계 굴절의 기원, 극동국제군사재판 · 32
제2차 세계대전의 종전과 전범 처리 계획 / 연합국전범위원회의 구성과 극동국제군사재판 / 유엔전범위원회와 극동국제군사재판의 준비 / 일본천황의 전범 제외 구상의 기원 / 극동국제군사재판의 구성 및 판결과 일본 천황의 재판 배제 / 망각에서 왜곡으로 : 전후 한일관계 굴절의 기원 / 미완의 전범 재판

2장 전후 연합국번역통역국(ATIS)의 일본인 귀환자 신문과 공산권 첩보활동 · 64
연합국번역통역국(ATIS)의 창설과 조직 / ATIS의 주요 발간물 / 전후 ATIS의 조직 변화 / 중앙신문센터의 창설과 신문활동 / 귀환자 심문을 통한 공산권 첩보 수집 / 동북아시아에서 미국의 대소 첩보활동과 냉전의 기원

3장 초대 주한미국대사 무초와 주한미군 철수 · 88
존 무초의 생애와 경력 / 초대 주한미국대사 임명과 정부 권한 이양 / 주한미군 철수 문제와 무초의 현지보고 / 주한미군 철수에 대한 무초의 한국 정부 설득과 조정 / 무초의 딜레마

4장 한국전쟁과 일본 경찰예비대의 창설 · 116
일본군의 무장해제와 '비군사화'의 구체화 / 중국의 공산화 가능성 대두와 미국의 대일점령정책의 전환 / '역코스 정책'으로 전환과 일본 재군비 구상 / 중소우호동맹조약과 중·소의 일본 견제 / 한국전쟁의 발발과 일본 경찰예비대의 구체화 / 일본 경찰예비대의 창설과 구성 / 미국의 일본 재무장과 군사기지화 / 일본자위대의 정상화?

5장 인천상륙작전의 밑그림 4개의 크로마이트 작전 계획 · 146
인천상륙작전의 예비계획과 작전 준비과정 / 군수참모부 작전 계획(LD-SL-17)과 크로마이트 계획과의 연관성 / 4가지 크로마이트 작전계획의 내용과 차이 / 크로마이트 작전계획 4가지의 비교

6장 미8군 사령관 워커의 죽음과 진실 · 172

워커 장군 죽음에 대한 기존 인식과 논란 / 북한 공식 전사의 워커 죽음에 대한 기술과 오류 / 워커의 생애와 군 경력 / 한국전쟁의 발발과 워커의 활약 / 자료를 통해 본 워커 죽음의 진상 / 한국군에 대한 범죄수사대의 조사 / 미군 동승자에 대한 범죄수사대의 조사 / 호송차량과 군의관에 대한 조사 / 범죄수사대의 최종 결론 / 워커와 워커힐

7장 미국의 한국정부 해외 이전 계획 · 206

한국정부 해외 이전 구상의 출현과 미국의 대소 비상계획 / 중공군 공세에 따른 유엔군 철수와 한국정부 이전 계획안 / 1951년 1·4 후퇴 전후 한국정부 이전 계획의 대두 / 한국정부 이전 계획의 구체화-제주도 / 한국정부 이전 계획의 구체화-사이판, 티니안 / 한국정부 이전 계획이 갖는 군사적 의미

8장 맥아더 사령부의 삐라 선전 정책 · 234

심리전 연구기관의 출현 / 극동군사령부 작전연구국의 심리전 / 전황의 전개에 따른 삐라 선전 내용의 변화-개전과 지연작전, 인천상륙작전과 북진, 중공군의 참전으로 인한 전쟁의 확전 논쟁과 제한전 / 삐라 선전 효과의 평가

9장 미군의 공산포로 '미국화' 교육 · 264

미국주의의 유입과 체제화 과정 / 포로의 발생과 포로 관리 기관의 설치와 운영 / 공산포로에 대한 미국화 교육-미국의 자본주의, 민주주의의 우월성, 반공교육, 기독교, 기타 교육 / 미국화교육(심리전)의 성과

10장 연합국번역통역국(ATIS)과 북한문서의 노획 · 290

연합국번역통역국(ATIS)의 연혁과 임무 / 북한문서 수집을 위한 인디언헤드 부대의 조직과 활동 / 한국전에서 ATIS의 조직과 활동 / ADVATIS의 북한지역 작전 / 노획문서의 종류와 체제 / ATIS에 대한 연구의 필요성

참고문헌 · 311

약어 일람

ACJ - Allied Council for Japan (대일이사회)
ADVATIS - Advanced ATIS (ATIS전선부대)
AMIK - American Mission in Korea (주한미외교단)
ATIS - Allied Translator and Interpreter Section (연합국번역통역국)
CAS - Civil Affairs Section (민사국)
CIA - Central Intelligence Agency (중앙정보국)
CIE - Civil Information and Education (민간정보교육국)
CIS - Central Interrogation Center (중앙신문센터)
CINCSWPA - Commander in Chief of South West Pacific Area (남서태평양사령관)
FEAF - Far East Air Force (극동공군)
FEC - Far East Commission (극동위원회)
FECOM - Far East Command (극동군사령부)
FRUS - Foreign Relations of United States (국무부외교관계)
G-1 - Personnel and administration section (or chief) (인사참모부)
G-2 - Intelligence section (or chief) (정보참모부)
G-3 - Operations and training section (or chief) (작전참모부)
G-4 - Supply section (or chief) (군수참모부)
G-5 - Military Government and civil affairs section (or chief) (민사참모부)
GHQ/SCAP - General Headquarters/Supreme Commander for the Allied Powers (연합국최고사령관총사령부)
GHQ/USAFPAC - General Headquarters/United States Army Forces, Pacific (태평양 육군사령부)
IMTFE - International Military Tribunal Far East (극동국제군사재판)
JCS - Joint Chiefs of Staff (합동참모본부)
JLC - Japan Logistical Command (일본군수지원사령부)
JSPOG - Joint Strategic Plans and Operations Group (합동전략기획단)
KATUSA - Korean Augmentation Troops to the United States Army (한국군지원단)
KMAG - United States Military Advisory Group to the Republic of Korea (주한미군사고문단)
MISLS - Military Intelligence Service Language School (군사첩보어학교)

NARA - National Archives and Records Administration (국립문서기록관리청)
NDRC - National Defense Research Committee (국방연구위원회)
NSC - National Security Council (국가안보위원회)
OEG - Operations Evaluation Group (작전평가단)
ORG - Operations Research Group (작전연구단)
OSRD - Office of Scientific Research and Development (과학연구개발국)
PPS - Policy Planning Staff (정책기획실)
PWB - Psychological Warfare Branch (심리전과)
RAND - Research and Development Corporation (랜드연구소)
SCAPIN - Instructions of the Supreme Commander for the Allied Powers to the Japanese Government (연합국최고사령관 지령)
SD - State Department (국무부)
SWNCC - State-War-Navy Coordinating Committee (삼부조정위원회)
TIS - Traslater and Interpreter Section (번역통역국)
UNC - United Nations Command (유엔군사령부)
UNWCC - United Nations War Crimes Commission (연합국 전범위원회)
WD - War Department (국방부)

서론

전쟁을 불러온 것들, 전쟁이 불러온 것들

한국 현대사 그 가운데에서도 한미관계사를 연구하면서 필자가 갖고 있는 오래된 의문 가운데 하나가 바로 '미국은 왜 한국에 군대를 주둔하고 있는가'이다. 많은 학자들이 나름대로의 이유를 들고 있다. '동북아시아에서 미국의 국익을 유지하기 위해서', '동북아시아 지역에서 패권유지를 위해서', 혹은 '일본의 안전보장을 유지하기 위해서' 등 다양한 설명을 하고 있다. 물론 이러한 설명 외에도 '동북아시아의 평화 유지를 위해서'라는 가장 설득력이 떨어지는 해석도 있다.

지정학자인 니콜라스 스파이크먼^{Nicholas J. Spykman}은 자신의 저서에서 미국이 극동에서 자국의 이익을 지키기 위해서는 이 지역에 압도적으로 지배적인 힘이 정착하지 못하게 하는 외교정책을 구사해야 한다고 주장했다. 즉 이러한 외교정책이 미국의 안전과 독립성을 유지할 수 있다고 했다.

그럼 미국이 한반도에서 갖는 국익$^{national\ interest}$은 무엇일까? 일부 학자들은 근거도 없이 '반통일 세력으로서의 미국의 위치 짓기'라는 말도 안 되는 설명을 하고 있다. 그런데 문제는 한반도 특히 한국이 미국의 세계전략에서 그다지 중요하지 않다는 데 그 모순이 있다.

미국과 대결구도를 만들려고 하는 일부 학자들은 일종의 '정신승리법'에 따라 한국을 과대평가한다. 이러한 '정신승리법'이 자기만의 신념이나 의견이면 모르겠는데, 이를 강단에서 학생들에게 주입을 하는 경우도 주변에 흔하게 보인다. 미국의 대한정책 자료 하나도 제대로 읽지 않으면서 미국인의 뇌 속에 들어앉아 있는 것처럼 '비분강개'의 열사가 되는 자도 주변에 적지 않다.

더 나아가 한국전쟁에 미국이 개입한 이유는 '미국의 이익'을 지키기 위해서라고 기존의 학자들은 주장한다. 하지만 그 미국의 이익이 무엇인지 명쾌하게 제시하는 학자는 거의 없다. 고작해야 한국에서 경제적 이득을 취하기 위해서라고 하지만, 1950년 1인당 국민소득이 100달러가 채 되지 않는 경제적 약소국 한국에서 무슨 경제적 이득이 있었을까.

문제는 이러한 '정신승리법'의 자기해석이나, 한반도의 지정학적 가치에 대한 과도한 상향 평가가 오히려 한국전쟁, 더 나아가 한미관계의 이해를 가로막는 장애물이라는 점이다. 내셔널리즘의 시각(필자는 민족주의라는 협의보다는 내셔널리즘이라는 좀 더 광의적 용어를 사용함)이 자위적 수단으로 일부 유용성을 가지기도 하겠지만 국제사회나 세계사 속의 우리에 대한 객관적 인식을 가로막는 또 하나의 장애물이라는 점을 지적하지 않을 수 없다.

그동안 발간된 한국전쟁에 관한 저서는 그 원인을 분단의 기원으로부터 설명(내재적 원인 강조)하는 연구와 국제정치 즉 미소 냉전의 기원으로부터 설명(외부적 요인 중시)하는 연구로 대별할 수 있다. 내재적 원인의 연구는 한국 사회의 계급적 구조, 독립 국가를 건설하려는 내부적 열망과 충돌, 정치 및 경제 체제를 둘러싼 이해집단의 대립과 갈등 등을 규명했다는 점에서 일정 정도의 연구사적 의의를 가지고 있다. 한편 외부적 원인의 연구 역시 미소간의 한반도 분할 결정, 중국과 일본을 둘러싼 이해관계의 대립, 한반도의 지정학적 가치를 둘러싼 갈등, 전쟁을 둘러싼 국제정치의 전개와 과정 등을 분석함으로써 한국전쟁의 연구 성과를 더욱 풍부하게 이끌어 왔다는 평가를 할 수 있다.

하지만 내부적, 외부적 원인이 해소되고 있음에도 한반도의 갈등과 분열은 그대로 지속되고 있다는 점에서 두 연구는 그 설득력을 잃어가고 있다. 그렇다면 한국전쟁을 둘러싼 내외부적 요인에는 거대담론인 세계 냉전적 분석이나 미시적인 국내 기원론 이외에 다른 분석의 도구가 필요한 것은 아닐까.

전쟁사는 무엇을 담아야 하는가? 전쟁의 기원, 전개과정, 전과戰果, 영향 등 많은 요소가 있다. 그러나 전쟁의 어떤 요소를 중심으로 보는가에 따라 전쟁사의 구성과 흐름은 전혀 다른 양상을 가져오게 된다. 이 저서는 책머리에서도 언급했듯이 콜라주collage라는 기법으로 한국전쟁사를 재구성하고자 했다. 각 장이 포함하는 내용은 서로 다르고 또한 유기적으로 연결되지 않을 수도 있다. 즉 개별적으로 한국전쟁을 둘러싼 한일관계, 미일관계, 한미관계, 인물사 등 동아시아 냉전의 여러 요소들을 다루고 있어서 다소 이격離隔이 있지만 이를 통해 전체적으로 한국전쟁의 새로운 모습을 그려내고자 했다.

이 책에서 필자는 그동안 알려지지 않았던 사건들을 10개의 주제에 담아 소개하려고 한다. 이 저서는 그간 필자가 여러 학술지에 게재한 논문을 하나로 엮어낸 것이다. 각 논문의 출처는 다음과 같다.

1. 「맥아더의 극동국제군사재판 처리와 전후 한일관계 굴절의 기원」, 『군사』 제85호, 2012년 12월
2. 「전후 연합국번역통역국(ATIS)의 일본인 귀환자 심문과 공산권 첩보활동」, 『한일민족문제연구』 제33호, 2017년 12월.
3. 「초대 주한미국대사 무초와 주한미군 철수에 대한 대응」, 『아세아연구』 제61권 1호, 2018년 3월
4. 「한국전쟁기 미국의 대일정책 변화와 일본경찰예비대 창설」, 『아세아연구』 제59권 4호, 2016년 12월
5. 「인천상륙의 크로마이트 작전 4가지 계획과 그 함의」, 『군사』 제110호, 2019년 3월

6. 「주한 미8군사령관 워커 장군 사고사의 진상」, 『군사』 제93호, 2014년 12월
7. 「한국전쟁기 미국의 한국정부 해외 이전 계획」, 『군사』 제101호, 2016년 12월
8. 「한국전쟁기 맥아더 사령부의 삐라선전 정책」, 『한국근현대사연구』 제58권 가을호, 2011년 9월
9. 「한국전쟁기 미군의 공산포로 '미국화 교육'」, 『역사와 현실』 제78호, 2010년 12월
10. 「한국전쟁기 연합국번역통역국(ATIS)과 북한문서의 노획」, 『역사와 현실』 제109호, 2018년 9월

각각의 주제들은 한국전쟁과 직, 간접적으로 관련이 있는 것으로 선별했다. 여기에서 필자는 한국전쟁을 한미관계 및 나아가 동북아시아의 한미일 관계라는 시각에서 조망해 보고자 했다.

이 책은 크게 네 가지의 측면에 강조점을 두고 있다. 첫째, 한국전쟁이 한미관계에서 차지하는 위상에 관한 것이다. 1948년의 주한미군철수문제(3장)와 미국의 한국정부 해외 이전계획(7장)은 당시 한반도에 대한 미국의 전략적 이해가 어떻게 정세 변화에 따라 달라졌는지를 분석하였다. 여기에 더하여 당시 한국전쟁에서 활약했으나 그동안 별로 주목받지 못했던 인물들인 무초(3장)와 워커(6장)에 대해서도 정리하였다. 또한 기존의 인식에서 상식적으로 이해되던 역사적 사례들인 크로마이트 작전(5장)을

자료를 통해 새롭게 규명했다.

둘째, 동북아시아에서 한국전쟁을 통한 한미일 관계의 연계 강화와 구조 문제이다. 제2차 대전 종전 후 도쿄에서 열린 극동국제군사재판(1장)이 일본을 미국 세력권 아래 편입하고 지역통합전략 구상과 향후 한일관계의 뒤틀린 구조의 원인으로서 작용했음을 밝히고자 했다. 그 구상의 일환이 바로 경찰예비대 창설(4장)로 이어졌음을 살펴보았다.

셋째, 전쟁의 이면에 감추어진 심리전과 그 부산물인 한국사회의 미국화 문제이다. 삐라 선전정책을 통한 심리전의 전개 및 효과(8장)와 동북아시아 냉전체제의 전개와 공산포로에 대한 '미국화 교육'(9장)을 통해 '아메리카니즘'의 체제화 과정이 한국에 어떻게 영향을 미쳤는지 살펴보았다.

마지막으로 최근에 주목받게 된 연합국번역통역국(ATIS) 자료를 통해 동북아시아 지역의 냉전 체제의 이른 출현(2장)과 노획문서의 활용에 대한 분석(10장)을 통해 한국전쟁에 대한 실마리를 제공할 수 있는 새로운 자료군에 대한 연구의 필요성을 제기했다.

책의 시작을 극동국제군사재판(1장) 즉 도쿄재판으로 하는 것은 나름대로의 이유가 있어서이다. 한국전쟁의 개전은 물론 1950년이지만, 대부분의 역사학자들이 주장하듯이 역사적 전개의 흐름은 1945년 2차 대전의 종전을 시기로 구별된다고 볼 수 있다. 한미관계의 새로운 공식 관계는 바로 1945년이었고, 한반도를 둘러싼 새로운 강대국의 이해관계 침투 역시 1945년이 분기점이 되었다. 특히 아시아-태평양 전쟁의 종결과 함께 새로운 한미관계, 한일관계, 미일관계 등 동북아시아의 새로운 국제관계가 출현했고, 그 한가운데에서 벌어진 역사적 사건이 바로 한국전쟁인 까닭이다.

아시아-태평양전쟁은 아시아 특히 동북아시아-한국·중국·일본-에 3,000만 명이라는 엄청난 인명 피해를 가져다주었다. 우리의 경우 강제동원이라는 인적 수탈과 징발이라는 물적 수탈로 인해 상당한 피해를 입었다. 하지만 아직 우리 학계 내에서 이 아시아-태평양전쟁에 대한 우리 스스로의 인식과 해석은 미약한 실정이다. 많은 피해를 입었음에도 불구하고 아직까지도 전쟁의 성격을 떠나 전쟁의 실상을 제대로 이해하는 일조차 이루어지지 않았다고 할 수 있다. 문제는 아시아-태평양전쟁이 종결된 지 얼마 지나지 않아 한국전쟁이 발발함으로써 양 전쟁의 유기적 관련성이 매우 높다고 추정할 수 있다는 점이다. 아시아-태평양전쟁의 직, 간접 참여자들이 한국전쟁의 또 다른 참여자로 둔갑한 것이다. 이러한 사건 당사자의 역할 변용(광복군/일본군 또는 한국군/북한군)은 이미 많은 연구로 밝혀졌다. 여기에 더해 최근에 밝혀진 사료를 통해 보면, 제3자의 위치에서 전쟁을 바라보았던 일단의 사람들이 있었다. 이 책에서 주목하는 ATIS의 신문訊問 요원은 아시아-태평양 전선에서는 일본군과 징용된 한국인을 대상으로, 한국전쟁 전선에서는 북한군과 중공군을 대상으로 각각 신문을 담당했다. 두 전쟁의 관련성에 대한 더 많

일본계 미국인 2세(닛세이)는 아시아태평양전쟁 종전 후에도 적지 않은 인원이 ATIS에서 활동했다

ATIS의 신문 요원은 아시아-태평양전쟁 전선에서는 일본군과 징용된 한국인을 대상으로, 한국전쟁 전선에서는 북한군과 중공군을 대상으로 각각 신문을 담당했다.

은 연구가 필요한 이유이다.

한국전쟁의 성격을 어떻게 규정짓느냐에 따라 다양한 평가가 가능하지만, 필자는 앞에서 제기한 이러한 내적, 외적 요소에 의해 한국전쟁은 아시아-태평양 전쟁의 사생아^{私生兒}라고 규정하고 싶다. 즉 2차 대전의 결과이자 원인이 예기치 않던 한반도의 분단과 전쟁으로 이어진 것이고, 아시아-태평양 전쟁의 종결과 그에 따른 유산이 그 후 한국현대사에 큰 음영을 드리우게 된 것이다.

미국은 일제 패망 후 한반도에 진주했을 때, 곤혹스러운 입장이었다. 『주한미군사$^{History\ of\ United\ States\ Armed\ Forces\ in\ Korea}$』에 기술되어 있듯이 조선인들은 적성국가의 국민임이 분명했음에도 불구하고 해방된 인민으로 간주되었다. 따라서 당시에 변화된 국제 질서를 받아들이는 개개 구성원의 입장과 의식은 천차만별일 수밖에 없었다. 이것이 구성원들의 이합집산을 다르게 이끌었으며, 자신의 이상과 꿈의 실현을 서로 다른 방향으로 이끄는 원동력이 되었다.

이 시기에 주목되는 사건이 바로 미국의 대일점령의 법적, 정치적 종결의 실마리가 이루어지는 극동국제군사재판의 개정과 결말이다. 아시아-태평양전쟁의 성격과 그 결론에 이르는 과정을 설명하는 커다란 전환이 바로 극동국제군사재판에 있었다. 외부적으로도 극동국제군사재판의 결과는 일본의 전쟁 책임을 벗겨줌으로써 아시아에서 일본의 재건과 부흥을 가져오게 하였고, 한국은 일본의 하위 국가로 전락하였다. 이는 미국의 동북아시아 정책에 나타나는 인식의 기초로서, 이후의 정책 실행에서 나타나는 기본적인 개념이었다. 따라서 한국전쟁과 한반도는 일본의 공산화에 대한 방파제 역할과 동시에 일본의 경제적 부흥의 토대로 작용하였다.

제1장 '전후 한일관계 굴절의 기원, 극동국제군사재판'에서는 한일관계의 시발점이 되고 있는 전후 일본의 전범 처리에 대해 맥아더기념관MacArthur Archives 문서를 통해 당시의 극동국제군사재판(일명 도쿄재판)을 정리했다. 재판이 어떻게 준비되고 처리되었으며, 이에 대한 맥아더의 역할과 입장은 무엇이었는지 살펴보았다. 특히 일본 천황의 전범 기소문제를 둘러싼 미국 워싱턴과 맥아더의 견해와 대응이 상이했음을 분석했다. 필자는 이러한 재판의 결과가 1951년부터 시작된 한일회담에 일정한 영향을 끼쳤음을 밝히고자 했다. 흔히 한일회담은 1951년부터 시작되었기 때문에 맥아더와 직접 관련을 짓는 것은 역사적 연관 관계에 있어 매우 미약하다는 주장도 있으나, 필자는 전후 한일관계는 맥아더사령부의 주선과 압력에 의해 준비되고 기획되었다는 점을 강조했다.

여기에 추가로 지적할 것은 극동국제군사재판이 전범재판을 제대로 하지 않음으로써 구 제국 일본군이 일본경찰예비대로 부활하여 자위대로 탈바꿈한 사실이다. 그리고 또 하나는 구 일본군 장교들이 미 점령군에 은밀하게 동원되어 한국전쟁에서 일정한 역할을 담당했음을 밝히고자 했다.

제2장 '전후 연합국번역통역국(ATIS)의 일본인 귀환자 신문

과 대對 공산권 첩보 활동'은 아시아-태평양 전쟁 종결 직후부터 소련 지역에서 돌아오는 귀환자에 대한 신문을 통해 대공산권 첩보활동을 하고 있던 특수 기관을 알아보았다. 일본을 비롯하여 중국, 동남아시아, 남양 군도 등 해외에서 귀환하는 한국인이나 중국과 한국에서 일본으로 돌아가는 일본인 등 아시아-태평양 전쟁의 종결에 따른 다수의 인구 이동은 한국, 일본, 중국을 포함하여 동북아시아의 정치, 경제, 사회, 문화적 생태를 바꾸어 갔다. 이데올로기의 범람, 경제적 기회의 포착 등에 따라 개인의 이합집산이 분주하게 이루어지던 시기이다. 또 이때는 동북아시아에서 자본주의와 공산주의의 대립이 점차로 첨예하게 변화되던 시기이다. 따라서 이 시기 귀환자에 대한 첩보활동이 본격적으로 이루어지고, 이러한 정보가 후에 한국전쟁 직전, 동북아시아의 상황을 더욱 자세히 조감해 볼 수 있는 역사적 자료가 되었다. 더욱이 이 ATIS의 활동을 보면 동아시아에서 냉전은 다른 지역보다 더 빨리 시작되었음을 알 수 있다. 그리고 이들이 10장에서 살펴본 한국전쟁에서 미군이 노획한 북한 문서를 수집, 정리, 활용하는 데 중추적인 역할을 담당했다는 것도 주목해서 보아야 할 부분이다.

제3장 '초대 주한미국대사 무초와 주한미군 철수'에서는 대한민국정부가 수립된 직후 가장 중요한 외교문제 가운데 하나였던 주한미군 철수 문제와 이를 둘러싸고 정확한 상황 판단을 해줄 현지 미국 정부 담당자였던 무초에 대해 검토해 보았다. 현재도 그렇지만 주한미군은 동북아시아의 균형자 역할을 자임하고 있

다. 한국전쟁 직전의 주한미군 철수가 가지는 의미도 이러한 힘의 균형을 기울게 하는 결과를 가져왔기 때문에 세심한 분석을 필요로 하는 주제이다. 당시 한국전쟁 직전 주한미군 철수를 지연시키며, 미국의 군사지원을 조정하려고 노력했던 주한미국대사 무초의 행동은 워싱턴 당국의 정책과 충돌하는 것이었다. 여기서는 이러한 무초의 노력의 일면을 그의 개인적 생애와 함께 살펴보았다. 무초에 따르면 1950년 봄 소련으로부터 전투기 및 탱크가 북한에 유입되었고, 공산화된 중국에 있던 한인 국적 부대들이 북한군에 편입되었다는 보고를 직접 받은 것으로 회고했다. 그럼에도 무초는, 한국군을 증강하는 것에는 동의하면서도 대한민국 군대가 북으로 밀고 올라갈 정도로 잠재력을 증강해서는 안 된다는 딜레마에 빠져 있었다. 결국 초대 주한미국대사로서 한미관계의 영역에서 신생 대한민국의 안보를 책임져야 했던 무초는 미 군부와 국무부 사이의 주한미군철수를 둘러싼 갈등을 해결하지 못했고, 더욱이 이를 한국정부에 설득하지 못함으로써 북한의 남침에 대한 예방적 조치를 준비하고 대처하는 데 실패할 수밖에 없었다.

제4장 '한국전쟁과 일본경찰예비대 창설'에서는 일본의 재군비에 대한 역사적 전개와 동북아시아 질서 재편의 기원에 대해 살펴보았다. 일본의 재군비는 1940년대 후반에 시작되어 한국전쟁을 거쳐 본격화되었으며, 1950년대 후반에는 일정 정도의 궤도에 올랐다. 그 동안 우리 학계에서는 일본의 재군비에 대한 연구를 매우 제한적으로 수행해 왔다. 최근에 들어와서 일본의 재

군비에 대해 당시 구舊 일본제국 군인들의 소그룹운동이나 우익의 영향을 중심으로 연구하는 성과도 나타나고 있으나 아직은 미약한 실정이다. 북한의 미사일발사 및 핵실험은 일본의 본격적인 재군비의 활로를 보장하고 있다고 할 수 있다. 즉 일본의 입장에서는 북한의 무력 도발 위협을 과장하면서 이를 재군비 가속화의 평계 수단으로 활용할 여지가 있다. 현재 우리는 일본의 재군비가 갖고 있는 역사성 및 주변국의 군비 경쟁을 목도하고 있다. 일본의 재군비에 대한 정확한 이해야말로 현대사에서 한일관계 및 동북아 질서의 재편을 이해하는 중요한 단초가 될 것이다.

5장 '인천상륙작전의 밑그림 4개의 크로마이트 작전 계획'은 맥아더기념관 소장 문서를 바탕으로 크로마이트 작전 계획의 전반에 대해 재검토하고 4가지 작전 계획의 세부 내용을 비교 분석하였다. 문제의 인식은 대부분의 연구서에서 100-A에 대한 언급이 전혀 이루어지고 있지 않다는 것에서 시작한다. 100-B, 100-C, 100-D 등의 작전 계획에 대한 소개와 분석은 다양하지만, 정작 100-A에 대한 소개는 전무했다. 따라서 한국전쟁 시기 미군 예비 계획의 하나인 군수참모부 작전계획(LD-SL-17)과의 연관성 및 크로마이트 작전 4가지 계획의 내용을 소개하였다.

이를 통해 우리가 확인할 수 있었던 것은 4가지 크로마이트 작전 계획이 갖는 의미가 개별적이라기보다는 각각의 계획이 유기적 관계라는 것이다. 즉 100-A는 100-B 계획의 양동작전 계획으로서의 의미를 갖는 것이고, 100-C와 100-D 또한 유사시 실제 계획으로도 활용할 수 있었던 작전이다.

6장 '미8군사령관 워커의 죽음과 진실'에서는 개전 이후 7월부터 낙동강 방어선 전투, 북진 등 한국전쟁에서 주요 역할을 담당했던 워커^{Walton H. Walker}의 역할과 그의 생애 그리고 왜곡된 죽음에 대한 진실을 밝히고자 했다. 기이하게도 한국전쟁사에서 워커의 역할은 거의 사장死藏되고, 사고사와 함께 전사에서도 거의 언급되지 않고 있다. 안타까운 것은 그의 사망을 둘러싸고 국내에서조차 역사적 왜곡이 통용되고 있다는 사실이다. 이를 바로잡기 위해 필자는 그동안 알려지지 않았던 워커 장군 죽음에 관한 미 8군 감찰단의 조사 보고서를 주 자료로 이용하였다. 이 글은 북한의 선전공세(당시 제8군사령관인 워커 장군이 자신들의 공격으로 사망)처럼 터무니없는 주장을 당시 자료를 통해 반박하고 있다는 점에서 그 의의를 갖는다.

7장 '미국의 한국정부 해외 이전 계획'에서는 극동군사령부 자료를 통해 당시 한국전쟁 전황戰況의 긴박성과 함께 한국정부 해외 이전 계획이 갖는 의미를 정리해 보았다. 학계 일부나 일반사회에서는 이승만 정부의 친일성親日性을 지나치게 강조하다 보니 한국전쟁기 위급한 시기에 일본으로 망명정부를 이전하려고 했다는 잘못된 내용을 정설화하고 있다. 이는 일본의 한 학자가 한국정부가 일본으로 망명정부 설치를 요청했다는 논문을 발표함으로써 촉발되었지만, 이 주장에 대해서는 면밀한 분석이 요구된다. 왜냐하면 주장의 신빙성 문제뿐만 아니라 당시의 상황과 일치하지 않는 내용을 포함하고 있기 때문이다. 이 글에서 필자는 한국정부 해외 이전 계획이 단순히 망명정부가 아니라 전쟁의 각 국면에 따라서 유동적이지만 계획상 제3차 세계대전의 최후 국면에서 한반도로의 재진입이라는 전략적 차원에서 이루어진 것으로 소련과 전면전을 염두에 둔 비상조치 계획의 일환이었다는 점을 해명하였다.

8장 '맥아더사령부의 삐라 선전 정책'은 심리전의 구체적 전개인 삐라 선전을 검토해 보았다. 크리스토퍼 심슨Christopher Simpson의 정의에 따르면 심리전이란 '대상 청중의 문화심리적 성격과 커뮤니케이션 시스템을 이용하여 주로 정부나 정치적 운동과 같은 후원 조직의 이데올로기적·정치적·군사적 목적을 달성하기 위해 고안된 전략과 전술의 집합'이다. 한국전쟁 당시 미군은 북한군과 중공군에 대해 심리전을 전개하였다. 특히 이러한 심리전에는 다양한 수단들이 동원되었는데, 삐라, 방송 등 커뮤니케이션 매체를 통해 전개하였다. 이 장에서는 다양한 삐라를 소개하며, 그 속에 포함된 내용이 갖는 의미를 살펴보았다. 심리전 자체가 전쟁의 성격을 확연히 드러내는 것은 아니지만, 그 속에는 자신들의 체제 우월성을 상대방의 체제와 끊임없이 비교함으로써 전쟁의 주도권을 장악하고자 한 전쟁 주체들의 의도가 반영되어 있었다. 한국전쟁은 이러한 체제 우위, 이데올로기적 비교가 강하게 투영된 이념전쟁으로 진행되었다.

9장 미군의 공산포로 '미국화교육'은 포로 교육 속에 내포된 미국화 즉 아메리카나이제이션이 어떻게 이루어지는지를 살펴보았다. 일반적으로 민주주의, 개인주의와 청교도주의로 대표되는 전통적 가치의 핵심을 미국주의Americanism이라고 하고, 이를 한 사회 내에서 체제화하는 과정을 미국화Americanization라고 한다. 한국전쟁은 이러한 미국화과정이 적나라하게 드러난 전쟁 가운데 하나였다. 냉전이 격화되어 가던 시기에 물리적으로 공산권과 직접 접촉했던 것은 한국전쟁이 유일하다. 따라서 미국의 많은 정부기관들이 한국전쟁이야말로 공산주의와 비견되는 자유주의 특히 미국적 가치의 신념을 대외적으로 표방할 수 있는 호기로 삼았다. 따라서 이를 직접 포로에게 적용해보고자 한 것이 포로교육이었다. 민간정보교육국(CIE) 프로그램은 1950년 가을에 처음 시도되었는데 이듬해 여름에 모든 포로수용소에 도입하였다. 이 프로그램은 자본주의 체제의 우수성을 강조하는 것이 교육의 주목표로 개인주의, 자본주의의 우수성 그리고 종교교육의 전파가 그 핵심이었다. 민간정보교육국(CIE)의 대對 포로교육 정책을 통해 미 당국은 포로수용소를 미국의 전통적 가치를 전파하는 시험장으로써 활용했다.

10장 '연합국번역통역국(ATIS)과 북한문서의 노획'에서는 그동안 잘 알려지지 않았던 북한노획문서의 수집 과정과 종류 및 체제를 분석하였다. 현재 우리는 북한노획문서 160만 매 이상을 현대사 자료로 활용할 수 있다. 그런데 그동안 이 자료의 입수기관과 방법에 대해서는 상세한 설명이 거의 없었다. 이는 당시 한국전쟁에서 활약했던 ATIS에 대한 자료가 공개되지 않았던 까닭이다. 따라서 이 장에서는 그동안 인디언헤드 특수임무부대의 활동으로 알려졌던 북한노획문서의 조사, 입수, 분석, 이송의 주요 임무 주체에 대해 새로운 자료를 통해 밝히며, 북한노획문서의 주제별, 형태별 분류를 제시하였다. 한국전쟁에서 운용되었던 ATIS에 대한 자세한 분석은 전쟁사의 이면사를 다시 들춰보는 흥미를 제공하고 있다. 맥아더사령부 정보참모였던 윌로비는 "ATIS에서 활약했던 일본인 2세(닛세이^{二世})들은 무수한 연합군의 생명을 구하고, 전쟁 종결을 2년이나 앞당기는 데 공헌했다."고 주장했다. 특히 본서에서 다 밝히지 못하고 다음 기회를 기약해야 하겠지만, 2차 세계대전에 참전했던 이들 닛세이들이 그대로 한국전쟁에 참전하여 북한군과 중공군에 대한 포로신문을 담당했다는 것도 최근에서야 밝혀진 내용이다.

마지막으로 이 책에서 일부 언급했던 ATIS의 포로신문조서에 대한 분석과 조사는 아직까지도 해명되지 않고 있는 한국전쟁의 실체에 대한 많은 실마리들을 해결할 보고^{寶庫}이다. 추후 포로신문조서에 대한 연구를 통해 한국전쟁의 또 다른 이면사를 밝혀보고자 한다.

1장

전후 한일관계 굴절의 기원, 극동국제 군사재판

극동국제군사재판은 전쟁 개시에서 발발에 이르기까지 주도적 역할을 담당했던 당시 일본의 최고 통수권자인 '천황'에 대한 면소免訴로 인해 인류의 발전과 정의의 실현이라는 대전제를 훼손한 것이었다.

인류가 역사라는 학문을 창출한 이후 이를 연구, 발전해나가는 이유는 과거의 사실에 대해 그 행위의 적실성을 고구考究하고 이로써 미래의 행위에 대한 준칙을 만들어 잘못된 행위를 반복하지 않기 위해서이다.

그러나 한일관계사를 통해 이러한 정의를 되새겨 보면 반드시 그렇지만은 않은 것 같다. 한국은 일본에 의한 35년간의 식민지 피지배경험을 가지고 있다. 한민족이 일본 제국주의로부터 받은 정신적·물질적 피해는 추산하기 어려울 정도로 광범위한 것이다.

하지만 현재 우리 역사를 되돌아보면 과연 우리는 과거로부터 무엇을 배웠는지 자문하지 않을 수 없다. 한국인은 경제성장이라는 미명 아래 지난날의 질곡의 역사를 망각하고 있고, 과거

보다는 미래를 지향하자는 허명에만 집착하고 있다. 철저한 과거 반성 없이 미래에 대한 비전만을 강조하는 것은 향후 한일관계에도 바람직하지 않다.

일본 역시 2차대전에서 패망한 이후 미국의 보호 아래 자국의 주권을 위탁하면서 무임안보승차를 통해 경제성장을 이룩한 후, 이제는 과거 자신들의 침략 행위를 부정하거나, 아니면 핵 투하의 피해 국가로 위장하고 있다. 즉 과거의 역사적 사실을 부정하고 외면하다가 망각을 지나 왜곡으로 치닫고 있는 것이다. 더욱 이상한 점은 이른바 양심적 지식인이라는 일본인 학자들 스스로가 철저한 자기반성 보다는 상대방에 대한 위로라는 가식적 의견 개진으로 이러한 역사 망각, 더 나아가 역사 왜곡까지도 용인하고 있는 실정이다.

그렇다면 이러한 일본의 과거 전쟁 범죄에 대한 역사적 망각은 어디에서 출발한 것일까. 필자는 이를 미국의 일본 점령 이후 전쟁범죄자 처리에 대한 소극적 행위에서 비롯된 것이라고 주장한다. 일본 '천황'에 대한 면죄부는 현재 일본 우익의 행동과 발언에 투영되어 있는 것이다.

이번 장에서는 맥아더의 극동국제군사재판에 대한 입장과 여기서 배태된 문제점들이 전후 한일관계에 어떠한 영향을 미쳤는지를 살펴보고자 한다.

제2차 세계대전의 종전과 전범 처리 계획

태평양전쟁 종결 이후 맥아더는 일본통치의 전권을 위임받았다. '푸른 눈의 대군^{青い眼の大君}'으로 일컬어지던 맥아더는 일본에 대한 점령정책을 통해 일본 사회를 전면 개조했다. 맥아더의 일본점령 정책에 대해서는 긍정의 시각과 부정의 시각이 혼재해 있지만, 대체적으로 맥아더의 초기 점령정책은 군국주의를 일소하고, 일본사회 내부에 민주화를 가져온 것으로 평가하고 있다.[3] 맥아더의 최측근 가운데 한 명인 휘트니$^{Courtney\ Whitney}$는 맥아더의 점령정책을 다음과 같이 15가지로 정리했다.

"군사력의 파괴, 전쟁범죄인들의 처벌, 대의제 정부구조의 수립, 헌법의 근대화, 자유선거 실시, 여성참정권 확립, 정치범의 석방, 농지개혁, 자유노동운동의 성립, 자유경제 수립, 경찰억압체제의 폐지, 자유롭고 책임 있는 언론의 육성, 교육의 자유화, 정치권력의 분산화, 정교분리" 등이다.

휘트니의 주장이 얼마나 신빙성이 있는지에 대해서는 본 장의 주제를 벗어난 것이므로 상론하지는 않겠지만, 초기 대일점령정책이 앞에서 제기한 방향으로 진전되었던 것은 사실이다. 하지만 동아시아 지역에서도 냉전이 시작되며 일본이 공산주의의 상징적 방어 지역으로 전환된 1947년 이후 이러한 개혁 정책도 보수화 정책으로 전환되었다.

1945년 8월 11일 미 대통령 트루먼$^{Harry\ S.\ Truman}$은 동맹국들의 동의를 얻어 아시아 연합국 군대 내의 최고 선임자인 맥아더를 연합국최고사령관$^{Supreme\ Commander\ for\ the\ Allied\ Powers\ :\ SCAP}$에 지명했고 그는 8월 15일 사령관직에 임명됐다. 결국 1945년 8월 15일 일본 '천황'은 연합국의 포츠담선언을 수락하는 내용의 종전방송을 내보냈다. 《매일신보》 8월 16일자에는 미 대통령 트루먼이 보낸 일본군의 전투 정지에 관한 통고가 보도되었다.

8월 15일 맥아더는 작전명령 제4호$^{Operations\ Instructions\ Number\ 4}$를 발표했다. 이 작전명령에는 미태평양육군사령부가 미태평양함대와 함께 합동으로 일본정부와 대본영의 갑작스러운 붕괴나 항복에 따라 일본과 38도선 이남의 한반도를 점령한다고 밝히고 있다. 일본과 한국 점령을 위한 미태평양육군 휘하의 부대는 크루거$^{Walter\ Krueger}$가 지휘하는 제6군, 아이켈버거$^{Robert\ L.\ Eichelberger}$가 지휘하는 제8군, 스틸웰이 지휘하는 미 제10군, 하지스$^{Courtney\ B.\ Hodges}$가 지휘하는 제1군 그리고 하지 중장이 지휘하는 제24군단과 키니$^{George\ C.\ Kenney}$가 이끄는 극동공군, 리차드슨$^{Robert\ C.\ Richardson}$이 이끄는 중부태평양미육군 등이 있었다. 이 가운데 한반도 점령은 하지가 이끄는 제24군단 담당이었다. 제24군단은 7, 96, 40 보병사단으로 구성된 부대로 오키나와에 주둔하고 있었다.

8월 19일, 아직 필리핀의 마닐라에 있던 맥아더 원수에게 일본 육군 참모차장 가와베 도라시로^{河辺虎四郎} 중장을 중심으로 한 군사사절이 파견되었다. 일행은 태풍이 접근하는 가운데 비행기로 오키나와의 이에지마^{伊江島}를 경유하여 마닐라로 날아가, 맥아더로부터 세 개의 문서를 받아들고 21일 도쿄로 돌아왔다. 세 개의 문서란 종전 때 발표되어야 할 조서인 '천황'의 포고문, 항복문서 그리고 일반명령 제1호$^{General\ Order}$였다.

맥아더는 필리핀 마닐라의 태평양사령부에서 그의 전용기 바탄호를 타고 출발해 1945년 8월 30일 오후 2시 일본의 아쯔기^{厚木} 공항에 도착했다. 도착 후 맥아더의 제1성은 "멜버른으로부터 도쿄까지의 길은 멀었다"라는 한마디였다.

이때 맥아더가 함께 이끌고 온 연합국 군대는 병력 7,500명과 380척에 달하는 함대였다. 9월 2일 일본과 항복조인식이 요코하마 앞 바다의 미주리 함상에서 연합국 대표들과 일본정부 대표들이 참석한 가운데 거행되었다. 연합국을 대표하여 맥아더, 미국 대표 니미츠$^{Chester\ W.\ Nimitz}$, 소련 대표 데레비안코$^{K.\ N.\ Derevyanko}$ 중장, 중국 대표 슈융창^{徐永昌} 군사부장 등 13개국 대표단과 일본측에서는 시게미츠 마모루^{重光葵} 외상 등이 참석하였다. 이 날의 조인식으로 인해 태평양 전쟁은 공식적으로 종결되었다.

항복문서는 1945년 7월 26일 발표된 포츠담 선언의 기초 하에 일본의 무조건 항복을 선언하는 것이었다. 이 항복문서는 크게 2가지로 대표되는데 하나는 어떠한 위치에 소재함을 불문하고 모든 일본국 군대는 연합국에 대해 무조건 항복할 것을 명령하였고, 다른 하나는 정부관리 및 육해군 직원에 대해서는 연합국최고사령관이 그 임무를 해제하지 않는 한 각자의 지위에 머무르며 그 직무를 계속해서 행한다는 명령이었다.

일본 점령이 진행되는 동안 미군과 일본인들 사이에는 어떠

미 전함 미주리 함상에서 거행된 일본의 항복 조인식 ⓒ NARA

9월 2일 일본과 항복조인식이 요코하마 앞바다의 미주리 함상에서 연합국 대표들과 일본정부 대표들이 참석한 가운데 거행되었다. 연합국을 대표하여 맥아더, 미국 대표 니미츠Chester W. Nimitz, 소련 대표 데레비얀코K. N. Derevyanko 중장, 중국 대표 슈용창徐永昌 군사부장 등 13개국 대표단과 일본 측에서는 시게미츠 마모루重光葵 외상 등이 참석하였다. 이 날의 조인식으로 태평양 전쟁은 공식적으로 종결되었다.

한 충돌도 일어나지 않았다. 초기 최고사령관의 지위는 일본 수상이나 '천황'보다도 상위로서 살아 있는 신으로 간주되었고, '푸른 눈의 대군' 혹은 '일본의 구원자'로서 상징되었다.

연합국전범위원회의 구성과 극동국제군사재판

일본 점령 개시와 함께 이전부터 준비하고 있던 일본에 대한 전쟁범죄 재판이 본격적으로 준비되기 시작했다. 전범재판의 필요성이 연합국 사이에 대두된 것은 2차 세계대전이 발발한 직후였다. 이것이 구체화된 것은 후에 초대 연합국전범위원회United Nations War Crimes Commission1 위원장이 된 호주인 라이트Lord Wright 경에 의해서였다. 1943년 10월 런던에서 설립된 연합국전범위원회는 아시아-태평양 국가로 중국, 호주, 미국, 뉴질랜드, 인도를 포함하여 17개국으로 구성되었다. 그리고 일본과 독일의 전쟁범죄자들에 대한 재판은 1943년 10월 모스크바 선언으로 구체화되었다. 이 선언에서는 가해자들이 그 범죄가 행해진 국가의 법률에 따라 그 국가의 법정에서 재판을 받을 것과 또한 범행이 특별한 지역적 연고를 가지지 않는 주요 전범들의 경우에는 연합국 정부의 결정에 따라 처벌이 이루어질 것이라고 규정되었다. 도쿄재판과 뉘른베르크 국제군사재판은 이 후자의 결정에 따라 구상된 것이다. 그 후 1945년 초 연합국전범위원회는 전쟁범죄에 대한 성격을 명문화했다. 1944년 7월 15일 연합국전범위원회는 위원회 지령 19호로 일본의 전쟁범죄 기점을 1937년 7월 7일 노구교사건으로 삼았다. 1945년 7월 27일 유엔전범위원회의 극동 및 아시아 소위원회(Far Eastern and Pacific Subcommission)는 장교를 포함하여 100명의 일본군을 전범 명단으로 기재했다. 한편 중국 인민정치회의는 7월 17일 천황 히로히토^{裕仁}를 전범으로 기소해야 한다는 결의안을 통과시켰다.

이렇게 당시 중국을 포함하여 오스트레일리아, 뉴질랜드, 소련, 네덜란드 등은 히로히토를 전범으로 재판에 회부해야 한다는 입장을 가지고 있었던 반면, 프랑스는 유보적 입장에 있었고, 영국은 트루먼이 결정할 것이라고 예상하고 있었다.

1945년 6월부터 런던에서 미·영·프·소 4대국 협의가 시작되어 마침내 8월 8일 연합국 4개국은 런던협정, 즉 '유럽 추축국의 중요 전쟁범죄인의 소추 및 처벌에 관한 협정'을 맺었다. 제6조에는 국제군사재판소가 관할하는 범죄로서 A항에 침략전쟁의 계획, 준비, 수행 등의 평화에 대한 죄, B항에 통상의 전쟁범죄, 즉 전쟁 법규 또는 관례의 위반, C항에 인도^{人道}에 대한 죄 등이 정해졌다. A급이 가장 무겁고 혹은 가장 중요하다는 이미지가 있지만, ABC라고 하는 것은 죄의 정도와는 관계가 없다.

일본의 전쟁범죄에 대한 가장 중요한 논의는 1945년 7월 26일 포츠담 선언이었다. 여기서 미국을 중심으로 한 연합국은 "우리는 일본인을 민족으로써 노예화하거나, 멸망하게 할 의도를 갖는 것은 아니나 우리의 포로를 학대한 자를 포함한 모든 전쟁범죄인에 대하여는 엄중한 처벌을 가할 것이다."라고 선언하였다.

독일 패배 후 일본의 항복을 둘러싸고 미국의 정책 결정자들은 두 갈래로 분열하기 시작했다. 한쪽은 천황제를 제거하고 식민지를 박탈하여 일본의 평화국가화와 탈군사화를 진행하려는 이른바 대일 강경 평화주의자이다. 그들은 일본의 국가체제 자체의 변혁을 주장하고 그것을 위해서 반드시 무조건 항복을 관철해야만 한다고 주장했다. 다른 한쪽에서는 천황제를 온존시켜 식민지 보유를 가능한 한 허용하고 전전戰前 체제로부터 군부를 제거함으로써 일본 내 자유주의자와 협동을 도모하여 그들이 주도할 입헌군주제 하의 일본을 부활시켜야 한다고 주장했다. 이는 강한 일본을 부활시켜 소련 팽창주의의 방패 역할을 하게 하려는 것이었다. 전자의 흐름은 자본주의 체제 실정의 변혁을 주장하는 변혁파, 즉 뉴딜파로 통했다. 반면에 후자의 흐름은 그 뉴딜적 사회변혁의 정책에 대항하여 자본과 개인의 자유로운 발호를 허용해야 한다고 주장하는 보수파적 반反 뉴딜파와 결합되었다.

따라서 보수파적 반 뉴딜파인 당시 미 국무차관 그루Joseph C. Grew는 천황의 전범기소에 대해 반대했다. 그루가 국무장관에게 보낸 1945년 8월 7일의 전문에 따르면 그는 천황이 전범으로서의 증거가 부족하고, 그가 군사지도자로서 역할을 담당했는지도 불확실한 상황에서 만일 그를 전범으로 기소한다면 일본 국민 전체가 단합하여 투쟁할 것이라고 경고했다. 당시 맥아더와 그루 사이에 어떠한 의견이 전달되었는지는 확인되지 않지만, 이후 맥아더의 행동과 주장은 그루의 입장과 유사했다.

유엔전범위원회와 극동국제군사재판의 준비

1945년 8월 16일 일본인 전범을 조사하기 위해 호주, 캐나다, 중국, 프랑스, 인도, 네덜란드, 뉴질랜드, 영국, 미국의 대표단으로 유엔전범위원회 특별위원회가 구성되었다.

한편 8월 29일 미국의 삼부조정위원회(State-War-Navy Coordinating Committee, SWNCC)는 극동국제군사재판을 앞두고 히로히토에 대해 있을지도 모를 재판에 대비하여 맥아더에게 그에 대한 단서들을 은밀히 수집할 것을 지시했다.

유엔전범위원회 미국 측 위원인 호지슨(Hodgson)이 1945년 9월 1일 국무장관에게 제출한 전문에는 유엔전범위원회가 작성한 일본의 전쟁범죄와 적대행위에 관한 요약제안서가 첨부되어 있었다. 1945년 9월 12일 삼부조정위원회는 이 전문을 토대로 극동전범처벌에 관한 미국의 정책을 SWNCC 57/3으로 입안했다. 이 문서의 부속문서 D는 전쟁범죄 혐의자에 확인·체포·재판에 대한 합동참모본부의 지령문이다. 이 문서에서 합참은 '천황'의 경우 특별 지시가 고려 중에 있으므로 전범으로서 어떠한 조치도 취해서는 안 된다는 조항을 포함했다.

일본에 대한 항복조인식이 거행된 지 10일이 지난 1945년 9월 12일 미국 합동참모본부는 맥아더에게 일본인 전쟁범죄자의 처벌을 위한 군사법정이나 재판을 준비하라고 지시하며, 유럽에서 적용될 절차에 따라 포괄적인 지시사항을 전달할 것이라고 알려왔다. 그리고 이러한 준비를 위해 미국전범국(Unites States War

Crimes Office에서 3명의 직원을 파견할 준비를 하고 있음을 전했다. 한편 동 문서에는 주요 일본인 전범 명단이 제시되었는데, 총 44명으로 이 명단에는 처음부터 '천황' 히로히토의 이름은 포함되지 않았다.

아베 노부유키, 호시노 나오키, 이타가키 세이시로, 가노코기 가즈노부, 고바야시 세이조, 고이소 구니아키, 구즈오 요시히사, 마쓰오카 요스케, 마쓰이 이와네, 마사키 진자부로, 미나미 지로, 무토 아키라, 나가노 오사미, 나카지마 지쿠헤이, 아이카와 요시스케, 아나미 고레치카, 안도 기사부로, 아라키 사다오, 아리타 하치로, 도이하라 겐지, 고토 후미오, 하시모토 긴코로, 하타 슌로쿠, 혼조 시게루, 니시오 도시조, 신토 카즈마, 시오텐 노부타카, 시라토리 도시오, 다다 하야오, 다카하시 산키치, 다니 마사유키, 데라우치 히사이치, 야마다 오토조, 우에다 키이치 등 총 44명.

1945년 9월 22일 전쟁부는 맥아더에게 전범재판에 대한 구체적인 지시사항을 전달했다. 전쟁범죄에 대한 정의를 포함하고 있는 17개 조 조항으로 구성된 전문은 맥아더에게 부여된 권한 및 임무를 상세히 밝히고 있다. 여기에서도 마지막 17조에 태평양전쟁을 일으켜 아시아 태평양 지역에 막대한 피해를 입힌 '천황' 히로히토에 대해서는 주의를 기울이고 있었다.

17조 : '천황'을 전쟁범죄자로 기소하는 어떠한 행동도 특별한 지시 없이는 행하지 말 것.

일본 '천황'에 대한 기소문제에 대해 조심스러운 입장을 보인 미국 당국은 이에 대한 대비책으로 일왕 측근과 인척을 일본인 전범 명단에 추가로 포함했다. 여기에는 패전 당시 수상이던 히가시쿠니 나루히코 친왕, 고노에 후미마로 왕자 등이 포함되었다.

히카시쿠니 나루히코 왕자(수상), 히라누마 기이치로 남작(추밀원 의장), 히로타 고키(전 수상이자 외무성 장관), 고노에 후미마로 왕자(전 수상이자 당시 무임소장관), 구루스 사부로(전 미국 특명전권공사), 나시모토 모리마사 왕자(육군 원수, 대본영 의원), 노무라 기치사부로 제독(전 주미대사), 도고 시게노리(전 외무성장관)

한편 극동국제군사재판을 준비하기 위해 맥아더사령부는 관계 연합국들에게 가능한 한 빨리 재판소에 보낼 적절한 인물을 파견할 수 있는지의 여부와 관련 보고서를 전달해 주도록 전쟁부에 요청했다.
또한 맥아더사령부는 극동국제군사재판에서 다루게 될 일본 전쟁범죄자의 이름이 유출되지 않도록 모든 주의를 기울여 줄 것을 관계 당국에 요청했다. 이는 전범 명단에 포함되지 않은 히로히토 일왕 때문인 것으로 판단된다.

전쟁부에서는 극동국제군사재판의 구성문제에 대해 맥아더에게 여러 가지 자문을 제공하고 있었다. 먼저 재판소의 구성은 당시 유럽에서 활약하고 있는 잭슨법원과 같은 유형의 권한을 부여하고자 하였다. 또한 1945년 9월 21일 맥아더가 요청한 관계 연합국들에 대한 재판소 구성 인물 추천에 대해서는 국무부가 중심이 되어 중국, 소련, 영국(가능하다면 네덜란드, 오스트레일리아, 캐나다. 뉴질랜드)으로부터 적당한 인물을 추천받을 것이고, 이들 가운데 적절한 인물을 연합국최고사령관(맥아더)이 선발할 수 있도록 할 것이라고 강조했다.

일본천황의 전범 제외 구상의 기원

그렇다면 일본 전쟁범죄자 명단에서 일왕이 제외된 이유는 무엇일까? 여러 가지 정황을 근거로 들 수 있지만 가장 신빙성 있는 것으로는 다음과 같이 맥아더의 부관 펠러즈$^{Bonner\ F.\ Fellers}$의 보고가 큰 영향을 미친 것으로 보인다.

1945년 10월 2일 일반참모부 준장 펠러즈는 맥아더에게 보낸 비망록에서 '천황'히로히토가 전쟁을 시작하지 않았다는 사실을 확인했다고 보고했다. 또한 그는 일본인에게 스스로 정부를 선택할 권리가 주어진다면, 그들은 '천황'을 상징적인 국가수반으로 선택할 것이라고 전망했다. 그에 따르면 일본의 조기 종전은 '천황'의 명령에 따른 것으로, 그의 명령에 따라 7백만 명의 일본군이 무기를 버렸고 이로 인해 미국이 무혈입성을 달성했다고 지적했다. 즉 그의 행동으로 인해 수십만의 미군 사상자를 피할 수 있었는데 이렇게 '천황'을 이용한 후에 전범으로 재판한다면 이는 일본인에게 배신으로 받아들여질 것이라는 내용이었다.

따라서 만일 '천황'이 전범으로 재판을 받는다면 전반적인 반란이 일어날 것이고, 이는 일본 국내의 혼란과 유혈사태를 불러올 것이라고 경고했다. 이를 막으려면 수천 명의 공무원과 대규모 원정군이 필요하다는 주장이었다.

극동국제군사재판에 대한 설립안이 최종적으로 조율되고 있는 가운데 이에 대한 언론 공개가 문제가 되었다. 워싱턴 당국은 맥아더에게, 극동국제군사재판 구성에 관한 정책 설명을 도쿄의 맥아더사령부에서 발표하는 문제에 대해 의견을 타진했다. 하지만 이에 대해 맥아더는 전범관련 명령을 공포하는 것에 대해 자신이 잘 모르기 때문에 적당하지 않다고 둘러대며 자신보다 더 고위급 인사(예를 들면 대통령이나 장관)가 발표하는 것이 좋을 것이라고 언급했다.

일본에 모든 점령부대의 배치가 완료될 때까지는 공표하지 말아야 한다. 왜냐하면 명령의 발표는 군정에 부담이 될 수 있는 정치적 혼란을 가져올지 모르기 때문이다. 즉 명령발표의 충격에 대해 일본정부가 존속할지 그렇지 않을지에 대해 의심스러운 상황이다. 우리는 필리핀에서 잔학행위에 대해 재판을 진행 중이다. 본관은 일본에서 진행절차를 주도하기 위해 도조 수상에 대한 재판을 진행할 권한을 부여받기를 제안한다. 어떠한 외국관리도 아직 지명되고 있지 않다. 절차가 완전히 준비되고 이러한 재판이 수행될 준비가 이루어지기 전에 만일 그 법령이 발포된다면 커다란 불리함을 가져올 것이다. 기본적 원칙은 이미 항복문서에 포함되어 대중들에게 공표되었다. 만일 공표가 결정되었다면, 본관은 완전한 문구보다는 좀 더 일반적 용어로 발표해야 한다고 믿는다.

이에 대해 워싱턴 당국은 더 신중한 논의를 진행하기 위해 법무감의 전쟁범죄국 부국장인 고프[A. M. Goff]를 다시 파견할 것임을 알려왔다.

도조 수상에 대한 재판을 개시하는 것과 관련하여 그 문제를 논의하기 위해 맥클로이가 10월 20일 경 귀하 사령부에 도착할 것임. 만일 긴급한 특별한 이유가 없다면, 전범과 관련한 다른 주요 문제에 대해서는 논의를 기다려야 함. 법무감의 전쟁범죄국 부국장인 고프 대령이 오늘 정도에 귀 사령부에 도착할 것임. 그가 맥클로이의 도착 전 배경에 대해 설명할 것임.

또한 국무부는 국제군사법원 구성을 위해 영어에 능통한 장교 혹은 민간인을 지명해 달라고 각국에 요청했다. 요청 인원은 중국, 영국, 소련에 각각 5명, 호주, 캐나다, 프랑스, 네덜란드, 뉴질랜드에 각각 3명이었다. 워싱턴 당국의 파견으로 도쿄에 온 전쟁부 차관 맥클로이$^{\text{John J. McCloy}}$는 맥아더와 국제군사재판소 검사단을 이끌 인물에 대해 논의했는데 이후 검사국을 이끈 키난$^{\text{Joseph B. Keenan}}$으로 결정되었다.

한편 맥아더는 맥클로이와 논의 후 미국에 대한 불법적인 공격을 감행한 일본 군부와 그 내각에 대한 극동국제군사재판의 조속한 개정을 요구했다. 맥아더의 주장에 따르면 '진주만공격의 권한을 가졌던 도조와 그의 내각에 대한 재판'을 지체 없이 진행해야 한다는 것이었다. 맥아더는 "그들은 전쟁선포를 하기 전에 일본군의 교전권을 불법적으로 행사하여 미국을 공격한 책임을 가지고 있고, 또한 그러한 행위로 인해 평화로운 국가의 국민이 살해되었는데, 이에 대한 책임을 갖고 있다"고 주장했다. 하지만 여기에서도 맥아더는 히로히토에 대한 언급이 없이 당시 전시내각인 도조 히데키와 내각구성원들의 책임만을 강조하고 있었다.

결국 전쟁부장관은 맥아더에게 키난을 맥아더사령부의 참모로 승인하고, 극동국제군사재판에서 처리할 대상 인원을 선발할 때 전쟁범죄를 저지른 인물을 대상으로 해야 한다고 부기했다. 그런데 여기서 전쟁범죄는 전쟁을 계획, 준비, 도발, 주도했거나, 국제조약을 위반하고 전쟁을 공동모의한 자를 대상으로 한다고 규정하였다.

1945년 11월 24일 추가로 주요 일본인 전범 명단이 추가되었다. 타니 시자오, 하타 로쿠진, 혼조 시게루, 와치 타카지, 하시모토 깅코로, 도이하라 겐지, 기타 세이치, 이타카기 세이시로, 이소가야 렌슈케, 카게사 사다키, 도조 아이키, 사카이 타카시 등이 그들이다. 이때 발표된 인물 12명은 주로 중국 지역에서 활동했던 인물들로서 중국 외교부의 주요 전범 명단에도 포함되어 있었다.

그런데 11월 30일 합동참모본부는 맥아더에게 히로히토를 전범으로 체포, 재판, 처벌하는 것에 대해 그를 면제할 수는 없다는 내용의 전문을 보냈다.

히로히토가 전범으로 재판을 받을 것인지에 대해 미국은 지대한 관심을 지니고 있다. 미국정부는 히로히토를 전범으로 체포, 재판, 처벌하는 것에 대해 면제할 수 없다는 것이다. '천황'으로서 히로히토 없이도 점령통치가 이루어질 수 있다면 그의 재판을 고려해 볼 수 있다. 이 제안이 타당하다면 우방국 대부분이 요청할 것이다. 여러 사실을 검토한 후, 히로히토에 대한 재판 여부가 결정되어야 하기 때문에 필요한 증거들을 이른 시기에 수집해야 한다. 증거의 수집은 철저한 보안 속에 이루어져야 한다.

그러면서 일본의 전쟁범죄를 다음과 같은 3가지 범주로 구분했다. 첫째, 침략전쟁, 둘째, 집단살해를 포함한 전쟁법규와 전쟁관습법의 위반, 포로 및 민간인에 대한 가혹한 대우, 불필요한 파괴행위, 셋째, 전쟁 전후에 민간인에 대한 추방, 노예화, 절멸, 집단살해와 종교·인종·정치적 이유로 박해하거나 국내법의 위반을 무시하고 구금하는 행위 등이다. 즉 전쟁범죄의 기준에 따르면 '천황' 히로히토는 전범대상자로 분류할 수밖에 없다는 것이다.

하지만 국무부의 애치슨$^{Dean\ Acheson}$은 일본 '천황'이 미군의 점령에 유익하다는 점을 지적했다.

믿을 만한 소식통으로부터 천황이 머지않은 장래에 사임할 것을 고려하고 있다는 소식을 들었다. 그렇게 되면 그는 전범으로 지목될 수밖에 없고, 또 일본인들이 평화를 정착시켰다고 믿는 지도자를 배척해야 하는 문제가 생길 것이다. 만약 우리가 그를 계속해서 이용할 생각을 가지고 있다면 히로히토에게 천황직을 사직하지 말라는 암시를 주어야 할 것이다.

극동국제군사재판의 구성 및 판결과 일본 천황의 재판 배제

일본 '천황'에 대한 기소면제 의견이 내부적으로 조율되어 가는 가운데 맥아더와 미 합동참모본부는 재판소 구성과 운영절차를 논의하면서, 뉘른베르크 재판과는 다소 차이가 나는 방향으로 움직이기 시작했다.

먼저 미국 대통령 트루먼이 키난을 일본의 전범에 대한 기소 준비를 위해 주요 직위에 임명하는 행정명령을 발표하였고, 이 명령에서 미국 행정부의 부서와 인원이 최대한 키난을 돕도록 지시하였다.[46] 이러한 행정명령을 받은 키난은 1945년 12월 3일 40명 내외의 변호사와 참모진을 대동하고 샌프란시스코에서 도쿄로 향했다.

재판소 운영과 설치에 대한 움직임이 진행되는 가운데, 합동참모본부는 다른 국가로부터 제기된 문제제기를 다음과 같이 통보하였다. 각국 정부가 제기한 문제는 4가지였다. 1) 국제재판소는 몇 명의 재판관으로 구성되는가? 2) 판사의 직위와 계급은? 3) 재판소의 관할과 규칙은 무엇인가? 4) 검사국의 구성은 어떠한가?

이에 대해 국무부는 각각의 질문에 대해 답변을 정리하였다. 첫째 재판소의 재판관 구성원에 대해서는 "재판소 구성원은 항복문서에 서명한 각국을 대표하여 9명을 넘지 않는다. 각 정부는 1명의 판사와 1명의 대체판사를 둘 수 있다. 만일 어떤 정부가 판사를 지명하는 데 실패한다면 판사의 총수는 줄어들 것"이라고 답변하였다. 즉 연합국 전승국에 1명의 판사를 배정한다는 원칙이었다. 둘째, 판사의 직위와 계급은 중장이나 그에 준하는 계급으로 정하였다. 셋째, 재판소의 관할과 규칙에 대해서는 "재판소의 관할은 전쟁범죄에 한정한다. 특정범주에 속하는 범죄에 대해 검사부가 지명한다. 그리고 재판절차는 뉘른베르크에 준한다."고 언급하였다. 마지막으로 검사국의 구성에 대해서는 "각국 정부는 필리핀과 인도를 포함하여 검사국에 1명의 검사를 파견할 수 있다."고 규정하였다.

답변을 정리한 국무부는 극동국제군사재판소의 재판 개시일을 1946년 1월 15일로 예정하고 있었다. 이러한 워싱턴의 조율에 대해 연합국최고사령부는 다음과 같이 재판소 구성과 운영에 대한 초안을 작성하였다.

1. 재판소는 최하 3명에서 최대 5명을 넘지 않는 범위에서 구성함.
2. 재판소의 소장은 특별히 SCAP에 의해 지명될 것임. 재판관은 중장급 및 그 이상으로.
3. 재판소와 진행절차는 SCAP에 의해 수립될 것임. 극동지역의 상황에 적당한 부분에 한해서는 뉘른베르크를 준용할 것임.
4. 재판은 2월 1일부터 시작될 것이고, 재판관 지명을 위한 각국 정부에 대한 요구는 1946년 1월 5일 이전에 이루어 질 것임.

그러나 재판소 구성원이 지나치게 축소되고, 검사단 구성에 있어 문제가 제기된 이후 연합국최고사령부의 키난은 다음과 같이 최종수정안을 제시했다.

1. a. 국제군사재판소는 항복선언서에 서명한 9개국을 포함하여 가능한 한 많은 수로 구성함. 따라서 대체판사는 필요하지 않음. 국제군사재판소장은 SCAP에 의해 지명됨.
b. 판사의 계급은 미국의 중장급으로 함.
c. 재판소의 관할권은 A급 전범으로 함(전쟁범죄에 포함하는 행위 적시).
d. 검사단은 이미 국제검사국으로 지명되었고, 주요 보조원들은 필리핀과 인도를 포함한 참가국에서 제출한 명단에서 SCAP에 의해 임명될 것이다.
2. a. 국무부는 배석판사의 수가 9명을 넘지 않도록 제안하고 있다. 따라서 대체 판사의 임명은 불필요하다. 대부분의 경

우 다수결의 의견이 지배적이다.

b. 판사는 중장급으로 한다.

c. 국제재판소의 관할은 이미 이전의 지령에 의해 A급 전범으로 한정된다. 대부분의 재판소 규칙은 뉘른베르크의 재판 절차를 준용하고 있다. 그러나 SCAP은 이에 대한 적용을 극동지역에서 똑같이 적용할 수는 없다고 느끼고 있다. 왜냐하면 유럽과 일본지역은 항복의 시기와 점령에 있어 다른 조건이고, 일본인들과 유럽인들의 심리가 다르며 증거부족과 기본적인 차이 때문이다.

3. 기소는 1946년 2월 1일 정도에 이루어질 것이다.

한편 1946년 1월 22일 호주정부가 주요전범 62명을 선정해 미국에 통보했다. 호주가 제출한 주요 전범 명단에서도 그 가운데 7번째로 히로히토 '천황'이 포함되었다.

그러나 앞에서 언급한 펠러즈 준장의 건의와 애치슨의 주장을 맥아더가 받아들였는지는 확인할 수 없지만, 맥아더는 1월 24일 합동참모본부 의장에게 보낸 전문에 히로히토에 대한 전범 기소가 불가능하다고 지적했다.

히로히토에 대한 전범 조사가 진행되었지만, 구체적 증거는 발견하지 못했다. 전쟁 막바지에 히로히토는 단순한 자문 이상은 아니었다. 만일 히로히토를 기소할 시에는 점령 계획과 준비에 철저를 기해야 한다. 왜냐하면 그의 기소는 일본 국민들 사이에 큰

맥아더와 히로히토 ⓒ NARA

1945년 9월 27일 도쿄의 연합군총사령부(GHQ)를 방문한 천황 히로히토가 맥아더 사령관과 함께 찍은 기념사진이 다음날 신문에 실렸을 때, 편한 자세로 허리에 손을 얹은 거구의 점령군 사령관과 차렷자세를 취한듯 경직된 모습의 키 작은 천황을 보면서 일본인들은 새삼 패전을 실감하며 묘한 충격에 빠졌다.

반발을 불러일으킬 것이기 때문이다. 그는 모든 일본인들의 상징이다. 따라서 복수를 위한 항쟁이 발생할 가능성이 있으며 이는 수세기가 지나도 끝나지 않을 수 있다. 이럴 경우 수십만 명의 지원병이 추가로 요구된다. 따라서 히로히토에 대한 사면이 준비되어야 한다고 본관은 생각한다.

맥아더는 자신의 회고록에서 연합국 중 특히 소련과 영국이 '천황'을 전범자에 포함하려 한다고 주장했다. 이들이 제출한 전범자 리스트에는 '천황'이 첫머리에 올라 있다는 것이다. 맥아더는 이것이 얼마나 큰 비극을 초래할 것인지 잘 알고 있었으므로 강력하게 반대했다고 한다. 즉 만일 미국이 영국의 입장으로 기울어져 '천황'을 재판에 회부한다면 주일미군은 장차 1백만 명의 군사력이 더 필요해질 것이라는 주장이었다. '천황'이 기소되어 교수형에 처해진다면 일본 전역에 군정을 실시해야 하고, 게릴라전이 벌어질 것은 명약관화하다는 것이다. 특히 맥아더는 일본 '천황'은 전쟁에 대한 책임이 없고, 단지 군국주의적 관료들의 꼭두각시에 불과했다는 주장을 제기했다.

히로히토는 전쟁을 시작할 수도, 끝낼 수도 없던 완벽한 꼭두각시에 불과한 인물이었기 때문에 그를 기소한다는 것은 논리에 맞지 않은 일이다. 그는 주변의 권유에 따랐을 뿐 스스로 결정할 입장이 아니었다. 전쟁의 시작도 내각의 결정에 따른 것이었고, 종전도 내각이 결정했다.

한편 '천황'의 기소를 둘러싸고 미 군부 내에서 논란이 지속되고 있는 가운데, 미 국무부는 중국, 영국, 소련에 각각 5명을, 그리고 호주, 캐나다, 프랑스, 네덜란드, 뉴질랜드에 각각 3명의 국제군사법원의 구성원에 적합한 장교 내지는 민간인을 지명해 달라고 요청하며 재판소 구성에 대한 절차를 진행하였다.

1946년 1월 19일 맥아더가 '극동국제군사재판소의 설립에 관한 명령'을 발포한 직후, 극동국제군사재판(International Military Tribunal Far East: IMTFE)이 미국·중국·영국·소련·호주·캐나다·프랑스·네덜란드·뉴질랜드·인도·필리핀 등 11개국을 중심으로 구성되었다.

1946년 2월 8일 미국의 위넌트[John G. Winant] 주영미국대사와 애틀리[Attlee] 영국 외무장관 사이의 회담에서 미국과 영국은 전쟁범죄자로 히로히토의 기소가능성은 없을 것이라는 점에 합의했다. 따라서 히로히토의 전범재판을 강력하게 주장했던 호주의 주장 역시 영국의 조정으로 취소될 것이라고 합의했다. 일본의 점령 책임을 맡고 있던 미국과 영국이 점령부담을 빌미로 '천황'에 대한 전범재판 회부를 전격 취소한 것이다. 중일전쟁부터 시작해 태평양전쟁에 이르는 15년 동안 아시아 각국 사람들에게 절망과 고통을 안겨다 준 장본인인 히로히토의 이름은 전범 기소장에 오르지 않았다.

한편 1946년 4월 25일 합동참모본부는 극동국제군사재판에 대한 지령의 최종안을 맥아더에게 하달했다. 이 문서는 국무부가 1946년 4월 3일 극동위원회(Far Eastern Committee, FEC)에 제출한 문서이기도 했다. 이 문서는 극동국제군사재판에 대한 지령을 좀 더 가다듬은 최종안으로 1945년 9월 22일의 문서와 거의 대동소이하나 협의 절차에서, 기존 문서가 4대 강국의 협의를 존중하였던 데 반해 이 문서는 맥아더의 권한을 더욱 강화했다. 또한 맥아더에게 부여된 모든 전범에 대한 구금권한에서 히로히토는 배제하라는 명령을 특별히 강조했다.

1946년 4월 28일 국제검사단은 A급 전범자 28명에 대한 기소장 제출을 시작으로 극동국제군사재판의 본안심리를 5월 3일 개시하였다. 재판은 2년 반 동안 지리한 심리와 반론 그리고 재반론으로 치열하게 전개되었다. 국제검사단은 일본의 범죄에 대해 공소사실로서 55개 항목을 설정하고 이에 대한 증거를 수집 제출했다.

검사단과 변호인 사이의 치열한 공방 끝에 1948년 11월 12일 최종판결이 내려졌다. 이 판결문은 전체 55개의 공소혐의에 대해 10개의 공소사실만을 인정했다. 특히 이 10개의 공소사실 가운데 8개는 평화에 대한 죄를 적용한 것이고 나머지 2개는 전쟁범죄 및 인도에 대한 죄가 적용되었다. 결국 1948년 12월 23일 A급 전범 가운데 도조 히데키, 히로타 고키를 포함한 7명만이 교수형이라는 죄목으로 단죄되고, 나머지 대부분의 A급 전범은 12월 24일 스가모^{巢鴨} 감옥에서 석방됨으로써 극동국제군사재판은 폐정했다.

망각에서 왜곡으로 : 전후 한일관계 굴절의 기원

극동국제군사재판은 A급 전범을 위주로 이루어진 국제전범재판이었다. 그러나 이 재판이 정의라는 이름에 걸맞게 전쟁범죄자들의 죄상을 철저하게 심판한 것은 아니었다. 오히려 전쟁 개시에서 발발에 이르기까지 주도적 역할을 담당했던 당시 일본의 최고 통수권자인 '천황'에 대한 면소免訴로 인해 인류의 발전과 정의의 실현이라는 대전제를 훼손한 것이었다.

처벌받아야 할 인물은 면소되고 오히려 그 반대의 입장에 선 사람들이 처벌대상에 오르는 문제가 발생했다. 당시 A급 전범은 도쿄재판에서 처리되었던 반면, B·C급 전범은 연합국 피해 당사국이 행사했다. 이 가운데 동남아시아 지역에서는 조선인이 그 대상이 되고 있었다. 태평양전쟁기 포로수용소 감시원으로 모집된 조선인 청년은 3,000여 명이었고 그 가운데 129명이 전범이 되었다. 이 가운데 23명이 교수형이나 총살형에 처해졌다.

조선인에 대한 연합국의 처리 방안 가운데에서는 1945년 12월 11일과 13일 싱가포르에서 열린 네덜란드령 인도네시아지구 검사총장과 영국 당국의 회담에서 '전쟁범죄에 관한 한, 조선인은 일본인으로 취급한다.'고 규정되었다. 우쓰미 아이코에 따르면, 일본은 조선인 감시원에게 처음부터 포로학대의 책임 추궁에 대한 방패막이 역할을 떠맡길 요량으로 '포로를 학대한 것은 조선인 부대로 일본인이 아니다'는 해외방송을 했다고 밝혔다.

이러한 역사적 아이러니를 도외시한 채, 일본은 현재 보수우익을 중심으로 도쿄재판의 불법성에 대한 지적을 하고 있다. 특히 이에 대한 지적에 다음과 같은 논리를 활용하고 있는데 첫째, 도쿄재판에 대한 법률 적용 자체가 죄형법정주의를 위반한 것으로 국제법상으로 위법하다는 논리와, 둘째, 연합국에 의한 전쟁범죄와 비인도적 범죄는 제대로 다루어지지 않았다는 것이다.

그러나 우선 이러한 비판을 하려면 일본의 전쟁개시에 대한 불법성이 면책되어야 한다는 전제조건이 따르는 것은 불문가지의 일이다. 즉 일본 스스로 전쟁법을 어겨가며, 기습공격으로 중일전쟁이나 태평양전쟁을 일으킨 전례에 대해서는 아무런 언급 없이 도쿄재판에 대한 불법성만을 강조하는 것 자체가 후안무치한 일이라 아니할 수 없다.

더욱이 현재는 일본의 외교적 저자세가 이러한 '도쿄재판사관'으로 강제되어 왔다고 주장한다. 여기서 말하는 도쿄재판사관이란 "극동국제군사재판은 승자의 입장에서 세워진 부당한 역사해석으로서 전쟁 중 일본국가가 한 행동을 전면적으로 잘못된 것이라고 단정하고 일본인의 자존심을 상실시키는 역사관"으로 정의하고 있다.

1951년 9월 샌프란시스코 평화조약 체결 당시 일본은 이 조약의 약속을 이행할 국제법상의 의무가 있었다. 박원순에 따르면 이 평화조약에는 단순히 도쿄재판의 결과를 그대로 이행한다는 측면을 넘어 전범의 수색, 체포, 기소, 처벌을 계속할 의무가 포함되는 것으로 해석해야 한다고 주장했다.

하지만 일본은 샌프란시스코 평화조약의 체결과 함께 이러한 의무 자체를 방기하고 말았다. 먼저 평화조약 체결 대상국에 일본은 한국에 대한 참여를 배제하는 것에 대해 미국과 입장을 같이 하고 있었다. 물론 이러한 한국 배제에 대해서는 일본 경제의 부흥과 성장을 고려한 미국의 전략적 입장이라는 분석도 있다.

결국 도쿄재판은 2000만 명에 가까운 아시아인과 310만 명이 넘는 일본인 그리고 6만 명이 넘는 연합국 사람들의 희생을 뒤로 하고 전쟁의 계획과 수행에서 결정적 역할을 수행했던 히로히토에 대한 처벌을 유보함으로써 전후 한일관계 및 일본의 대 아시아 전략에도 많은 오류를 가져오게 되었다. 도쿄재판이 일본의 식민지배와 관련한 문제들을 제기하는데 실패했으며, 이후 피해 당사국인 '아시아인들에 대한 인식부족(Absence of Asia)'의 원인이 되었다.

특히 한국을 대하는 일본의 인식에서 과거사에 대한 철저한 반성이 그 전제가 되어야 함에도 불구하고, 어느 학자의 지적처럼 '냉전의 논리'와 '경제의 논리'에 지배당한 나머지 왜곡된 형태로 귀결되고 말았다.

도쿄재판을 둘러싼 문제점을 국내학자들은 다음과 같이 크게 3가지로 지적했다. 하나는 아시아 피해 당사자들의 재판과정 참여가 배제되었다는 점이다. 또한 도쿄재판에서는 조직범죄를 규정하지 않음으로써 일본 군국주의자들이나 재벌보다는 개인의 형사책임에 집중되었고, 마지막으로 도쿄재판을 사실상 주도한 미국이 일본이 만주침략을 개시한 이후 저지른 전쟁범죄만을 재판 대상으로 삼았다는 것이다. 즉 도쿄재판의 대상은 제2

차 세계대전으로 인해 생겨난 피해이지, 식민지 지배로 인한 피해가 아니라는 사실이다.

미국은 극동국제군사재판에 대해 주도적인 입장을 견지하며, 전범에 대한 분류, 체포, 기소에 대해 배타적인 우위를 차지하고 있었다. 냉전이 가시화되고 있던 시기에 이루어진 극동국제군사재판은 정의에 대한 실현이라기보다는 미국의 국가 이익으로 대체되었고, 결국 일본의 전범은 미국의 보호 아래 관대한 처분을 받게 되었다. 이는 현재 과거를 망각하며, 전쟁범죄에 대한 일본인의 의식을 왜곡시키는 자양분이 되었다.

허버트 허쉬Herbert Hirsh는 학살을 저지른 국가는 현재의 자신의 입장을 정당화하기 위해 살아남은 사람들의 입을 막고, 그들을 일반 사람들과 격리시키며, 공식 역사해석을 조작, 은폐함으로써 기억을 조작한다고 간파한 바 있다. 일본의 최근 행보를 보면 그들은 허쉬가 지적한 바와 같이 기억의 조작을 통해 과거 자신들의 전쟁 범죄를 일반인의 기억에서 제거한 후 자신들이 전쟁의 피해자라는 역사 왜곡까지도 감행하고 있는 것으로 보인다.

미완의 전범 재판

1989년 1월 히로히토는 89세의 일기로 사망했다. 그는 전후 전쟁범죄의 행위를 사과하지도 않은 채 식물학자로 행세하며 지냈다. 그가 천수를 누리며 전쟁범죄에 대한 재판을 피해간 배경에는 미국의 대일정책이 있었다. 또한 이를 집행하기 위해 '천황제'를 상징 천황제로 바꾸어가며 일본을 미국의 아시아 전진기지로 탈바꿈하려 했던 미국 지도층과 맥아더의 역할이 지대했다.

맥아더는 회고록에서 히로히토를 다음과 같이 평가했다.

'천황'은 일본인 중 누구보다도 민주적인 사고방식이 몸에 밴 인물이었다. 점령 후의 정치적 성공은 천황의 성실한 협조와 영향력에 힘입은 바가 컸다.

히로히토에 대한 맥아더의 평가가 개인적 입장에 대한 소신의 표출이었는지는 모르지만, 히로히토가 과연 민주적인 사고방식이 무엇인지나 알고 있었는지는 의문이다. 만약 그가 '민주'라는 개념을 알았다면 태평양전쟁을 일으키지도 않았을 것이고, 전후 자신의 목숨을 부지하기 위해 전범 행위를 부정하며 비굴한 행적을 보이지도 않았을 것이다.

어쨌든 전후 일본사회에서 일어난 맥아더 선풍에는 일본 '천황'을 전범재판에 회부하지 않은 것도 한 원인이 되었으리라고 본다. 또한 이러한 면죄부가 과거 일본의 전쟁 범죄행위를 기억에서 몰아내는 추동력으로 사용되고 있는 현실을 목도하면서, 극동국제군사재판의 적법성에 대한 역사적 재평가가 이루어져야 한다고 생각한다.

극동국제군사재판이 제대로 처리되지 못함에 따라 한일관계의 굴절에 더하여 2가지 측면을 주목해보아야 한다. 하나는 바로 구舊 제국주의 일본군의 부활이 이루어졌다는 사실이다. 이들은 자신들의 전쟁범죄에 대한 처벌을 받지 않은 채 그대로 일본 경찰예비대로 부활하여 곧 자위대로 탈바꿈했다. 이에 대한 자세한 내용은 4장에서 상론한다.

다른 하나는 구 일본군 장교들이 공식적으로는 공직에서 추방되었지만, 미 점령군이 은밀하게 다시 동원해 활용했다는 사실이다. 이들은 과거의 전쟁에 대한 책임을 지는 대신 극동군사령부의 지원부서로 활동하였다. 대표적으로 일본군 참모본부 제2부장이었던 아리스에 세이죠有末精三 중장은 패전 후 '아리스에 기관有末機關'을 설치하여 미군의 협력기관 역할을 담당했다. 특히 이들은 미군이 필요로 하는 지역의 지리 관계 정보 등을 미군에 제공했다.

이외에도 참모본부의 중국통이었던 야마자키 시게사부로山崎重三郎 중좌가 책임자로 임명된 극동군 G-2산하의 지리과는 일명 '야마자키 기관山崎機關'으로 불리며 중국, 소련, 한반도에서 첩보활동을 했던 옛 일본군을 참여시켜 이 지역의 군사요새, 항만 등을 기록한 지도를 제공하기도 했다. 이들의 자료가 후에 한국전쟁에서 활용되기도 하였다. 이외에도 참모본부 차장이었던 가와베 토라지로河辺虎四郎의 '가와베 기관河辺機關', 참모본부 작전과장인 핫토리 다쿠시로服部卓四郎의 '핫토리 기관服部機關' 등이 있었다.

미국의 연구자인 웨인트롭Stanley Weintraub에 따르면 인천상륙작전의 크로마이트 계획은 1944년 미 육군의 한반도 정찰 자료와 함께 앞에서 언급한 구 일본군 출신 인사들의 자문으로 일정한 도움을 받았음을 밝히고 있다.

2장

전후 연합국번역통역국의 일본인 귀환자 신문과 공산권 첩보활동

ATIS는 전쟁 직후에는 일본군에 대한 항복권고문서를 작성하고 방송, 항복문서 조인을 둘러싼 회합에서의 통역 등을 제공했다. 즉 ATIS의 임무에는 비밀감시, 암호해독, 독도법, 무선감청, 전투서열 분석, 포로 신문, 일기, 편지, 중요 기사, 적의 시신으로부터 확보된 수집품으로부터 정보를 입수하는 것 등이 포함되어 있었다.

"한 명의 ATIS 어학요원은 1개 보병 대대의 가치가 있다."
아시아-태평양전쟁 시기에 남서태평양사령부의 정보참모로 전쟁을 수행했던 윌로우비$^{Charles\ A.\ Willoughby}$의 말이다. 윌로우비의 지적대로 연합국번역통역국$^{Allied\ Translator\ and\ Interpreter\ Section}$(이하 ATIS)은 적의 문건을 분석하고 포로에 대한 신문을 통해 적에 대한 정보를 축적하여 이를 전선에서 활용하였다. 과연 이들의 조직과 활동은 어떻게 이루어졌는가?

ATIS에 대한 최초의 국내 연구는 방선주 박사 논문이다. 그는 ATIS를 극동군사령부 군사정보국 예하의 부서로 기술하며, 이들의 발간 문서가 각각 『적의 문건$^{Enemy\ Documents}$』, 『공보^{Bulletin}』라고 밝혔다. 한편, 주한 미8군사령부 예하의 '선발번역 통역소'(ADVATIS)라는 기구에서도 『번역보고^{Translation}

Report』라는 시리즈를 발간하여 이 두 기구를 별개의 부대로 판단하였으나, 후술하다시피 두 기구는 하나의 부대를 뜻한다.

그럼에도 이 논문은 학계에 처음으로 ATIS를 소개한 최초의 연구 결과물이다. 특히 이 논문에서 소개된 ATIS의 보고서인 〈Amenities in the Japanese Armed Forces〉는 '일본군위안부'에 대한 신문 보고서로 연구사적인 의미를 가지고 있다.

1992년 방선주 박사는 또 다른 논문을 통해 ATIS 보고서를 소개하였는데, 여기서는 이전에 발표한 논문에서 언급한 ATIS의 자세한 언급은 없었다. 본격적인 연구는 아니었지만 ATIS의 다양한 보고서를 소개하고 있다. 이후 ATIS를 언급한 연구 논문들은 앞의 방선주 박사의 논문을 넘어서지 못했다.

일반적으로 ATIS가 제2차 세계대전 기에 만들어져서 그대로 극동군사령부[FECOM]로 이전된 것으로 알려져 있으나 사실 ATIS는 3차에 걸쳐 기구가 부분적으로 변화되었다. 즉 남서태평양사령부[GHQ/SWPA] 산하의 ATIS와 연합국최고사령관총사령부[GHQ/SCAP]/태평양미육군사령부[USAFPAC] 산하의 ATIS/번역통역서비스대[Translator and Interpreter Service], 그리고 유엔군[UNC]/극동군사령부[FECOM] 산하의 ATIS이다. 이들 기관은 명칭은 매우 유사하나 각각 그 조직과 운영에서 미묘한 차이를 보이고 있다.

ATIS에 대한 연구가 필요한 이유로는 이 기구가 1942년부터 1951년까지 다양한 기구 변화를 통해 ① 아시아-태평양 전쟁기 일본군 포로 및 노획문서, ② 해방 이후~한국전쟁 이전까지의 한반도와 일본 지역에서 공산주의권에 대한 첩보수집, ③ 한국전쟁기 북한군 및 중공군 포로에 대한 포로신문 및 노획문서 확보 등 당시의 시대상을 이해할 수 있는 1차 사료를 집대성한 기관이기 때문이다. 특히 이들이 수집한 전략첩보^{Tactical} ^{Intelligence}는 아시아-태평양전쟁기 일본군의 편성과 작전계획, 장교단 등에 대한 내용에서부터 일본점령기 귀환자를 통한 소련권 영역의 정보수집, 한국전쟁 시기에 북한군과 중공군의 편성 및 전략전술을 이해하는 자료를 제공하고 있다.

연합국번역통역국(ATIS)의 창설과 조직

아시아-태평양 전쟁이 치열하게 전개되던 1942년 9월 19일 남서태평양사령부$^{GHQ/SWPA}$의 지령으로 호주 브리즈번^{Brisbane}에서는 ATIS가 창설되었다. 그 이전인 1942년 9월 3일에 한 명의 장교와 8명의 사병으로 이루어진 미군이 브리즈번에 와서 번역통역국 TIS(Translater and Interpreter Section)의 조직을 준비했다. 9월 19일 이 부대는 연합국의 요원들이 함께 조직함으로써 연합^{Allied}이라는 용어가 합쳐져 ATIS로 확장되었으며 미국과 영국, 네덜란드, 호주, 뉴질랜드, 캐나다의 병력으로 구성되었다.

 ATIS의 임무는 연합국 상호 업무에서 필요한 통역번역

서비스를 제공하고, 전투 중에 노획된 문서의 번역 및 분석, 포로에 대한 신문 및 조서 작성, 이러한 결과를 기관지^{Bulletin}, 회람^{spot}, 연구보고 등으로 인쇄·출판하여 관계기관에 배포하는 것이었다. ATIS 발간물의 양은 최대 200만 쪽에 달했다. 또한 ATIS는 전쟁 직후에는 일본군에 대한 항복권고문서를 작성하고 방송, 항복문서조인을 둘러싼 회합에서의 통역 등을 제공했다. 즉 ATIS의 임무에는 비밀감시, 암호해독, 독도법, 무선감청, 전투서열 분석, 포로 신문, 일기, 편지, 중요 기사, 적의 시체로부터 확보된 수집품으로부터 정보를 입수하는 것 등이 포함되어 있었다.

ATIS요원의 훈련은 크게 두 가지 틀에서 이루어졌다. 하나는 군사첩보어학교$^{Military\ Intelligence\ Service\ Language\ School,\ MISLS10}$를 설립하여 직접 훈련하는 방식이며, 다른 하나는 일반대학에 위탁과정을 두고 여기에서 어학요원을 배출하는 방식이었다.

ATIS 요원들은 샌프란시스코 프레시디오^{Presidio}에 있는 군사첩보어학교에서 훈련을 받았다. 그들 대부분은 일본계 미국인^{Nisei}으로 미국 시민권자들이었다. 1941년 11월 60명의 학생과 4인의 일본계 교사로 구성된 군사첩보어학교가 설립되었다. 학생 가운데 2명만 백인이었고 나머지는 닛세이였다. 1942년 5월에 45명이 졸업했는데, 백인은 졸업 후 소위로 임관되었지만, 닛세이는 처음에는 트럭이나 지프 운전수로 비첩보부문에 배속되었다.

1942년 2월 일본의 선전포고 없는 진주만 공격 이후 반일

정서가 대두되자 루스벨트$^{Franklin\ D.\ Roosevelt}$ 대통령은 행정명령 제9066호로 일본계 미국인 12만 여 명을 대량으로 이주시켰다. 그들은 애리조나, 아칸소, 캘리포니아, 콜로라도, 아이다호, 유타, 와이오밍에 있는 수용소로 이주되었다.

강제 이주 이후 군사첩보어학교는 미네소타의 새비지 캠프$^{Camp\ Savage}$(1944년에는 스넬링 기지$^{Fort\ Snelling}$, 1945년 후반기에는 몬테레이 프레시디오$^{Presidio\ of\ Monterey}$)로 이전했다. 1,500명의 백인과 일부 중국계, 한국계 미국인이 이 프로그램을 거쳐 갔지만, 압도적 다수인 4,500명이 일본계 미국인이었다.

다른 하나는 일반 대학의 어학요원 양성이었다. 전쟁이 발발하자 일반 대학에서 일본어 교육이 중시되기 시작했다. 주로 백인을 대상으로 이루어졌고 일본인 1세나 닛세이가 교사로 채용되었다. 대표적으로 캘리포니아의 버클리 대학과 이후 콜로라도의 볼더 대학, 미시간 대학 등이 주요 교육기관이었다. 특히 콜로라도 대학에서는 매 기수 약 150명의 일본어 교사와 600명 이상의 백인 학생이 있었다. 미시간 대학에서도 3년간 약 1,500명 이상의 장교와 하사관을 양성했다.

ATIS의 최고책임자에는 매쉬버$^{Sidney\ F.\ Mashbir}$(1891~1973)대령이 임명되었다. 1942년 1월 현역으로 복귀한 매쉬버는 호주로 보내져 한 달 만에 대령으로 진급한 후 1942년 10월에 ATIS의 책임자로 발령받아 1945년 12월까지 복무하였다.

ATIS의 규모는 시기마다 달랐지만 1945년 말에 가장 규모가 컸을 때에는 요원이 2,667명이었다. 이 가운데 대부분의 어학요원^{Linguists}은 하와이나 캘리포니아로부터 온 닛세이들로 이들은 아시아-태평양 전쟁에 참전하여 180명 이상이 동성무공훈장^{Bronze Star}부터 수훈장^{Distinguished Service Medal}까지 받았다. 1942년 9월에 조직된 ATIS는 전선으로 파견대를 배치했다. 뉴기니아에 ATIS의 전선파견대^{Advanced Echelon}를 조직하여 1943년 1월 15일에 파견하였고, 이후 8개 전선파견대가 차례대로 제6군, 제1군단, 뉴기니아군(호주군) 등에 설립되었다. 1944년 9월 22일에는 홀란디아^{Hollandia} 총사령부에 ATIS전선부대인 ADVATIS(Advanced ATIS)를 설립했다.

[표 2-1] 남서태평양사령부 ATIS전선부대(ADVATIS) 편제표

```
           남서태평양사령부
               ATIS
                │
           남서태평양사령부
              ADVATIS
                │
           ADVATIS 파견대
    ┌───────────┴───────────┐
   군(Army)              군(Army)
  전방제대(AE)           전방제대(AE)
   ┌───┴───┐             ┌───┴───┐
 군단(Corps) 군단(Corps)  군단(Corps) 군단(Corps)
 전방제대(AE) 전방제대(AE) 전방제대(AE) 전방제대(AE)
  ┌─┴─┐    ┌─┴─┐       ┌─┴─┐    ┌─┴─┐
 사단  사단  사단  사단    사단  사단  사단  사단
전방제대 전방제대 전방제대 전방제대 전방제대 전방제대 전방제대 전방제대
 (AE) (AE) (AE) (AE)   (AE) (AE) (AE) (AE)
 사단  사단  사단  사단    사단  사단  사단  사단
전방제대 전방제대 전방제대 전방제대 전방제대 전방제대 전방제대 전방제대
 (AE) (AE) (AE) (AE)   (AE) (AE) (AE) (AE)
```

아시아태평양 전쟁기 ATIS는 29개의 유럽어와 아시아 언어를 취급했다. ATIS는 1945년 9월까지 적의 문건 및 포로신문조서 18,000건을 번역하고 16,000건을 출판했으며, 10,000명의 포로를 심사하여 779개의 신문보고서를 작성하였다.

전쟁기 ATIS는 단위부대에 어학요원을 파견하였는데, 보통 사단에 12명(장교 2, 사병 10), 군단에 15명(장교 2, 사병 13), 군단사령부 전선파견대$^{Advanced\ Echelon}$에 20명(어학요원 15, 비어학요원 5), 군사령부에 20명(어학요원 15, 비어학요원 5)을 파견하고, 총사령부에 ADVATIS를 배속(어학요원 53명, 비어학요원 71명)했다.

또한 후방인 미국 본토에는 미국 육해군 합동신문반$^{Joint\ Interrogation\ Center}$을 조직했다. 합동신문반은 캘리포니아의 바이런 핫스프링$^{Byron\ Hot\ Springs}$에 위치하며 캠프 트레이시$^{Camp\ Tracy}$로 알려져 있다. 캠프 트레이시는 1942년 12월에 개설되어 1943년 1월부터 1945년 7월까지 3,500여 명의 일본군 포로를 대상으로 신문을 수행하여 12,000건의 보고서를 작성했다. 제2차 세계대전 동안 미국에 있는 일본군 포로들은 전쟁 전후 기간 동안 완벽히 비밀로 처리되었다.

전쟁이 종료되고 미국의 남서태평양사령부가 연합국 최고사령관총사령부$^{GHQ/SCAP}$이자 미태평양육군사령부^{USAFPAC}로 개편되자 ATIS도 이에 따라 움직였다. ATIS는 1945년 9월 27일에 선견대를 도쿄에 파견하였고 1945년 10월 3일에 ATIS

전선부대가 마닐라에서 도쿄로 이전하여, 1945년 11월 17일에 정식으로 도쿄에 본부를 설립하였다. 1946년 3월에 GHQ/SCAP는 연합군의 기관으로 ATIS의 폐지를 결정했다. 다만 미국 육군의 기관인 번역통역서비스대Translater and Interpreter Service, TIS로 활동은 계속되었다.

이는 제2차 세계대전의 종결에 따른 미군의 대대적 감축에 기인하는 것이었다. 1945년 제2차 세계대전이 끝나자 참모 제2부(G-2)의 명칭은 군사첩보과Military Intelligence Division에서 첩보과Intelligence Division로 변경되었다. 군사첩보서비스과Military Intelligence Service Division: MIS는 이때 육군부 참모 제2부의 직속과로 설치되었다. 이는 주요 부서로 극동군 참모 제2부에도 설치되었다.

MIS의 주요 하부기관으로 TIS와 기술첩보대Technical Intelligence: TI가 설치되었다. TIS는 극동지역에 존재하는 다양한 언어의 특수성과 복잡성을 아는 전쟁경험이 풍부한 번역자 및 언어학자로 구성되고, 점령의 일일업무에 필요한 엄청난 양의 일본문서와 출판물을 수집하고 조사하여 번역했다. 출판된 번역물은 GHQ/SCAP 참모부의 사람들이 널리 이용하고, 그들은 이 번역물로부터 일본인의 정치적, 경제적, 사회적 경향을 정확하게 관찰하는 데 활용하였다. TIS는 해외로부터 귀환하는 일본인귀환자들에 대한 집중적인 신문도 담당하였다.

ATIS의 주요 발간물

ATIS의 주요 업무 가운데 하나는 바로 포로신문과 적 노획문서의 번역을 통해 입수, 정리한 정보를 발간물로 각 부대에 배포하는 작업이다. 초기 ATIS의 발간물은 총 11종류로 발간되었는데, 정기적 발간물과 함께 부정기적 보고서가 주를 이루고 있다.

1. ATIS Publications [발간물]
2. ATIS Bulletins [공보]
    중요도에 따라 A등급부터 D등급까지
    TIR(Translation if Requested)
    E등급은 역사적 목적으로 번역
    X등급은 군사적 가치를 가지거나 긴급한 필요에 의해 전부 번역, 당일 번역에는 없음.
3. ATIS Inventories [조사목록]
4. ATIS Spot Reports [수시]
5. ATIS Current Translations [현행보고]
6. ATIS Enemy Publications [노획문서 번역물]
7. ATIS Interrogation Reports [신문]
8. ATIS Research Reports [조사]
9. Philippine Series Bulletins [필리핀 공보]
10. Limited Distribution Reports [특별제한]
11. Advanced Echelon Reports [전선파견대]

전후 ATIS의 조직 변화

ATIS 산하 각 부문의 조직도를 보면 다음과 같이 여러 국으로 편제되어 있다. 행정 및 총무국Executive and Administration, 조사국Examination Section, 정보국Information Section, 생산국Production Section, 훈련국Training Section, 번역국Translation Section, 예비국Reserved, 기록국Record Section, 전선파견대Advanced Echelons25 등이다.

전후 ATIS의 가장 중요한 임무는 역시 일본 점령에 대한 연합국최고사령관총사령부GHQ/SCAP의 지원 업무였다. 여기에는 일본 내에서 발행되는 간행물의 번역을 포함하여, 전쟁범죄인의 신문과 전쟁범죄의 자료를 수집하고 번역 및 전범재판의 통역에 있었다.

다양한 업무지원을 위해 ATIS 어학요원(Linguist)의 일본어 능력은 상부에서도 관심을 기울이는 부문이었다. 따라서 ATIS 어학요원에 대한 일본어 테스트가 여러 방안으로 고안되었다. 특히 일본어는 한자를 쓰고 있고 당시 세계에서 가장 복잡한 언어 가운데 하나로 간주되고 있었기 때문에, 어학요원의 능력 파악은 무엇보다 중요한 현안 문제였다.

특히 흥미 있는 것은 미군 당국이 일본어 테스트를 위해 상당히 고민한 흔적이 엿보인다는 점이다. ATIS 요원의 일본어 테스트는 다음과 같이 구두 통역 시험을 통해 유능/무능으로 크게 구분되었다. 다음으로 필기시험에서는 세 가지 영역(해서, 행서, 초서)에서 읽고 번역하는 능력을 테스트하여 진행하였다. 만약 초서草書, Sosho를 읽을 수 있다면 자동적으로 A등급이 부여되었고, 행서$^{行書, Gyosho}$만을 읽을 수 있다면 B등급, 해서^{楷書,} ^{Kaisho}만을 읽을 수 있으면 C등급으로 분류되었다. 만약 해서도 어렵게 읽는다면 D등급으로 이는 어학요원으로는 무능하다는 평가를 받을 수밖에 없는 실력이었다.

그런데 당시 일본군으로부터 확보한 노획문서의 30%는 해서로, 50%는 행서로 20%는 초서로 구성되어 있었다. 결국 대부분의 중요한 첩보 문서는 행서나 초서로 쓰여 있었다는 것을 나타내고 C등급 이하의 어학요원은 전선에서 그다지 활용가치가 없음을 의미했다.

전후의 일본 점령에서도 같은 상황이 반복되었다. 신문이나 발간물에 대한 번역은 어느 정도 가능할지 몰라도 일본군의 기밀문서나 전범재판을 위해 확보해야 할 자료의 대부분이 초서나 행서로 작성되었기 때문에 여기에서도 C등급 이하의 어학요원은 활용에 제한이 따를 수밖에 없었다.

ATIS 기지는 1945년 11월 6일 마닐라에서 이동하여 1945년 11월 16일 요코하마에 설치되었다. 이후 도쿄로 이동하였는데 이미 ATIS 선발대가 1945년 10월 2일 도쿄에 도착하여 NYK(일본우편회사, Nippon Yusen Kaisha) 빌딩에 자리 잡으며 본대의 이전을 위한 준비 작업을 진행했다.[27] 1946년 3월에 ATIS$^{Allied Translator and Interpreter Service}$가 재조직되었는데 당시 인력은 1,701명으로 초기보다 약 966명이 감축된 숫자였다. ATIS의 인원은 지속적으로 감축되어 1946년 9월 1일에는 781명으로 축소되었다.

중앙신문센터의 창설과 신문활동

하지만 1946년 12월 이후, 소련 관할지역에서 귀환[引揚]이 시작되면서 ATIS의 활동도 변화하기 시작했다. 이미 중앙신문센터$^{Central\ Interrogation\ Center,\ CIS}$가 1946년 6월 2일에 미태평양육군사령부^{AFPAC}의 일반지령 26호로 창설되었다. 이 기구는 연합국총사령부$^{GHQ/SCAP}$의 G-2(정보참모부) 산하에 설치되었다. 주요 신문은 소련군과 극동지역의 산업 활동, 그리고 시베리아 및 국경 지역의 내부정보를 귀환자로부터 수집하는 것이었다. 소련이 억류했던 일본군 포로의 송환은 G-2에게 소련과 소련이 지배하는 지역에 대한 정보를 제공해 주는 것이었다.

1946년 10월 3일 G-2 군사첩보국장은 태평양육군사령부에 보내는 전문에서 극동지역과 시베리아 및 소련 국경지역의 내부 상황에 관한 정보와 소련군과 산업 활동에 대한 정보가 매우 부족하다는 것을 지적하며 다음과 같이 적극적인 정보활동을 촉구했다.

1) 이미 미국의 지배 아래 있는 일본과 한국에서 정보자원을 강화할 것.
2) 외교관, 기자, 산업전문가 혹은 러시아 지역에서 포로였던 일본인 귀환자에 대한 신문.
3) 첩보를 확보할 수 있도록 옛 일본군 첩보요원을 사용할 것.

일본군 대본영은 관동군의 특무기관을 활용했던 적이 있음.

이미 한국에서는 제24군단 하에 신문센터를 설립하여 소련 점령지역인 북한으로부터의 피난민에 대한 신문을 진행하고 있었다.

1946년 12월 19일 연합국총사령부와 주일소련대표부는 매월 5만 명의 일본인을 귀환하는 데 합의했다. 1945년 9월 2일 일본이 연합국에 항복했을 당시 태평양 열도, 중국, 소련의 지배권역에 산재되어 있던 일본인 수는 6백 6십만 명(6,606,996)으로 추산되었다. 1946년 12월까지 포츠담선언에 따라 일본으로 귀환한 수는 5백 5만 명(5,055,014)으로 알려졌고, 소련 및 소련 영향권 지역에는 100만 명 이상의 포로와 민간인이 억류되어 있는 것으로 미 당국은 추산했다.

미군의 어학요원이 귀환자를 선별하는 것을 보좌하기 위해 구舊 일본군 정보장교를 고용하는 것이 허가되었다. 이에 11명의 옛 일본군 정보장교가 육군성 정보부에 채용되었다.

윌로우비는 정보국장(Director, War Department Intelligence Division)에게 3차례에 걸친 귀환자 신문 계획을 지시했다. 1단계(Phase I)는 모든 귀환자에 대한 간단한 신원조회였다. 이는 주로 일본 지역의 항구에 도착한 배의 선상에서 이루어졌다. 2단계(Phase II)는 선별된 정보원에 대한 짧은 신문으로 보통 1시간 정도의 신문 시간을 거쳤다. 3단계(Phase III)는 첩보 가치가 있는 인물에 대한 집중 신문으로 대개 도쿄에 있는 중앙신문센터에서 이루어졌다.

이러한 원칙 아래 소련 및 소련의 영향권 지역으로부터 오는 귀환선의 항구는 4곳으로 지정되었다. 홋카이도의 하코다테函館, 규슈 북부의 하카다博多와 교토 북부의 마이즈루舞鶴, 나가사키의 사세보佐世保 항구였다. 하카다, 마이즈루, 사세보 등 세 항구에 신문파견대Interrogation Detachment를 배치한 것은 미 제1군단이었다.

북한, 다롄, 뤼순에서 오는 귀환자는 사세보로 들어왔다. 1947년 4월 소련으로부터 송환이 중단되었고, 이후 만주지역으로부터의 귀환자가 이곳으로 입국하였다. 사세보는 미 제1군단 산하 미 제24사단이 관할하였는데, 1946년 12월 5일 6명의 장교와 21명의 사병으로 구성된 신문파견대를 설치하였다. 신문파견대는 1947년 2월에 장교 1명과 사병 4명으로 구성된 신문팀Interrogation Team 14개와 지리국Geographical Section으로 확장되었다. 여기에 5명의 전직 구 일본군 정보장교가 배치되었다. 이들 구 일본군 장교들은 'GHQ요원'이라 불렸고 이 가운데에는 러시아어 전문가가 포함돼 있어서 위조문서 수색이나 러시아 지명을 바로잡는 데 도움을 주었다. 신문파견대는 주로 Phase I와 Phase II를 담당했다.

하카다는 1946년 12월 다롄과 북한지역으로부터 오는 귀환자들을 위해 개방되었다. 귀환선을 사세보로 돌리기 위해 3주간 폐쇄했다가 1947년 1월 다시 개방했다. 식량난이 심해지자 처음 매달 5만 명을 송환하기로 했던 소련은 9만 명 이상으로 송환자의 수를 대폭 늘렸다.

하카다에는 사세보와 하코다테에서 10명의 장교와 46명의 사병으로 편성한 파견대를 이동 배치하였다. 마이즈루는 1946년 12월부터 소련에서 오는 귀환자를 받았는데, 1947년 1월에 폐쇄했다가 4월에 다시 개방했다. 이곳에는 2명의 장교와 9명의 사병으로 구성된 신문팀이 배치되었다. 마이즈루에 도착한 최초 송환자는 1년 이상 소련에 구금되었던 구舊 관동군 출신자들이 대부분으로 이들에게서 소련지역의 군사시설과 병력 배치에 관한 중요한 군사적 첩보를 확보할 수 있었다. 초기에 소련지역에서 들어오는 선상에서 공산주의에 세뇌당한 일부 군인들이 인민재판Kangaroo Courts을 벌이기도 해 미군이 자체 조사에 들어가기까지 하였다. 이들 귀환자들은 소련에서 온 포로들로 북극에서부터 아프카니스탄, 우크라이나로부터 캄차카까지 그들이 수용된 지역은 소련 전 영역에 산재해 있었다. 물론 이곳에서도 옛 일본군 첩보장교 5명이 'GHQ 요원'으로 활약하였다.

하코다테는 미 제9군단 관할 지역으로 귀환자들은 주로 캄차카반도, 쿠릴열도, 사할린에서 들어왔다. 하코다테로 들어오는 귀환자 행렬은 1948년 5월까지 진행되었는데, 여기에는 3명의 장교와 9명의 병사로 구성된 신문팀이 배치되었다. 1947년 6월 미 8군 정보부(G-2)는 귀환 항구의 신문기구를 개편하여 4개의 주요 첩보언어대Intelligence Language Detachment를 두고 그 산하에 31개의 신문팀Interrogation Team으로 재조직하였다.

귀환자 신문을 통한 공산권 첩보 수집

이러한 준비과정을 마친 후 본격적인 귀환자 신문이 진행되었다. ATIS의 데이터에 따르면 1946년 12월 1일부터 1948년 1월 1일까지, 소련 관리지역으로부터 귀환하여 등록된 수는 총계 62만 4,296명으로, 그 가운데 37만 2,281명이 남성이고, 이 중 24만 7,294명이 옛 일본군이었다. 2단계 신문을 받은 자는 5만 6,561명이고 제3단계 신문을 받은 사람은 9,043명이었다. (2단계 9.5%, 3단계 1.4%)

귀환자 포로신문의 절차로 ATIS는 소련 관리지역에서 온 귀환자를 중심으로 신문 전체를 통괄하고, 제8군 및 CIC 등과 제휴를 하면서 신문을 실시했고, 일본인 구舊 정보장교가 그것을 보조했다. 이렇게 미군의 신문을 보좌했던 일본군 장교는 점차 늘어나 30명 정도까지 확대되었다. 1946년에 만주와 북한지역으로부터 381,233명이 송환되었으나 794개의 신문만이 가치가 인정되었다.

특히 신문 시 확보해야할 특별 정보에는 동북아시아 지역의 지형, 철도 노선, 도로, 통신망, 공항 및 항공로, 해운업, 기상 데이터, 군사 요새, 해안선, 항만 등이 포함되었다. 이를 통해 지도실Map Room에서는 실제 지도 작성에 신문 조서를 활용하였다.

귀환자 정보수집에서 가장 큰 신경을 쓴 부분에는 전투서열Order of Battle도 포함되었다. 중앙신문센터는 Phase Ⅲ 단계를 통해 소련 및 소련 영향권 지역의 군사 정보를 세심하게 체크했다.

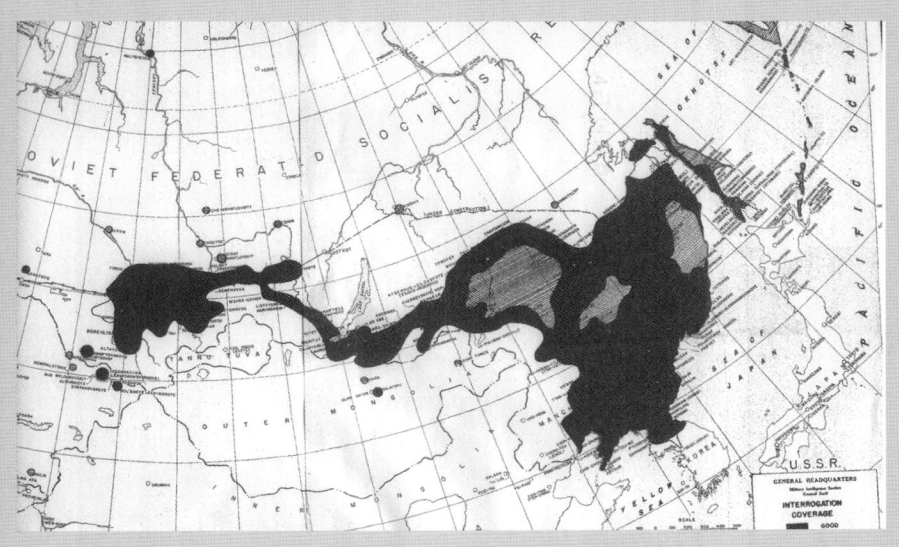

일본인 귀환자로부터 얻는 공산권 지역의 첩보 ⓒ NARA

1. 소련 육군 부대
2. 소련군 및 비밀경찰의 인물 정보
3. 중국공산군 부대와 인물 정보
4. 중국국민당 부대와 인물 정보
5. 소련의 후원을 받는 북한군
6. 내몽골 군대와 외몽골 군대
7. 군사 시설물
8. 소련에 의해 포로가 된 일본군 부대
9. 소련과 소련 영향력 하에 있는 지역의 포로수용소

그림 중앙신문센터^{Central Interrogation Center} 조사과정을 자세히

살펴보자. 여기서는 만주와 북한으로부터 온 귀환자를 상대로 조사가 진행된다. 3차에 걸쳐 철저한 조사가 이루어지는데, 귀환소에서 1시간의 조사가 이루어진다. 여기서 좀 더 정보를 확보해야 할 인물을 선정한 후 이들의 명단이 작성되고 귀향한 이들에게 우편으로 연락하여 도쿄에 와서 집중신문을 받도록 하였다. 이 집중신문은 중앙신문센터에서 직접 진행하는데 평균적으로 약 4시간의 조사가 이루어졌다. 1946년 12월부터 시작된 귀환자 신문은 약 15일간 25,000명을 조사하였다.

예를 들어 1946년 9월 요코스카의 우라가浦賀 파견대에서 조사한 내용을 살펴보도록 하자. 5명의 정보(Interrogation No. 00548~00552)를 요약한 보고서에 따르면 북한 지역에는 일본인 포로수용소가 존재한 것으로 파악되었다. 삼합리포로수용소로 일컬어지는 이 수용소에서는, 1945년 11월~1946년 3월까지 이곳에 억류되어 있던 일본군 포로를 연길을 거쳐 시베리아로 이송하였다는 것이다. 보통 하루에 200여 명의 포로가 사망하는데 사망자의 다수는 영양부족이라고 밝혔다. 1946년 2월 13~15일 3,000명의 포로가 정주를 거쳐 시베리아로 이송되었다는 증언도 있다. 이들의 증언을 종합해 보면 1946년 가을 북한에는 최소한 7개 지역에 일본인 포로수용소가 존재했음을 확인할 수 있다.

이렇게 일본인 귀환자들을 상대로 북한 및 만주, 러시아 지역의 정보를 파악하는 것이 미군 당국의 주요 목표였다. 당시 미 제8군의 귀환자 신문을 통한 공산권 정보의 유형은 다음과 같다. 산업정보 23.6%, 철도 17.2%, 사회 24.7%, 공항 6.4%, 러시아군 14.6%, 공산주의 세뇌 4.6%, 항만 2% 등이었다.

또한 신문자들의 조사를 통해 해방 이후 한동안 북한의 주요 공장에는 일본인 기술자가 상재하며 공장 가동에 기여한 것으로 파악되었다. 흥남의 화학공장에는 2,000명의 조선인이 있고, 비료공장에는 10,000명이 있었는데, 1946년 10월까지 이곳에 300명의 일본인 기술자가 거주하고 있었다. 이들은 귀환하고 싶었지만 소련 및 북한 당국에 억류된 것으로 파악되었다. 증언에 따르면 청수靑水 카바이트 공장에도 1,400명의 조선인과 500명의 구舊 일본군, 그리고 500명의 일본 민간인이 일하고 있었는데, 이 공장의 일일 최대생산량은 1,000톤이고, 평균 생산량은 500톤이었다.

동북지역의 중국공산군이 조직되었을 때 많은 조선인들이 중국공산군에 자발적으로 참가하였다. 당시 동북지역의 조선인들은 공산주의자들에게 매우 우호적이어서 다수의 조선인들이 공산주의자 그룹에 가입하였다.

신문 조서에 따르면 동북지역에서 소련이 핵무기의 기본 소재가 되는 우라늄 광산에 많은 관심을 기울였음을 알 수 있다. 여러 신문에 따르면 소련은 랴오닝성의 하이청 주변에서 코론바이트Coronbite(우라늄 포함) 광산이나, 우라늄 광산에 지나치게 깊은 관심을 기울이며 찾고 있었다.

북한 지역에서 소련군에 의해 북한군이 모집되고 있음을 밝히는 신문보고서도 있다. 여기에는 KIN, Nichisei(김일성)라고

조선주둔 일본군의 항복 조인식 ⓒ 국사편찬위원회 소장 자료

미 육해군 고위 장성들이 38선 이남 조선 지역 주둔 일본군의 항복문서 조인식에 서명하는 일본군 장성들을 바라보고 있다.(1945. 9. 10. 조선총독부 청사)

부르는 인물이 최고사령관이나 국방장관이 될 것이라는 소문이 나돌고 있으며, 호칭도 장군(Shogun)으로 부른다고 기록하고 있다.

이외에도 신문보고서에는 일본이 1930~40년대 초반 만주 지역에서 비밀 특무기관을 조직하여 소련 지역에서 활동했다는 사실과 소련의 전문을 청취하기 위한 도청부대의 운용 사실, 1946~1947년 당시 소련의 OGPU(합동 국가 정치 보안부, 구 소련의 국가 비밀경찰로 NKVD의 전신) 활동 내역 등이 포함되어 있다.

소련지역에 대해서는 부카차차[Bukachacha]와 샤프토마[Shavtoma] 지역 텅스텐 광산의 현황, 베레야[Bereya] 지역의 금광산 등의 자원개발 지역에 대한 기술을 포함하여, 블라고베셴스크[Blagoveshchensk]나 하바로프스크[Khabarovsk] 및 한반도 접경 지역과 청진 등에 소련이 건설한 방공 포대 및 군사 시설물에 대해 다수의 신문보고서에서 상술하고 있다.

물론 이와 같은 정보가 100% 정확하다고 할 수도 없고, 미 정보당국자들 스스로도 이에 대한 정보의 신뢰성을 다각도로 분석하고 있지만, 소련 및 소련 영향권 내의 귀환자를 통해 이들 지역의 상세한 정보를 상당수 확보하고 있었음을 확인할 수 있다.

일본인 귀환자의 수가 점차 줄어들기 시작하고, 한국전쟁이 발발하여 북한군 및 중공군 포로에 대한 신문 수요가 증가하자, 윌로우비는 ATIS의 소련 관할지역에서 온 일본인 귀환자의 신문을 1950년 12월 31일자로 종료하고 동시에 ATIS 중앙신문센터를 폐지하기로 결정했다. 그러나 신문대상자가 어느 정도 남아서 최종적으로는 1951년 3월경에 들어서야 일본인 귀환자에 대한 신문이 종료되었다.

동북아시아에서 미국의 대소 첩보활동과 냉전의 기원

전후 미국의 일본점령기에 운영한 ATIS가 태평양전쟁 중의 ATIS의 단순한 연장이라고 생각하는 것은 정확한 인식이 아니다. ATIS는 아시아-태평양 전쟁기 미국 남서태평양 육군의 한 부서로 조직된 이후 일본점령과 한국전쟁기에 운영되다가 1951년 12월 군사정보단$^{Military\ Intelligence\ Service\ Group}$으로 재편되어 공식적으로 폐지되고 그 임무도 인계되었다.

 ATIS는 적의 문건과 포로 신문을 통해 적의 전투서열과 작전 계획, 병참 관련 정보 등 전쟁에 필수적인 정보를 확보하는 데 일익을 담당했을 뿐만 아니라, 심리전 및 사보타주 등의 활동까지 전개하여 전쟁에 기여하였다.

 또한 전후에는 일본인 전범재판에서 통역 및 문서 번역 등을 통해 전쟁범죄인을 조사하였고, 귀환자를 통한 소련과 소련 영향권 국가들에 대한 적극 첩보활동을 전개하기도 하였다. 한국전쟁기에는 북한군 및 중공군 포로에 대한 신문 및 각종 문서를 수집 정리하여, 전략첩보$^{Tactical\ Intelligence}$ 및 지리첩보 Geographic Intelligence 로 분류 정리하기도 하였다.

앞에서 살펴본 내용에 따르면 미국은 소련 및 소련의 영향권 지역으로부터 귀환하는 일본군 및 민간인에 대해 광범위하게 첩보를 수집하고 있었다. 이는 기존의 동아시아 냉전의 기원에 하나의 시사점을 제공하는 것이다.

그동안 동아시아 냉전은 미소 간의 균열이 시작된 1947년 3월 트루먼독트린 이후 구체화된 것으로 간주하고 있었다. 그 이전까지 미소 간에는 일본 점령에 대해 상호 협조체제를 유지하고 있었다고 평가되었다. 하지만 ATIS의 대공산권 첩보활동을 통해 보면 미국은 소련의 영향력 확대에 대해 민감하게 반응하고 있었고, 소련 지역에 대한 전략첩보·지리정보 등을 귀환자들을 통해 확인하고 있었다. 동아시아의 냉전은 예상보다 빨리 시작되고 있었던 것이다.

3장

초대 주한미국대사 무초와 주한미군 철수

주한미군의 즉시 철수를 주장하는 미 군부와 가능하면 이를 지연하고자 하는 미 국무부 사이의 갈등을 해결할 수 있는 것은 정확한 정보와 함께 상황판단을 해줄 현지 미국 정부 담당자이다. 따라서 주한미외교단의 최고 책임자인 무초의 주한미군 철수에 대한 의견과 입장은 매우 중요했다.

한미관계에서 상대국의 동향과 정보를 가장 먼저 입수하여 본국에 보내는 이는 해당국에 주재하는 공식 외교사절이다. 주한미국대사는 현지 한국에 대한 정보를 총괄하고 주한미외교단 American Missions in Korea의 최고책임자로서 한미관계에 막대한 영향을 행사하는 위치에 있다. 1948년 대한민국 정부가 수립된 이후 임명된 초대 주한미국대사는 무초 John Joseph Muccio (1900~1989)였다. 무초는 신생 대한민국에 대한 미국의 원조를 총괄하였고, 한국전쟁 발발 이후에는 대한민국 정부와 함께 행동하며 미국의 군사지원을 측면에서 조정하였다.

대한민국 정부가 수립된 직후 미국과 당면한 가장 중요한 외교문제 가운데 하나는 주한미군 철수 문제였다. 한반도 문제에 대해 1946년과 1947년 2차례에 걸쳐 열린 미소공동위원회에서 소련이 먼저 주장한 외국군 철수 주장은 통일 한국 정부의 수립에 어쩌면 당연한 제안이었을 것이다. 하지만 소련의 제안은 북한의 군대 창설 이후 주도권을 어느 정도 가지고 있다는 입장 하에 이루어진 것으로 미국으로서는 받아들이기 어려운 카드였다.

미국에서도 한반도의 전략적 가치를 인정하지 않는 군부와 이에 따라 조기 군대철수를 주장하는 미 합동참모본부의 구체적 계획으로 1947년부터 주한미군 철수 논의가 가시화되고 있었다. 하지만 유엔의 개입으로 선거를 통해 탄생된 신생 대한민국의 장래와 안보 취약성은 미군 철수로 인해 급격히 악화될 것으로 전망되었다. 따라서 미 국무부에서는 주한미군의 철수를 되도록 지연하는 전략을 취할 수밖에 없었다.

주한미군의 즉시 철수를 주장하는 미 군부와 가능하면 이를 지연하고자 하는 미 국무부 사이의 갈등을 해결할 수 있는 것은 정확한 정보와 함께 상황판단을 해줄 현지 미국 정부 담당자였다. 따라서 주한미외교단$^{American\ Missions\ in\ Korea}$의 최고 책임자인 무초의 주한미군 철수에 대한 의견과 입장은 매우 중요하였다.

당시 주한미대사로 임명된 무초의 한반도 안보 불안과 정세에 대한 입장은 무엇이었을까? 그의 정보가 주한미군의 철수와 어떤 상관관계를 갖게 되었을까?

존 무초의 생애와 경력

무초는 1900년 3월 19일 이탈리아의 발레 아그리콜라$^{Valle\ Agricola}$에서 출생했다. 3살이 되던 해 그의 부모가 이탈리아에서 미국 로드아일랜드 프로비던스$^{Providence,\ Rhode\ Island}$로 이주하여 무초도 그곳에서 성장했다. 1918년 육군에 입대했고, 1921년 브라운 대학$^{Brown\ University}$을 졸업했다. 대학을 졸업하던 이 해에 그는 미국에 귀화했다.[3] 이후 조지워싱턴 대학$^{George\ Washington\ University}$ 대학원에 입학하여 1923년 석사학위를 받았다.

1923년 3등 서기관으로 외교관의 길에 들어선 무초는 이후 여러 나라를 거치며 외교 경력을 쌓아갔다.[4] 무초는 1945년 4월 유럽점령군사령부 독일 정치고문관으로 임명되었다. 1946년 이후로는 미 국무부에서 극동 외교사무 감독관으로 일했다.

1948년 5월 10일 대한민국에서는 최초로 선거가 실시되어 제헌의회가 수립되었고, 의회의 호선으로 7월 17일 이승만이 대통령에 선출되었다. 신생 대한민국 정부가 수립되자 미국 대통령 트루먼$^{Harry\ S.\ Truman}$은 무초를 주한미특별대표로 지명하였다. 아직 대한민국에 대한 미국의 정부 승인이 이루어지지 않았기 때문에 무초는 대사이기보다는 주한미특별대표로 임명된 것이다.

그렇다면 왜 무초가 주한미특별대표로 선임되었을까? 무초는 인터뷰에서 자신이 선택된 이유로 미군정 이양을 앞둔 시점에서 미군과 업무를 함께 수행한 경험이 여러 가지 이유 가운데 중요한 요소였을 것이라고 언급했다.

그러나 단지 미군과의 경험만을 가지고 그가 임명되었다는 것은 충분한 설명이 되지 못한다. 앞의 약력에서 보았듯이 그는 아시아 지역에서 10여 년을 근무했고, 제2차 세계대전 직후 유럽에서 점령군사령부의 정치고문을 역임했다. 단지 미군과의 경험이 중요한 것이 아니라 아시아에 오랫동안 근무했던 경험과 함께, 점령군사령부에서 정치문제를 담당한 것이 중요한 요소로 고려되었던 것이 틀림없다. 중국 국민당 정권이 대륙에서 기존의 정치권력을 그대로 유지하리라는 점을 의심하지 않았던 당시 미국의 입장에서 중국 각지에서 오랫동안 외교관으로 근무했던 무초의 경력은 매우 중시되었을 것이다.

냉전이 시작된 한반도에서는 소련과의 첨예한 대결이 있었을 뿐만 아니라 세계적 시각에서 한반도 문제를 풀어나가야 할 외교관의 노련미, 그리고 점령군의 권한 이양이라는 신정부 수립을 위해 해결해야할 각종 난제들이 놓여 있었기 때문에, 이러한 문제를 해결할 적임자로 무초가 선택되었다고 보는 것이 좀 더 합리적이다.

특이했던 것은 임명될 당시 무초의 나이가 48살이었음에도 불구하고 미혼이었다는 점이다. 후에 무초는 이를 자랑삼아 얘기했는데, 한국전쟁이 발발한 이후 오히려 이러한 미혼이었던 자신의 신분이 대통령 이승만을 수행하며 힘든 여정을 버텨낼 수 있었던 계기가 되었다고 했다.

한국전쟁을 거치며 한국 정부와 고난을 함께 했던 무초는 1952년 9월 8일 주한미대사의 임무를 마치고 이한했다. 무초는 한국을 떠난 후 결혼했고 2남 2녀를 두었다. 은퇴 이후 1973년에 자신의 부인을 데리고 21년 만에 방한하기도 하였다. 무초는 1989년 심장병으로 워싱턴의 한 병원(Sibley Memorial Hospital)에서 89세의 나이로 사망했다.

초대 주한미국대사 임명과 정부 권한 이양

도쿄 맥아더사령부에서 10일간 머물던 무초는 1948년 8월 23일 오전 10시 10분 맥아더 원수의 전용기를 타고 일본 하네다 공항을 출발하여 23일 오후 2시 25분 19발의 예포를 받으며 김포공항에 도착하였다. 이 날 공항에는 하지[John R. Hodge] 중장, 주한미군사령관 정치고문 제이콥스[Joseph E. Jacobs], 참사관 노블[Harold J. Noble] 및 미군 장성과 한국 측 국무위원 대표로 이범석 국무총리, 장택상 외무부장관, 김철원 공보처장 등과 국회에서는 신익희 국회의장 및 유엔 파견대표 전원 등이 참석하였다. 서울로 향할 때에는 전후 장갑차의 호위를 받으며 서울로 들어왔다.

당시 신문에 따르면 무초의 방한 예식은 맥아더 장군의 방한 때와 다를 것이 없다고 평하였다. 사무소는 반도호텔에 두었는데, 이 호텔은 대한민국 정부가 미국에 양도한 것이다. 무초는 방한과 함께 다음과 같이 입한[入韓] 담화를 발표하였다.

한국 국민들이 대망의 독립을 실현시킨 이 행운한 시기에 미국 대통령의 특별사절로서 귀국에 내조하게 되었음은 본인으로

하여금 무한한 감격을 느끼게 하는 바입니다. 미국 국민의 우의와 한국 국민의 백절불굴의 조국독립광복에 대한 결의는 시종일관하여 동일한 보조로 걸어왔습니다. (중략) 또한 우리는 자유롭게 선출된 한국인 대표들이 1947년 11월 14일부 유엔 결의 정신에 진심으로 순응하여 진지한 심의 끝에 헌법을 제정하고 노 애국정치가 이승만 박사를 수반으로 하는 정부를 수립하였다는 데 대하여서 일층 기뻐하는 바입니다. (중략) 그리고 또한 본인은 독립민주국가로서의 기본적 기반을 수립하려는 한국을 진정으로 도우려는 미국 국민들의 친선우호를 표현키 위하여 내조한 것입니다.

방한 다음날인 8월 24일 무초는 장택상 외무장관을 통해 이승만 대통령에게 신임장을 제출하고 25일 경무대를 예방하였다고 당시 언론은 보도했다. 하지만 이는 잘못된 것으로 신임장 보다는 아마도 미국 대통령의 친서였을 가능성이 높다. 왜냐하면 아직 무초는 대사로서의 지위보다는 대통령특별사절의 지위를 갖고 있었기 때문이다. 이날 무초는 이승만 대통령과 1시간 동안 요담하였는데 이 자리에는 장택상 외무장관, 하지 중장, 주한미사령관 정치고문인 제이콥스가 입회하였다.

1948년 8월 23일 한국에 입국한 무초가 제일 먼저 부여 받은 임무는 새로이 수립된 대한민국 정부에 주한미군정청의 권한과 기능을 이양하는 것이었다. 무초가 직면한 어려웠던 일 가운데 하나는 정부권한의 이양에서 새 정부의 관료들과 미 군정청

산하에 근무하던 한국인들 사이의 갈등문제였다. 미 군정청에서 근무했던 한국인들은 미국 정부의 권한과 영향력이 대한민국에 가장 큰 영향을 미칠 것으로 예상하였으므로 신생 정부에서도 자신들의 권한과 지위가 유지될 것으로 인식하고 있었던 반면에, 새 정부의 관료들은 이들의 존재에 대한 거부감과 함께 가능한 연계 고리를 끊으려고 하였다. 정부 권한의 이양에서 이들 양자 사이의 협력이 긴요했지만 이들의 갈등으로 인해 정부권한의 이양이 차질을 빚고 있었다. 따라서 무초는 전직 미군정에서 활동했던 한국인들을 설득하여 이들의 협조를 받아야 했다.

한국에 부임한 무초가 제일 먼저 국무부에 올린 전문은 대통령 이승만의 경제원조 요청서한에 대한 내용을 분석하고 이에 대한 자신의 견해를 기록한 것이었다. 이 전문에서 무초는 원조 제공과 함께 이를 집행하는 데 도움을 줄 자문단(고문이라는 용어를 변경한 것)을 지원해 줄 것을 요청한 이승만의 의도에 대해 상세히 설명하였다. 무초는 이승만의 의도가 원조에 대한 엄격한 심사를 피할 목적에서 자문단을 요청하는 것이라는 점을 함께 지적하며, 만일 이렇게 될 경우 미국은 원조만을 제공하고 집행에서는 단지 고무도장의 역할에 지나지 않을 것이라는 점을 강조했다.

1948년 9월 8일 그동안 휴회 중에 있던 한미회담이 재개되었다. 중앙청 별관인 미군 민사처장실에서 이범석 국무총리를 수반으로 윤치영 내무장관, 장택상 외무장관, 이순탁 기획처장, 유진오 법제처장 등으로 구성된 한국대표단과 무초 미 대통령 특사를 수반으로 헬믹 소장 등 미국대표단 사이에 회담이 열렸다. 이 회담에서 가장 첨예한 문제는 2,500만 달러 차관문제였다. 결국 무초가 이승만 대통령에게 이 차관을 신생정부를 위한 교육 사업비에 충당하겠다고 설득함으로써 타결되었다. 결국 최종적인 협정 조인은 9월 11일 한국 측에서 이범석 총리와 장택상 외무장관이 미국 측에서 미 대통령 특사 무초와 주한미군사령관 쿨터 소장이 서명함으로써 정식 조인되었다. 이로써 한국 정부는 실질적인 정권 이양을 마칠 수 있었다.

미국의 대통령 특사이자 차기 주한미국대사인 무초에 대한 관심은 국내에서 점점 높아갔다. 당시 국내의 한 신문은 무초가 비밀리에 한국 정부에 대한 국민들의 신뢰도를 조사한 결과 현 이승만 정부가 국민들의 절대적인 지지를 받지 못하고 있다는 것을 알고, 국무원을 구성한 이승만 정부에게 이를 공식적으로 개조해달라는 요청을 했다고 보도하였다. 하지만 이를 두고 공보처에서는 바로 반박하여 이를 사실무근이라고 공식 발표하고 『국민신문』의 편집국장인 장인갑과 해당 기사를 작성한 기자를 구속하였다. 정확한 진상은 이후에도 밝혀지지 않았지만 미국 정부의 영향력에 대한 당시 일부 언론의 과도한 인식 및 확인과정에서 나타난 보도였고 이를 진화하려 했던 한국 정부의 대응이 빚어낸 사건이었다. 이는 이후에도 우리 현대사에서 여러 번 나타났던 미국 정부의 의도와 한국 정부 사이의 갈등을 의혹으로 보도하는 기사의 전형적인 유형이 되었다.

1949년 4월 5일 미 상원외교위원회가 무초를 대한민국 주재 미국 초대대사로 임명한 것을 정식으로 승인했다. 무초는 1949

년 4월 20일 이승만 대통령에게 신임장을 제정했다. 이날 제정식과 동시에 미 대표부는 미 대사관으로 승격했고 주한미특별대표 무초 또한 대사로 자동 승진했다. 주한미대사로의 임명은 바로 한국에 있던 미국 공식 정부 기관의 수장이 되는 것을 의미했다. 미국은 국가안전보장회의 NSC 8/2에서 미 대사에게 주한미외교단American Mission in Korea의 총괄지휘권을 부여하고 있었다. 당시 주한미외교단에 속해 있었던 미 정부기구는 주한미대사관, 주한미군사고문단, 주한미경제협력처 등이 주요 기관이었고, 인원수만 해도 3,000여 명에 달했다.

공식 신임장 제정식 이후 무초는 반도호텔에 대사관을 공식적으로 개설하였다. 그런데 이미 1948년 12월 10일 국무원의 결의를 통해 반도호텔의 소유권은 미국에 증여된 상태였다. 이는 1949년 1월 25일에 국회의 동의를 얻었고, 정식 봉정식은 4월 20일 무초의 신임장 제정식에 맞추어 진행되었다. 무초는 반도호텔을 증여받은 것에 대한 감사의 표시로 300만 달러를 별개 호텔을 건축하는 데 사용해 달라고 한국 정부에 전달하였다.

주한미군 철수 문제와 무초의 현지보고

주한미대사에 부임하자마자 무초가 직면한 가장 어려운 과제 가운데 하나는 바로 주한미군 철수 문제였다. 주한미군 철수를 처음 제기한 인물은 주한미군사령관인 하지로 1945년 12월 16일 당시 연합국최고사령관인 맥아더에게 보낸 전문에서 확인되는데, 이 전문에서 하지는 3개월 동안의 점령업무에 대해 평가한 후 미소 양군의 동시 철군을 제안했다. 하지만 이는 현지 사령부에서의 검토 사안이었을 뿐 미소간의 공식 논의는 아니었다. 더욱이 미소 양군 철수 이후의 한반도 문제에 대해서는 추가적인 고려나 향후 대책을 검토한 것도 아니었다.

그러나 미소양군 철군 문제는 1946년부터 공식적으로 소련이 주장했다. 1946년 10월 초 북한을 방문하고 돌아온 하지의 경제고문이었던 번스$^{Arthur\ C.\ Bunce}$는 소련 점령군사령관의 정치고문인 발라사노프$^{G.\ M.\ Balasanov}$가 "소련은 가능한 한 빨리 한국에서 미소 양군 철퇴를 열망하고 있다."고 언급한 것을 보고했다.

당시 미 군부는 한국에서 조기 철군을 희망하고 있었다. 1947년 4월 4일 패터슨$^{Robert\ B.\ Patterson}$ 육군 장관은 애치슨$^{Dean\ Acheson}$ 국무장관 대리에게 보낸 서한에서 한국에서 조기 철군을 요청하였다. 이에 대해 3부조정위원회$^{State-War-Navy\ Coordinating\ Committee}$에서는 주한미군 철수는 곧 공산주의자들에게 한반도를 넘겨주는 행위라고 지적하면서, 한반도를 소련에 넘겨 줄 위험을 일으키지 않으면서도 미국의 개입을 줄일 수 있는 정책이 요구된다고 분석하였다. 이미 3부조정위원회에서는 미국의 대외지원에 대한 정책과 절차 비용에 대한 연구를 진행하였다. 이것이 그 유명한 SWNCC 360/1이다. 이 문서에서 3부조정위원회는 긴급한 필요성에 따라 지원이 필요한 국가의 순위에 한국을 그리스, 이탈리아, 이란에 이어 4번째로 지정했지만, 미국의 국가안보 중요성에서는 조사 국가 16개국 가운데 15번째로 규정했다. 결국 미국의 국가안보와 현재의 긴급성을 종합한 결과 한국에 대한 중요성은 16개 국가 가운데 13번째로 판단되었다. 결국 한반도의 전략적 가치는 인정되지 않았던 것이다.

1947년 9월 열린 제2차 미소공동위원회에서도 미국의 한국 문제 유엔이관에 대한 소련의 대응은 양군 동시 철수 제안이었다. 26일 회의석상에서 슈티코프 소련 측 대표는 1948년 초까지 미소 양군을 철수하고 한반도의 장래 문제를 조선인 자신들에게 맡길 것을 제안했다.

이러한 진행 상황 속에서 1947년 11월 유엔총회 본회의에서는 미소 점령군의 동시 철수에 대한 결의가 통과되었다. 이는 한반도에 정부가 수립되면 가능한 90일 이내에 점령군의 완전 철수를 고려해야 한다는 주장이었다.

1948년부터 미 군부, 주로 육군참모총장 아이젠하워와 극동군사령관 맥아더가 한국의 전략적 문제를 제기하고 한국에서 주한미군을 철수할 것을 주장하기 시작하였다. 주한미군의 철수가 공식적인 미국의 정책으로 결정된 것은 1948년 4월 2일 미 국가안보회의에서 채택된 NSC 8이었다.

NSC 8의 정식 명칭은 '한국에 대한 미국의 입장The Position of the U. S. with Respect to Korea'이다. 이에 따르면 미국은 1947년 11월 14일의 유엔총회 결의에 따라 한국 정부가 수립되면 90일 이내에 점령군들을 철수한다는 원칙을 받아들이기로 하였다.

NSC 8에서 미국은 어떠한 침략에도 충분히 대처할 수 있는 군사력을 남겨 놓지 않고 미군을 철수한다면 극동의 우방국들에게 배신행위로 받아들여질 수 있을 것으로 판단하며, 주한미군 철수 이전에 북한 또는 기타 군대의 침략행위를 막아낼 수 있도록 충분한 훈련 장비를 제공할 필요성을 제기했다. 당시 NSC는 한국군의 병력을 5만 7천 명의 국방경비대와 3천 명의 해안경비대 그리고 3만 명의 경찰을 포함하여 총 병력 9만 명으로 계산하였고, 이에 반해 북한군은 12만 5천 명으로 추산하였다. 그러면서 주한미군의 철수 시점을 1948년 12월 31일로 정했다.

주한미군 철수 문제가 군부와 국무부 사이의 갈등으로 첨예화되자, 이에 대한 실제 조사를 위해 1948년 말 미 육군장관이 웨드마이어$^{Albert\ C.\ Wedemeyer}$ 장군을 대동하고 한국을 방문했다. 이미 웨드마이어는 1947년 말 중국과 한국을 미 대통령 특사자격으로 방문하여 현지의 문제를 파악한 이후 보고서를 작성했던 경험이 있었다. 당시 웨드마이어가 작성한 계획에 따르면 미군의 한반도 철수는 1949년 3월 31일까지 완료하는 것이었다.

육군부가 주한미군 철수 시일 결정을 확정지으려 하자 1948년 11월 12일 무초는 주한미군의 계속 주둔을 검토해달라는 전문을 국무장관에게 보냈다. 그는 이 전문에서 주한미군의 철수를 재검토해야 하는 필요성을 제기했다.

북한군에 대한 군사정보 평가는 만약 내전이 일어나면 북한이 승리할 것이라는 결론이다. 만일 중공군 가운데 조선인 부대가 북한군에 가세한다면 결과는 더욱 명확해진다. 일부 인사들은 만약 미군 철수가 완료되면 북한의 전면 남침이 개시될 것이라고 말하고 있다. (중략) 결과적으로 주한미군의 계속 주둔이 한국정부의 혼란스러운 내부 상황을 개선할 수 있을 것이다. 현재 상황에서 주한미군의 존재만이 한국의 내외부 안보를 지킬 수 있는 최소한의 방책이다.

국무부는 육군부에 이미 1948년 11월 9일 주한미군의 철수를 3월 31일에서 연기시켜 달라고 요구하며 무초의 보고를 첨부하여 다시 한 번 주한미군의 철수 시기 및 상황을 재고해 줄 것을 요청했다.

1948년 12월에 들어서자 소련군의 철수에 대한 상황보고가 이어졌다. 1948년 12월 11일의 한 보고에 따르면 소련군은 북한군에게 자신들의 지역권한을 완전히 인계하고 기계화사단을 철수시킨 것으로 확인되었다. 여기에 평양 부근에 주둔하던 소련공군도 철수하였다. 12월 14일에는 북한주둔 소련군사령관 메르쿨로프[Merculov]가 주한미군사령관에게 다음과 같은 서신을 보냈다.

소련군은 1948년 12월 말까지 철수할 것이라는 사실을 미국 정부에 1948년 9월 18일 통지한 바 있는데, 이와 관련하여 미국측 사령부에 있는 소련군 연락장교가 12월 25일에 복귀할 것이므로, 소련군 사령부에 있는 미군 연락장교도 복귀시켜 달라.

1949년 1월 27일 무초는 그동안의 한국 상황을 면밀히 검토한 후 정치, 경제, 군사 등 각 상황에 대한 종합보고를 국무부에 올렸다. 이 가운데 군사적 상황에 대한 언급은 다음과 같다.

한국군은 질적인 측면과 양적인 측면에서 모두 개선되고 있다. 여수반란 이래 반역세력이 소탕되어 사기와 신뢰성이 개선되었다. 병력은 육군이 6만 5천 명, 경찰 4만 5천 명, 해군 4천 명에 달하였다. 우리는 육군에 제공하기로 약속했던 보급품들을 완납하기 위해서도 필요한 추가 무기와 장비를 제공해야 하며, 해군에 요구되는 경비정과 여타 품목을 제공해야만 한다. (하략)

한편 북한 군사력에 대해서는 중국에서 수년 동안의 전투경험을 가진 조선인 부대를 충원 받아 병력이 10만에 달하는 것으로 추산했다. 더욱이 이들이 모두 소련제 무기와 장비로 완전히 무장했음을 강조했다. 그러면서 군사적으로 "현재 한국군은 내부안정성을 적절히 유지하며, 북으로부터의 침투에 잘 맞서는 한편 머지않은 장래에 이미 알려진 북한군의 공개적 침략조차 저지할 수 있을 것으로 보인다. 그러나 만주에서 전투로 단련된 북한군이 이용될 경우 남한군은 저지하지 못할 것"이라고 논평했다.

하지만 만주 전역에서 전투경험을 가진 조선인 부대의 북한군 충원 과정을 알고 있던 무초의 상황보고와 대처 방안이 그다지 적절하지는 않았음을 알 수 있다. 우리는 현재 소련 및 중국 자료를 통해 만주 지역 조선인 부대가 이미 대거 북한군에 편입되었고 이들이 한국전쟁 개전 시 전방 공격 사단의 50% 이상을 점하고 있음을 알고 있다.

따라서 무초의 상황보고는 좀 더 경각심을 가지고 주의 깊게 작성되었어야 했다. 하지만 무초는 주한미군의 철수를 강력히 반대하기 보다는 이미 워싱턴 당국에서 결정된 예정 일정을 따를 수밖에 없었다. 그는 한국군에 대한 지원만을 되풀이해서 강조했다.

군사적으로, 전술한 권고에는 주한미군사고문단의 유지, 한국군의 훈련강화 및 개선, 적절한 장비 및 보급의 제공이 포함된다. 미국 특수임무부대(U.S task force)와 관련해 이 부대는 1949년 6월까지 한국에 잔류해야 하는데, 이때까지 한국군은 소련 혹은 만주 측이 공공연히 개입하는 경우를 제외하고는 북한으로부터의 모든 침략행동과 내부 전복활동에 대항할 수 있을 정도로 충분히 조직되고 훈련받을 것으로 예상된다.

이런 주장과 함께 무초는 NSC 8의 재평가를 주장했다. 이미 NSC 8에서 상정한 상황 상 식량사정, 한국군의 전력 및 효율성, 한국 정부의 동향, 경제상황, 북한과 중국의 사태 진정 등이 변화되었으므로 이에 맞추어 재평가해야 한다는 주장이었다. 이후 유엔한국위원단 호주 대표인 쇼[Patrick Shaw]와 가진 대담에서도 무초는 쇼가 한국군이 북한의 남침을 저지할 수 있을 정도로 조직화되었는지를 물었을 때, 그렇지 않다고 대답했다.

무초는 한국문제에 대한 전반적인 미국의 정책을 상부와 조정하기 위해 협의차 1949년 2월 9일 워싱턴으로 출발하였고 대사 대리는 정책참사관인 드럼라이트 Everett F. Drumright가 수행하였다. 방미 중이던 25일 무초는 로얄 Kenneth C. Royall 미 육군부 장관, 드레이퍼 William H. Draper 육군부 차관보와 주한미군 철수문제에 대해 대담을 가졌다. 여기서 첨예하게 의견의 차이를 보인 것은 한국에 고문단을 증원하고 추가적인 군원을 제공한다면 이승만 대통령이 미군의 즉각 철군에 반대하지 않을 것인가라는 문제였다. 이미 2월 8일에 이승만과 면담한 로얄은 이 대통령이 반대하지 않을 것이라고 주장했지만 이에 대해 무초는 자신의 기억과는 차이가 있다고 주장했다. 그러면서 로얄이 주장하는 6월 30일 기한을 일방적으로 선언하지 말고 상황에 따라 모호하게 입장을 유지하고 있다가 5월 초에 가서야 상황을 재검토해야 한다고 주장했다.

한반도의 전략적 가치를 인정하지 않는 군부와 미국의 세계적 위신문제로 인한 주한미군 주둔의 필요성을 강조했던 국무부 사이의 갈등은 결국 1949년 6월 30일 철수하는 것으로 최종 결정되었다. NSC 8/2에 따르면 주한미군 철수에 따라 남한 정부가 공산 지배 아래에 들어가는 사태를 최대한 억제할 수 있도록 미국이 실질적인 방책을 강구해야 한다고 강조하며 철수 시점을 1949년 6월 30일로 하고 최종 철수 이전에 6개월 분량의 비축 무기를 양도하는 것으로 결정하였다.

대한민국 초대 대통령 이승만과 초대 주한미대사 존 무초(위)
1950년 4월 김포비행장에 내린 무초를 맞이하는 한국 인사들

주한미군 철수에 대한 무초의 한국 정부 설득과 조정

주한미군 철수에 대해 미 군부와 의견 교환을 통해 정책을 확정지은 무초는 3월 29일 워싱턴에서 도쿄를 거쳐 서울로 귀환했다. 이제 문제는 한국 정부를 설득하는 것이었다. 무초는 귀국하자마자 경무대를 예방하여 이승만 대통령과 회담하였다. 그는 이 대통령에게 주한미군 철수에 따른 한국군에 대한 무기 공급의 중요 사항을 미 당국에 전달한 사실과 이에 대한 법적 장치가 마련되고 있음을 알려주었다. 그리고 이 대통령에게 주한미군 철수가 빠른 시일 내에 이루어질 것이라고 언급하였다. 하지만 확정 일자에 대해서는 함구했다. 이에 대해 이승만 대통령은 미군을 영원히 주둔하도록 잡아 놓을 수는 없음을 알고 있다면서 적절한 미국의 무기 및 장비 지원을 다시 한 번 강조하였다.

4월 11일 저녁에 다시 경무대를 방문한 무초는 이승만 대통령에게 공식적으로 결정된 미국의 정책인 NSC 8/2의 결론에 대해 설명했다. 하지만 이번에도 무초는 결론의 C문단(6월 30일 철군 완료일)과 F문단(1950년 미 회계연도 상의 한국 정부에 군원 대상)의 자세한 숫자는 알려주지 않았다.

결국 주한미군 철수의 번복 가능성이 희박하자 이승만 대통령은 주한미군사고문단의 주둔 및 군사원조에 더해 미국이 그리스와 체결한 것과 같은 군사협정 체결을 요청했다. 그러나 무초는 미국이 1790년대 프랑스와 조약을 맺은 토머스 제퍼슨$^{Thomas\ Jefferson}$ 대통령 이래 단일 국가와 방위조약을 맺은 전례가 없다면서 군사협정 체결 요청을 거부했다.

1949년 4월 29일 미 육군부는 1949년 6월 30일을 주한미군의 최종 철수 완료일로 결정하고 국무부에 통보하며, 이를 비밀로 해줄 것을 요구하였다. 5월 2일 무초는 로버츠 장군 및 드럼라이트와 함께 이승만 대통령을 예방하여 주한미군사고문단의 규모와 계획에 대해 알려주었다. 주한미군사고문단은 250명의 장교와 250명의 사병으로 구성되어 그 병력이 최대 500명이 될 것이라는 내용이었다. 또한 한국 육군의 각 여단에 16~20명 정도를 배치하고 경찰 자문관으로 소령이나 중령급의 장교 9명을 선발, 각 관구에 1명씩 배치할 것이라고 설명하였다.

하지만 이날 대담에서 이승만과 무초는 상호간에 상당한 의견차를 내보였다. 우선 무초는 현재 벌어지고 있는 국공내전에서 공산당이 승리하고 있는 상황에 대해 이를 크게 걱정하지 않아도 된다고 주장하였다. 즉 "공산주의자들이 중국에서 성공을 거둔다 하더라도 중국 북쪽에서 자리를 잡는데 정신을 빼앗겨 한국에 대해 신경 쓸 시간이 없을 것이기 때문"이라는 것이다. 또한 "세계분쟁의 경우를 제외하고 북한의 남한 침략은 없을 것으로 본다."고 힘주어 말하였다. 이러한 무초의 주장에 대해 이승만 대통령은 한국에 대한 미국의 외교적 배신행위에 대해 역사적 실례를 들어가며 반박하였다.

지난 사십 년 간 미국이 두 번 한국을 저버렸다고 말했다. 테오도르 루즈벨트가 처음으로 저버렸고, 프랭클린 루즈벨트가 얄

타에서 두 번째로 저버렸다. 이러한 일들이 한국 국민들의 마음 속에 남아 있다.

이에 무초는 이 대통령의 주장에 대해 반박을 하지 않은 채 다만 미국이 한국을 도와 왔고, 지금도 돕고 있고, 미래에도 계속해서 도울 것이라고 대답하였다.

군사 지원 계획은 대내적 안전을 보장하기에 충분한 만큼의 무기, 탄약 그리고 장비를 제공할 것이다. 또한, 남한이 국가 간 전면전을 제외한 어떤 종류의 공격이나 적대적 침투로부터도 자신을 방어할 수 있게 할 것이다.

이때 이승만 대통령은 놀랍게도 미국의 극동방위선에서 한국이 배제되었다는 내용을 언급하였는데 이는 애치슨이 내셔널프레스클럽에서 이를 연설하기 8개월 전이었다. 즉 한국은 미국 방위선 밖에 있다는 주장이었다.

무초는 한국 내부의 북한 침공에 대한 우려에 대해 본국의 정책을 대변하는 입장에서 매우 부정적으로 접근했다. 예를 들어 한국 정부의 공군 지원 요청에 대해 무초는 경제, 산업 그리고 기술적인 면에서 공군 지원은 한국 스스로 능력이 없다고 간주하며 이를 거부했다.

1949년 5월 6일 다시 한 번 주한미군사고문단의 운영에 관해 설명하고자 이승만 대통령을 예방한 무초는 이 문제의 전제가 되는 주한미군 철수문제에 대해 한국 정부의 동의를 구하지 못했다.

무초는 국무장관에게 보낸 보고에서 이 대통령의 동의를 얻지 못한 원인을 세 가지로 들었다. 첫째는 이 대통령을 설득하는 데 필요한 해안경비대와 공군 지원에 관한 지시를 받지 못했다는 것이다. 그러나 이는 이미 자신이 앞에서 언급했듯 한국 정부의 능력을 무시했던 본인의 보고와 상충되는 주장이었다. 둘째는 이 대통령이 미국 본토에서 벌이는 언론 공작으로 일종의 상호방위협정 요청 건이었다. 셋째는 가장 큰 원인으로 들고 있는데 5월 3일 개성에서 시작된 38선 충돌사건과 춘천에서 표무원, 강태무 대대장이 주동이 되어 벌어진 2개 대대 월북사건이었다.

결국 미국 당국은 주한미군 철수에 대한 기존 계획을 그대로 진행시켜 나갔다. 이에 대해 이승만 대통령은 주한미군 철수를 반대하는 언론 발표를 시작했다. 애치슨 미 국무장관은 이대통령의 철군반대 여론선전에 대해 이는 외교관례상 미국 정부를 언론을 통해 강제적으로 움직이려는 위반 사항일 뿐만 아니라 양국 정부의 신뢰에도 어긋나는 것임을 전하도록 무초에게 훈령을 내렸다. 덧붙여 이대통령이 주장하고 있는 현재의 남한에 대한 공산주의의 위협이 미국의 정책에 따른 것이라는 주장은 매우 불쾌한 것이라고 지적하며 이를 이대통령에게 명확히 제기할 것을 지시하였다.

1949년 5월 26일 오전에 신성모 국방부장관, 허정 교통부장관이 무초를 방문하였다. 토의가 한참 진행된 이후 그들이 방문 목적을 밝혔는데, 바로 주한미군 철수를 6개월 정도 연기할 수

철수하는 주한미군

1949년 6월 29일 1,500여 명의 미군부대가 인천항을 출발함으로써 주한미군의 철수는 완료되었다. 이날 주한미군의 철수에는 유엔한국위원회 제3소위 회원들이 참관했다. 회장인 호주의 자메이슨A. B. Jamiason을 비롯하여 중국, 엘살바도르, 프랑스 대표가 참석하였다. 주한미군의 수송선은 브로이스터호General A. W. Brewster와 보딘호Lt. Raymond O. Boudein 2척이었다.

있는지를 문의하는 것이었다. 신성모 국방장관은 주한미군이 철수하면 바로 북한의 남침이 있을지도 모른다고 주장했다. 북한의 남침이 있다면 한국군은 미국으로부터 지속적인 탄약 공급이 필요할 것이라고 언급했다. 무초는 주한미군 철수는 이미 진행 중이라 취소할 수 없고 다만 원조계획과 주한미군사고문단을 증강하는 것이 대안이라고 밝혔다.

주한미군 철수를 지연시키려는 한국 정부의 집요한 공작이 계속되는 가운데 주한미대사관에서는 주미한국대사관과 경무대 사이의 전문까지 도청하였다. 무초가 도청으로 확보하여 국무부에 보낸 전문에 따르면 한국 정부가 주한미군 철수를 1950년 7월로 연기하자는 성명을 미리 발표하고 주미한국대사관에서는 이를 미국 당국과 협상한다는 내용이었다. 무초는 이러한 한국의 지연전술이 지금까지 이루어졌던 주한미군 철수와 한미 간의 우호적인 분위기에 부정적이지 않을지 걱정했다.

무초가 6월 6일 경무대를 방문하자 이 자리에서 이승만 대통령은 주한미군 철수를 1년간 유보해 주기를 원하는 내용을 공식적으로 제기하였다. 하지만 무초는 단호하게 주한미군 철수는 이달 30일에 완료될 것임을 명확히 했다.

1949년 6월 29일 1,500여 명의 미군부대가 인천항을 출발함으로써 주한미군의 철수는 완료되었다. 이날 주한미군의 철수는 유엔한국위원회 제3소위 회원들이 참관했다. 회장인 호주의 자메이슨[A. B. Jamiason]을 비롯하여 중국, 엘살바도르, 프랑스 대표가 참석하였다. 주한미군의 수송선은 브로이스터호[General A. W. Brewster]

와 보딘호^{Lt. Raymond O. Boudein} 2척이었다.

    1949년 7월 1일 500명 규모의 주한미군사고문단이 정식으로 설치되었다. 군사고문단은 기본적으로 미대사관 소속이었다. 따라서 무초 대사가 군사고문단에 대한 통제권을 보유하였다.

    주한미군의 공식적인 철수로 인해 잔류한 주한미군사고문단과 극동군사령부 사이의 권한 및 명령계통이 다소 모호해졌다. 당시 극동군사령부 참모장인 알몬드^{Edward M. Almond}는 주한미군의 철수로 한국에 대한 극동군사령부의 모든 책임이 면제되었다고 주장했다. 주한미군사고문단은 군사사절단으로서 주한미대사관에 속해 있으므로 극동군사령부와는 관계가 없다는 것이다. 국무부와 육군부 사이에 인준된 1948년 10월 11일 쿨터-무초 간의 합의와는 달리 극동군사령부는 미 8군이 6월 30일 이후 한국에서 PX를 운영하지 않을 것이라고 발표했다. 이외에도 극동군사령부가 제공하던 우편 및 영화상영, 도서관 등의 특별 서비스도 6월 30일 이후로 중지되었다.

무초의 딜레마

무초에 따르면 미 대사관은 1950년 봄 소련으로부터 전투기 및 탱크가 북한에 유입되었고, 중공에 있던 한인 국적 부대들이 북한군에 편입되었다는 보고를 받은 것으로 회고했다. 그럼에도 불구하고 앞에서 보았듯이 무초는 한국군을 증강하는 것에 동의하면서도 대한민국 군대가 북으로 밀고 올라갈 정도의 전력을 증강시키지는 않아야 한다는 딜레마에 빠져 있었다. 결국 지나친 한국 정부에 대한 견제 때문에 지속적으로 보낸 북한의 남침 경고 사인sign에 대해 제대로 주의를 기울이지 못한 것이다.

물론 주한미군 철수에 대한 무초의 입장은 매우 역설적인 입장에 놓여 있었다. 한편으로는 미 당국의 정책에 따라 모호하게 변화되었지만 최초 그의 주장은 소련의 원조 하에 증대되는 북한의 전력에 맞서 한국군의 전력도 증강하려는 노력이었다. 하지만 지나친 군비 확대는 호전적인 당시 경무대와 군부로 하여금 북진이라는 위험을 불러올 수 있다는 우려로 인해 최소한으로 한정되었다.

결국 1949년 6월 30일을 최후 시한으로 주한미군 철수에 대한 무초의 임무는 이승만 대통령과 한국 국민을 설득하는 일이었다. 여기에 무초의 지나치게 조심스러운 행보가 어쩌면 북한과의 군비 경쟁에서 뒤처지는 결과를 낳았을지도 모른다. 물론 이러한 전력 격차에 대한 분석과 대응의 책임은 주한미군사고문단장에게 있지만, 주한미군사고문단 역시 주한미외교단의 한 부속기구로서 최종 책임은 바로 무초에게 있었다.

한국전쟁이 발발하자 무초는 미 지상군을 한반도 전역에 투입해야 한다는 맥아더 원수의 주장에 강력한 지지를 보내며, 지체없이 대담한 계획을 채택해야 한다고 강조했다.

무초의 한국 방위에 대한 입장은 안타깝게도 자신의 구상을 실현하기보다 당시 미국의 대한정책 표류에 따라 변할 수밖에

6.25 개전 초기 대전에서 만난 미군 수뇌부와 무초 대사

대전이 함락되기 직전 대전에서 만난 미국인 수뇌들. 왼쪽부터 무초 대사, 워커 미8군 사령관, 윌리엄 딘 24사단장. 딘 소장은 이후 후퇴하다가 김천 인근에서 북한군에 포로로 잡힌다

없었고 이에 따라 주한미군 철수 관련 의견도 변경될 수밖에 없었다.

 결국 초대 주한미국대사로서 한미관계의 영역에서 신생 대한민국의 안보를 책임져야 했던 무초는 미 군부와 국무부 사이의 주한미군 철수를 둘러싼 갈등을 해결하지 못했고, 더욱이 이를 한국 정부에 설득하지 못함으로써 북한의 남침에 대한 예방적 조치를 강구하고 대처하는 데 실패할 수밖에 없었다.

4장

한국전쟁과 일본 경찰예비대의 창설

일본 군 수뇌부는 장래에 있을 재군비에 대비하여 근위사단만은 잔존시킬 생각이었다. 즉 당시 종전 처리를 신속히 수행하는 데 필요한 경비력 확보 명목으로 255,000명의 경찰력과 227,000명의 무장 헌병부대를 육군장관 지휘하에 존속하는 안을 준비하고 있었다. 또한 해체되는 근위사단에서 정예를 선발하여 황궁 호위 '경비대'로 육군의 전통을 남기려고 시도했다.

일본의 재군비는 1940년대에 시작되어 한국전쟁을 거쳐 본격화되었으며, 1950년대 후반에는 일정 정도의 궤도에 올랐다고 평가할 수 있다. 주지하다시피 일본은 제2차 세계대전 패망 후 7년간의 미군정을 거친 후 독립했다. 제2차 세계대전 패망 후 연합국최고사령관총사령부$^{GHQ/SCAP}$의 통치하에서 헌법까지 수정하여 전쟁을 분쟁의 해결수단으로 삼지 않는다고 명문화했던 일본은 1948년 미국의 역코스$^{Reverse\ Course}$ 정책으로 인해 비자발적 재무장의 길을 걷게 되었다고 알려져 있다.

하지만 이러한 비자발적 재무장이 일본인들의 진심일까? 최근 북한의 미사일 발사 및 핵실험은 일본의 본격적인 재군비의 활로를 보장하고 있다고 할 수 있다. 즉 '울고 싶은데 뺨 때려주는 격'이라고나 할까? 일본의 입장에서는 북한의 무력 도발 위협이 가중될수록 자신들의 재군비를 가속화하는 계기가 될 수 있다.

2016년 국제전략문제연구소$^{International\ Institute\ for\ strategic\ studies}$가 발간하는 연례 보고서인 〈The Military Balance 2016〉에 따르면 일본은 현재 151,000명의 육군과 45,500명의 해군, 47,100명의 공군 등을 포함해 총 247,150명의 '군대'를 보유하고 있다. 더욱이 GDP 대비 국방비를 보면, 미국 3.7%, 중국 1.24%, 영국 2.35%에 비해 일본은 0.99%에 지나지 않음에도 세계 주요 국방비 지출국가로 떠오르고 있어 실질적으로는 세계 제5위권의 군사비를 사용하고 있는 것으로 밝혀져 있다.

이러한 일본의 재군비는 우리에게 무엇을 시사하고 있는가? 한국 사회에는 일본의 재군비를 경시하고, 한국과 북한의 군사력이 일본보다 우세하여 다시는 일본의 침략을 걱정하지 않아도 된다고 생각하는 사람들이 많다. 하지만 객관적인 전력을 볼 때 이미 일본은 남북한의 군사력을 월등히 앞서가고 있으며, 만일 불의의 사태 시 일본의 침략을 막아낼 수 있을지에 대해서는 장담을 할 수 없는 실정이다.

따라서 우리는 일본의 재군비에 대한 역사적 전개를 살펴보고, 동북아시아 질서 재편의 기원에 대해 다시 한 번 재고해야 한다.

일본군의 무장해제와 '비군사화'의 구체화

전후 일본은 맥아더의 신헌법 제정 하에 일명 '평화헌법조항'으로 군비에 대한 보유를 영원히 금하게 되었다. 즉 일본국헌법 제9조에는 다음과 같은 조항이 포함되어 있다.

> 제9조 : 국가의 주권발동으로서 행하는 전쟁 및 무력에 의한 위협, 또는 무력의 행사를 다른 국가와의 분쟁 해결 도구로서 행하는 것은 이를 영원히 포기할 것.
> 육해공군 그 밖의 전력의 유지는 이것을 허용하지 않으며, 국가의 교전권은 이를 인정하지 않을 것.

그러나 태평양전쟁을 통해 아시아 제국諸國에 막대한 피해를 가져다주었던 일본은 자신들의 전쟁범죄를 잊고, 한국전쟁을 기회로 재군비를 통한 무장력 확보에 은밀한 움직임을 보였다. 특히 구舊 일본제국 군인들은 가와베河辺 기관, 핫토리服部 기관 등 여러 사설단체들을 중심으로 추방령에도 불구하고 일본의 재군비 계획안을 구체화하고 있었다.

이 장에서는 우선 미국의 대일점령 시작부터 재군비 진행과정을 시계열적으로 분석하며 일본 재군비의 성격과 한국전쟁이 끼친 영향을 살펴본다.

미국의 대일 점령정책의 기본 목표는 1945년 9월 22일 미국정부가 발표한 '항복 후의 초기 대일 방침'United States Initial Post-Surrender Policy for Japan과 1945년 11월 1일에 공개된 '일본 점령과 관리를 위한 연합국 최고사령관에 대한 초기 기본지령'(JCS 1380/5)에서 포괄적으로 제시하고 있다.

1945년 8월 14일 일본의 항복이 결정되었을 때 일본의 육해군 병력은 육군이 188개 사단의 병력 550만 명이었고, 해군 병력은 170만 명으로 총계 720만 명이었다. 육군은 본토에 240만 명과 외지에 310만 명을 주둔시키고 있었고, 해군은 본토에 130만 명, 외지에 40만 명을 배치하고 있었다.

〈표 4-1〉 1945년 8월 해외에 배치된 일본군

지역	육군	해군	소계
조선	290,000	29,431	319,431
중국	1,049,700	63,755	1,113,455
대만	128,080	46,713	174,793
남서제도	40,882	9,776	50,658
필리핀	97,300	36,151	133,451
베트남	90,370	8,914	99,284
타이	106,000	3,051	109,051
버마	70,350	1,372	71,722
말레이 반도	95,581	36,473	132,054
수마트라	59,480	4,984	64,464
자바	57,860	19,418	77,278
보르네오	24,580	10,879	35,459
호주 북부 및 서부 뉴기니아	87,700	31,077	118,777
동부 뉴기니아	12,100	1,200	13,300
비스마르크 제도	57,530	30,854	88,384
솔로몬 제도	12,330	16,729	29,059
중부태평양 지역	48,644	44,178	92,722
오가사와라 제도	1,996	7,735	22,731
합계	2,343,483	402,690	2,746,073

　본토 부대의 항복은 몇 가지 사례의 쿠데타 적발을 제외하고는 일본 천황의 조서에 따라 조용히 마무리 되었다. 그러나 문제는 외지에 주둔한 350만 명에 달하는 대군^{大軍}이었다. 연합국최고

사령관의 일반명령에 의거해 일본군은 주둔지역에 따라 중국, 소련, 네덜란드, 호주, 미국 등 연합국 각각에 대해 개별적으로 항복을 해야 했다. 당시 이들을 지역별로 분류하면 〈표 4-1〉과 같다.

일본군은 맥아더의 명령에 따라 9월 중에 대본영을 폐지하였으며 일본 본토에 전개되어 있던 병력의 8할 정도를 민간으로 복귀시켰다. 10월 중에는 참모본부와 군령부가 폐지되었으며, 11월 30일에는 육해군성이 폐지되어서 일본 군부는 신속하게 그 자취를 감추게 되었다.

하지만 원래 일본 정부의 군 수뇌부는 장래에 있을 수도 있는 재군비에 대비하여 근위사단만은 잔존시킬 생각이었다. 즉 당시 일본 정부는 종전 처리를 신속히 수행하는 데에 필요한 경비력 확보 명목으로 255,000명의 경찰력과 227,000명의 무장 헌병부대를 육군장관 지휘 하에 존속시키는 안을 준비하고 있었다. 또한 해체되는 근위사단에서 정예를 선발하여 황궁 호위 '경비대'를 만들어 육군의 전통을 남기는 조치를 하려고 시도했다. 그러나 이러한 재군비의 초기 시도는 미 점령당국이 거부했다.

미국의 초기 대일 점령정책의 근본 목적은 '비군사화demilitarization'와 '민주화democratization'로 집약할 수 있다. 이는 미국이 상정한 동아시아 정책 속에서 '일본이 전략적으로 차지하고 있던 위치가 어떠했는가'를 가리키는 것이며 중국을 극동의 안정적인 지도국가로 만드는 것, 그리고 이 지역에서 일본의 힘과 영향력을 약화하는 것이 동북아의 평화와 미국의 이익에 도움이 된다고 생각하였던 것이다. 마이클 샬러Michael Schaller가 지적한 바와 같이 철저한 비무장정책은 일본의 '전쟁 범죄에 대한 미국인들의 감정'의 정도를 보여주는 것이었다.

중국의 공산화 가능성 대두와 미국의 대일점령정책의 전환

1947년 후반기 중국 공산화의 전망이 더욱 높아짐에 따라 일본의 전략적 가치 역시 상대적으로 높아지고 있었다. 점령정책의 기조는 1947년 이후 일본의 비군사화, 민주화로부터 반공정책의 강화로 전환되었다. 당시 미 국무부 정책기획실의 실장인 케난[George F. Kennan]은 1947년 10월 14일 대일강화문제에 대한 포괄적인 견해를 정리한 각서 PPS 10을 국무장관에게 제출했다. 이 문서에는 일본을 아시아에서 미국을 위한 안전보장의 가장 중요한 부분으로 위치시켜야 한다고 기록되어 있다. 합동참모본부도 케난의 의견에 동의하고, 아시아에서 한국과 중국은 군사적으로 거의 쓸모가 없지만 반대로 일본은 태평양지역에서 이데올로기 투쟁의 가장 중요한 지역이라고 인식하고 있었다. 케난이 이렇게 주장한 까닭은 그가 일본에 대한 다음과 같은 인식을 가지고 있었기 때문이다.

첫째, 일본은 미소관계에서 지리적으로 전략상 중요한 지점에 위치하고 있다.
둘째, 일본은 아시아에서 가장 큰 공업력과 성숙한 노동력을 보유하고 있다.

셋째, 아시아에서는 근대적 전쟁을 수행할 수 있는 잘 훈련된 다수의 잠재병력을 가지고 있다.

넷째, 일본은 아시아에서 국가적 규모로 국민동원을 할 수 있는 유일한 국가이다.

케난은 1947년 일본을 방문하여 맥아더와 회담을 가졌으나 별다른 성과를 거두지 못하였다. 맥아더가 일본의 비무장 중립을 계속 주장했기 때문이다. 군부의 일본재무장에 관한 본격적인 검토는 중국 내전을 중심으로 한 아시아 정세의 격동 속에서 1948년부터 본격화되기 시작했다. 케난은 그가 작성한 보고서(PPS 28/2)에서 일본점령정책의 근본적인 전환을 주장하면서 일본의 경제적 재건을 강조했다.

미국의 점령정책 전환은 국내외의 여러 가지 새로운 변화의 종합 산물이었다. 즉 첫째, 국제 냉전의 전개, 둘째, 미국 내 지배세력의 변화(공화당)로 1947년 7월에 만들어진 국가안보법^{National Security Act}에 따라 삼부조정위원회가 국가안전보장회의로 개편되었고 중앙정보국^{Central Intelligence Agency}이 설립되어 정보활동을 총괄했으며 국방부^{Department of Defense}가 설립되었다.

1948년 1월 6일 로열^{Kenneth C. Royall} 미 육군부 장관의 샌프란시스코 연설에서 일본을 '새로운 전체주의 세력의 위협에 대한 장벽'으로 개편할 것이 언급되었다. 이 연설에는 재벌 해체와 집중배제, 공직추방 등 이전의 점령정책을 재검토하고 '향후 극동에서 발생할 전체주의적 전쟁 위협의 저지 역할'로 일본을 재건하겠다는 방침이 분명하게 포함되어 있었다.

1948년 2월 14일 국방장관 포레스탈$^{James\ V.\ Forrestal}$도 합동참모본부$^{Joint\ Chiefs\ of\ Staff}$에 재군비 문제를 포함한 일본 안보문제를 연구하도록 지시했다. 합참은 두 가지 방안을 제시했는데 일본의 제한적인 재무장과 미군의 주둔이었다.

한편 케난은 1948년 2월 26일 드레이퍼$^{William\ H.\ Draper,\ Jr.}$ 육군차관과 같이 일본을 방문하여 맥아더와 3회에 걸쳐서 회담을 가졌다. 두 번째 회담에서 케난은 미 정부의 입장을 대변해 점령정책의 기조는 일본 사회가 최대한 안정되도록 하는 것이라고 표명하고 시책을 제시했다. 첫째, 미래의 군사 압력을 충분히 보장해 줄 수 있는 동아시아에 대한 미국의 안전보장정책과, 둘째, 경제 부흥을 위한 집중적인 시책, 마지막으로, 일본 정부가 직접 책임을 질 수 있도록 장려하고, 일본 국민들이 이미 도입된 개혁조치를 받아들일 기회를 주기 위해서 점령 제한을 완화한다는 정책이었다.

이는 명백히 전후 일본 정책의 일대 전환을 가져오는 것이었다. 물론 이러한 케난의 정책 구상에 대해 맥아더 역시 동의했을 뿐만 아니라 일본의 전후 전략적 중요성을 강조했다. 맥아더는 당시 주일정치고문이던 애치슨$^{George\ Atcheson}$과 국무부 사이의 모든 전문을 도청하고 있었으므로 국무부가 자신의 영역이라고 생각했던 일본 정책에 끼어들 준비를 하고 있는 것을 알았다. 따라서 케난이 방문 하였을 때, 맥아더는 이미 정책 대강을 이해하고 있었다.

케난은 일본여행에서 귀국하여 국무장관에게 '미국의 대일정책 건의서Recommendations with Respect to U. S. Policy toward Japan'라는 보고서를 3월 25일 제출하였다. 이 보고서는 미국의 전반적인 대일점령정책의 전환을 건의한 것으로, 케난은 이를 발전시켜 1948년 6월 2일 포괄적인 정책기획안 NSC 13을 국가안보회의에 제출했다. 이 문서에는 일본에 대한 미국의 정책을 부흥이라는 목표로 전환하는 것으로 나타났다. 즉 배상을 종결하고, 일본 산업에 부과된 규제의 대부분을 제거하며, 수출지향적인 생산을 장려하는 것이었다. 결국 이 문서는 1945년 9월의 일본정책에 대한 초기지령을 완전히 대체하게 되었다.

최종적으로 케난의 이 보고서는 1948년 10월 7일에 NSC 13/2라는 미국정부의 공식정책으로 채택되었다. 대일점령정책의 전환은 이렇게 하여 드레이퍼와 케난의 합작으로 최종적인 방향을 결정하게 되었던 것이다. NSC 13/2는 공산주의 침투를 저지하기 위한 일본의 경제부흥을 위해 평화조약협상을 무기한 연기하는 한편, 점령 종결 후 일본의 안보를 위한 조치들은 평화조약협상이 시작된 이후에 검토한다는 정책을 그 주요내용으로 하고 있다.

'역코스 정책'으로 전환과 일본 재군비 구상

케난의 정력적인 활동과 NSC 13/2의 채택을 계기로 대일정책을 워싱턴에서 주도하기 시작했고, 당시까지 점령정책을 거의 독점하다시피 하던 맥아더는 워싱턴의 지도와 간섭을 받게 되었다. 이에 총사령부는 구舊 일본 보수층과 협력, 결합관계를 견고하게 하였으며 독점자본의 부활, 재군비 등 역코스 정책으로 전환하였다.

1948년 11월 22일 국무부와 육군부는 공동으로 ① 경찰과 해상경비대의 인원과 장비 및 훈련 개선, ② 재해와 시민폭동 진압을 위한 기동성 있는 경찰예비대 창설, ③ 대내 안전 상태를 정부에 건의할 수 있는 조사감시기관(FBI와 유사기관) 창설, ④ 국가 경찰의 권한과 책임을 확대하는 법 조항 입법 등의 내용을 GHQ/SCAP에 전문으로 지시[20]해 놓고 있었는데, 재군비에 반대하는 맥아더의 입장에 따라 GHQ/SCAP가 유보하고 있었다.

맥아더는 재군비 반대의 이유로 ① 일본의 재군비는 국제공약에 위배되는 것으로서 특히 극동위원회 구성 국가들이 반대, ② GHQ/SCAP의 점령통치 기본원칙에도 위배되어 일본 내의 위신 실추 우려, ③ 재무장한다 해도 일본 군사력은 5등급 수준밖에 안되어 자국방위가 불가능하고 오히려 소련에게 먹이를 제공하는 결과 초래, ④ 일본이 현 상태로 군대유지 비용까지 부담하면 경제회복은 불가능, ⑤ 일본이 군사력 보유 자체를 원하지 않는 점 등을 제시하고 있었다.

1949년 3월 1일 채택된 NSC 44는 국방부의 일본재군비에 대한 견해를 총 정리한 것으로서, 국방부의 일본재군비에 대한 입장이 잘 정리되어 있다. 또한 NSC 44문서에 따르면 일본의 군대가 긴급 시에 자국 방위를 보조할 수 있기 위해 NSC 13/2의 조문을 수정할 것을 제안하고 있다. 일본의 재군비와 관련해서 미 합참은 다음과 같이 세 가지 조치들을 건의했다.

(1) 국내안보를 유지하고 비상시 지역 방위활동을 지원하는 제한된 일본 군사력의 창설을 위한 계획이 마련되어야 하고,
(2) 전투개시에 필요한 일본군의 무기와 장비의 확보를 위한 병참계획이 수립되어야 하며,
(3) 일본경찰 및 해안순찰대를 장차 창설될 일본 정규군의 기초로 활용한다는 비밀계획 하에 병력과 장비를 강화한다.

결국 NSC 44에 따라 일본에 대한 포괄적인 정책 문서인 NSC 13/2가 5월 6일 일부 수정이 되어 NSC 13/3으로 채택되었다.

한편 1949년 6월 15일 미 국가안전보장회의에서는 일본에서 미국의 안보 확립에 대한 현 단계의 전략적 평가를 담은 NSC 49를 제안했다. 이 문서는 NSC 13/3의 현실적 타당성을 검증하기 위해 마련된 것이었다. 여기서 미국은 일본의 재군비를 다음과 같이 주장하고 있다. 미 국방부의 평가는 ① 일본의 지리적 위치로 보아 소련이 태평양상의 미군 기지를 직접 공격할 수 있는 기지로 사용 가능하며 미국이 장악하면 소련의 침략 및 방어용 중요 전략거점을 제압하는 결과로서 유사 시 소련을 제압하고 동해, 서해(황해), 동중국해에 대한 실질적 장악이나 중립화할 수 있는 전초기지로 활용할 수 있을 것, ② 풍부한 인력과 산업잠재력으로 전시 미국의 이익에 크게 기여할 것, ③ 제2차 대전 시 증명된 일본의 전쟁수행

능력이 소련의 장악 하에 들어간다면 무기공장 가동과 참전 인력을 공급하게 될 것, ④ 서태평양 지역에서 미국의 전략적 전초기지 체계의 필수불가결 지역이라는 것 등으로 요약된다.

이렇듯 한국전쟁이 발발하기 전까지 일본에 대한 미국의 관심은 경제 재건과 미군기지 사용문제에 집중되었다.

중소우호동맹조약과 중·소의 일본 견제

1950년 2월 14일 체결된 중소우호동맹상호원조조약(이하 중소우호동맹조약)은 일본의 재군비 문제와 밀접히 관련된 내용을 포함하고 있다. 기존의 연구들은 이에 대한 분석을 거의 하고 있지 않지만, 1차 자료를 자세히 분석하면 중소우호동맹조약과 일본의 재군비 사이에는 일종의 안보딜레마$^{security\ dilemma}$라고 하는 논리가 내포되어 있다.

1948년 3월 트루먼 독트린으로 가시화되는 미소 냉전의 발발은 점차적으로 아시아 지역에서 중국의 국공내전을 더욱 치열하게 추동하였으며, 더 나아가 1949년 중국 공산당의 대륙 제패는 다시 미국과 일본의 안보 위협을 증대시켰다. 결국 미국의 대일정책이 1948년 일명 '역코스'로 바뀌고 다시 일본의 부흥이 가시화되자 1949년 중화인민공화국 창건과 더불어 1949년 말부터 진행된 중소우호동맹조약 협상에서는 일본의 재군비와 재침략에 대한 경계심이 작동하게 되었다.

이미 일본에 대한 중국과 소련의 경계심은 일본이 패망했던 1945년 8월 당시부터 존재하고 있었다. 일본의 패망을 앞둔 1945년 6월부터 중국의 장제스 정권과 소련은 모스크바에서 상호 협정을 위한 회담을 준비하고 있었다. 7월 7일의 한 회담에서 스탈린은 일본이 군사력을 회복할 경우에 대비하여 중국의 다롄과 뤼순항을 30년 동안 사용하기를 바란다고 언급하며 급속도로 부활할 일본에 대한 두려움을 표명했다. 중화민국과 소련은 1945년 8월 14일 히로히토 천황이 연합국의 항복 요구를 받아들인 그 날에 우호동맹 조약에 서명하며 평화가 일본으로 인해 위협당하고 침해 받는 일이 되풀이 되지 않도록 하자고 합의했다.

5년이 지나 중국 공산당이 중국 본토를 제패하자 다시 중공과 소련은 새로운 우호동맹조약의 체결을 위해 협상을 시작했다. 최종적으로 회담은 1950년 2월 14일에 종결되고 새로운 조약이 체결되었는데, 당시 이 조약은 다음과 같이 일본과 적대관계를 가정한 문구가 삽입되었다.

만약 일본 혹은 일본과 동맹 관계에 있는 다른 국가가 조약 당사국을 공격해 '전쟁 상태'를 유발한다면 각 조약국은 할 수 있는 모든 수단을 다해서 군사 및 기타 원조를 제공해야 한다.

1950년에는 일본뿐만이 아니라 정식 명칭을 사용하지는 않았지만 미국을 '다른 국가'로 표현하며 이에 대한 위협을 강조하고 있다.

그러나 미국 역시 앞에서 제기한 안보딜레마라고 하는 원칙에 따르면 한국전쟁이 발발하기 이전부터 소련의 위협을 강조하고 있었다. 이는 국가안전보장회의에서 다음과 같이 논의되었다.

1. 일본은 미국의 극동지역에서의 안보 이익에 막대한 중요성을 지니고 있다. 북태평양, 동해, 상해-우송 북부 지역, 동중국해 및 서해로 드나들 수 있는 무역항로가 있기 때문이다. 일본은 또한 지정학적 위치로 말미암아 소련의 통제 하에 들어갈 가능성도 지니고 있다. 그렇게 되면 서부 태평양 지역에 주둔하고 있는 소련은 전진했다가 멈추고 다시 전진하고 멈추는 전술을 구사하여 동남아시아 지역도 차지하게 될 것이다. 반대로 미국이 일본을 통제할 수 있게 되면 전략적으로 중요한 지역을 소련에게 내주지 않는 것뿐만 아니라 전쟁 시에 동해 및 동중국해 지역을 중립화할 수 있게 된다.

2. 일본의 풍부한 근로 인력과 산업 잠재력으로 말미암아 이 지역의 전략적 중요성은 갈수록 증가하고 있다. 일본의 이러한 잠재력은 세계대전이 발발하게 되는 경우에 미국에 우호적 혹은 적대적 영향을 미칠 것이다

3. 일본이 소련의 지배를 받게 되면 태평양과 서남아시아 지역에 군수 인력과 공격적인 전투행위를 감행할 수 있는 인력을 소련에 제공할 것이다. 일본이 미국의 영향권 하에 들어오게 된다

면 미국의 원조를 바탕으로 아시아 지역에서 소련의 세력에 대항하는 군사작전에 크게 기여할 것이다.

(중략)

10. 평화조약이 가까운 장래에 체결된다면 다음과 같은 안전장치를 마련하여 미국의 국가안보 이익이 위험에 빠지지 않고 소련 공산주의 세력의 극동 지역으로의 확장을 견제할 수 있어야 한다.

　a. 일본의 경제, 심리, 정치적 안정 및 민주화와 서구 자유진영에 대한 우호적 경향의 확립. 이에는 이전보다 더욱 강력한 국내 보안군사력이 포함된다.

　b. 일본의 국가보안대는 질서는 유지하고 주요기관들이 파괴되지 않도록 보호해야 한다. 이에는 이전보다 더욱 강력한 국가보안대를 보유하는 것이 포함된다.

　c. 지금의 세계적 정황으로 보건대 방위 능력이 없는 일본이 주권을 회복하는 것이 불가능하므로, 합동참모본부 측이 제안한 바와 같이 한정된 범위에서 일본의 자위대를 창설하여 전시에 대비케 하고, 특별한 일이 없는 한 점령군을 일본에서 철수해야 한다.

한국전쟁의 발발과 일본 경찰예비대의 구체화

한국전쟁이 발발하자 미국은 일본의 재무장을 더욱 적극적으로 주장하게 되었다. 특히 이 당시 정책문서에 적시하고 있지는 않지만 외부(소련 및 중국에 대한 위협)로부터 일본이 자국 방어에 책임을 맡도록 준비해야 한다고 기술하고 있다. 중공군 제3차 공세가 성공한 후인 1951년 1월의 한 보고서에서 미국은 일본 방어를 위해 한국으로부터 병력을 이동해야 하며 일본의 방위력을 더욱 증강해야 한다고 주장하였다.

　일본의 재군비는 한국전쟁을 계기로 전환점을 보이기 시작했다. 하지만 이미 한국전쟁 이전에 맥아더의 발언에서 일본의 재군비를 시사하는 내용이 보이기 시작했다. 1950년 1월 1일 맥아더는 연두사에서 1949년은 점령군의 관할이 대폭적으로 완화된 해였으며 미일 양국 간에는 실질적으로 강화가 형성되었다. 중국이 공산화되었기 때문에 이데올로기 투쟁이 일본에 접근하였다. 일본은 방황하지 말고 헌법에 명시된 대로 전진하면 되고, 헌법 제9조는 적대국의 공격에 대한 자기방위의 권리를 부정하지 않는다."고 발언하였다.

　한국전쟁이 발발하자 육군부의 최초 반응은 북한의 남침이 소련에 의한 것이 아닌가라는 의심이었고, 이를 확인하기 위해 긴급전문을 극동군사령부에 발송했다. 이 전문에서 육군부는 북한군에 중공군, 즉 이전의 만주부대가 소속되어 있는지, 북한 해군 병사들의 국적문제, 그리고 소련 군사고문단이 38선 이남에서 활동하고 있는지에 관해 질문했다. 그러면서 만일 이러한 남한공격이 성공한다면 소련은 유고슬라비아와 인도차이나에서도 같은 방식의 공격을 감행할 것으로 예측했다.

　1950년 7월 8일 맥아더는 서한(맥아더 서한)을 통하여 일본

정부에 7만 5천 명의 국립경찰예비대$^{National\ Police\ Reserve}$를 창설할 것과 해상보안청 정원을 8천 명 증원할 것을 명령하였다. 이는 정기적인 연락을 위해 GHQ에 출두한 기무라 시로시치^{木村四郎七} 외무성 연락국장에게 프랭크 리조$^{Frank\ Rizzo}$ GHQ 민정국 차장이 서한을 건네는 형태로 이루어졌다.

이 당시 창설된 경찰예비대에서는 계급의 호칭, 조직 및 무기의 명칭에서도 가능한 한 군대라는 인상을 희석하고자 하였다. 예를 들면 전차^{戰車}(tank)가 특차^{特車}(special vehicle)로, 포병연대 ^{砲兵聯隊}가 특과연대^{特科聯隊}로 위장 호칭되었다.

하지만 당시 GHQ로부터 제시된 '경찰예비대 대강'이라는 문서에 따르면 경찰예비대의 성격은 경량화된 군대였다.

- 경찰예비대의 성격은 사변, 폭동, 일정한 한도를 넘는 정치적 스트라이크 등에 대비하는 치안 경찰로서, 국가경찰, 자치제 경찰과 밀접한 연락을 유지하지만, 본래의 임무는 완전히 상이하다.
- 중앙에 본부를 두고, 전국을 4관구 정도로 나누어, 각 관구에 부대를 둔다.
- 수상 직할로, 경찰예비대 전임의 장관을 둔다.
- 수상은 경찰예비대의 본부장관을 임명하고, 장관이 경찰예비대를 통솔한다.
- 상당히 성능이 높은 기동력을 가지고, 장비는 치안 경찰에 상응하게, 피스톨 이상의 소총 등의 무기를 휴대시킨다.

일본 경찰예비대를 자문하기 위해 임무를 부여 받은 미군 군사고문단 참모장이었던 코왈스키$^{Frank\ Kowalski,\ Jr.}$는 당시의 상황을 다음과 같이 회상했다.

"셰퍼드$^{Whitfield\ P.\ Shepard}$ 소장은 문을 잠그라고 했다. 소장은 심각한 얼굴로 말하기 시작했다. '프랑크 자네가 연대장을 희망하는 기분을 잘 아네만 자네는 한국에 갈 수가 없다네. 내가 자네를 놓아줄 수 없네. 둘이서 일본에서 하지 않으면 안 될 큰 일이 있네. 나는 맥아더 원수로부터 경찰예비대를 조직하라는 큰 임무를 명령 받았다네. 경찰예비대란 우선 4개 사단 편제로 정원 7만 5천 명의 일본방위대$^{Japanese\ Defense\ Forces}$인데 장래 일본 육군의 기초가 될 것이네. 자네는 나의 참모장이 될 것이네."

이러한 증언은 곧 경찰예비대가 자위대의 기초로서 창설되었음을 확인해 준다. 경찰예비대 창설과 시기를 같이 하여, GHQ는 요시다^{吉田} 정권에게 공산당에 대한 탄압을 강화하도록 지시하였다. 따라서 공산당 간부가 고발되었고 맥아더도 공산당 기관지 《아카하타^{赤旗}》의 무기한 정간을 명령하였으며, 기업, 정부, 공공단체에 대하여도 '빨갱이 추방(red purge)'을 지령하였다.

일본 정부의 재군비에 대한 입장은 소극적 반대로 나타났다. 비상각의에서 요시다는 일본이 재군비할 수 없는 세 가지 이유를 강조했다. 첫째, 일본헌법 9조에 따라서 일본은 무장할 수 없으며, 둘째, 일본은 경제적으로 무장을 할 능력이 없으며, 셋째,

일본이 재무장한다면 인접 국가들로부터 강력한 비판을 받을 것이라는 것이다. 그러면서 경찰예비대의 신설은 자신들의 의도가 아니라 미국의 요청에 따른 것임을 강조했다.

일본 경찰예비대의 창설과 구성

1950년 8월 10일 경찰예비대령이 공포되고, 8월 13일 지원자 모집을 전국적으로 실시함으로써 예비대 창설이 본격화되었다. 경찰예비대는 기존의 경찰조직과는 상관없이 독립적 조직을 갖도록 법제화되었고, 수상으로부터 직접 통제를 받는 조직체로 탄생했다.

여기에서는 당시 미국 문서에 나타난 일본 경찰예비대의 구체적 창립과정을 분야별로 검토해 본다. 일본 경찰예비대는 GHQ 민사국$^{Civil\ Affairs\ Section,\ CAS}$ 국장인 셰퍼드$^{Whitfield\ P.\ Shepard}$ 소장의 관할 하에 조직 준비를 갖추기 시작했다. 먼저 1950년 7월 15일에 자문중앙그룹$^{Advisory\ and\ Central\ Group}$이 만들어졌다.

미 점령 당국은 도쿄에 있는 전 일본 상업해양학교 자리에 있던 맥나이트 기지$^{McKnight\ Barracks}$에 합동사령부를 설립하고 일본 전역에 8개 지역사령부를 구성했다. 이 지역사령부에 미군으로 구성된 자문 통제단을 파견했는데, 자문 통제단은 235명의 장교와 245명의 사병, 그리고 29명의 민간 요원으로 구성되었다.

경찰예비대 창설을 위해 군수 및 예산상의 조치가 바로 실시되어, 1950년 8월 10일 내각 명령 260호로 예산 200억 엔이 책정되었다. 이 금액은 피복·장비류로 117억 엔, 시설 및 건물 이용비 40억 엔, 장교와 사병의 급료 46억 엔 등이었다.

채용은 초기에는 1950년 8월 23일부터 10월 12일까지 이루어졌는데, 당시 인원은 74,580명이었다. 원래 경찰예비대라는 명칭을 갖고 있었지만 실질적으로 군대였기에 1951년부터는 추방된 전직 장교를 적극적으로 채용했다. 1951년 10월 1일에 전직 장교 400명을 채용하는 것을 시작으로 1951년 12월 1일에 또 다시 400명을 채용하였다. 10월 1일에는 구舊 일본군 소좌 및 중좌 출신자들을 채용했고, 12월 1일에는 구 일본군 소위와 중위, 대위 등을 채용했다.

경찰예비대의 훈련은 군대의 신병 교육 및 부대 훈련으로 구성되었다. 1950년 10월부터 본격화된 교육 훈련은 13주간의 기초 교육을 시작으로 1월 13일에 종료되었다. 이때 경찰예비대는 카빈총을 기본 장비로 훈련하였다. 이후 1951년 5월 19일까지는 18주 소대 훈련을 했는데, 이 과정에서는 분대 전술 훈련부터 중대 전술 훈련까지 완료했다. 곧이어 1951년 6월부터 대대 기동훈련을 시작하며 체계적인 군사 훈련 일정을 마무리했다. 1951년 10월 8일에는 경찰예비대 학교까지 설립하여 18주간의 기초 교육 훈련 과정을 완성했다.

미군이 남긴 보고서에도 당시 경찰예비대 조직의 성격을 미군 노선에 따라 조직된 준 군사조직(quasi-military force)으로 규정하고 있었다.

다음으로는 일본 경찰예비대의 구성을 살펴보자. 초기 일본 경찰예비대는 이전에 군 경력이 있었던 인원이 51.8%에 달했다.

군대 경험이 전무한 인원은 48.2%였는데 이들 대부분이 사병이었다. 군 경력이 있었던 인원은 장교 출신이 7.3%였고, 사병 출신이 44.5%로 전체적으로 군 장교 비율이 적정 수준을 미달하고 있었다. 따라서 앞에서도 언급했듯이 경찰예비대는 구 일본군 장교를 채용하기 시작했다.

〈표 4-2〉 1950. 9~1951. 10 일본 경찰예비대 인원 (단위: 명)

1950. 9	74,000	1951. 4	69,000
10	74,000	5	68,000
11	73,500	6	67,500
12	73,000	7	67,400
1951. 1	71,900	8	67,000
2	70,200	9	66,300
3	69,500	10	75,000

출처: "A Report on the Japanese National Police Reserve Oct. 1951", RG 331, Allied Operational and Occupation HQs WWⅡ, SCAP, Government Section, Administrative Division, Misc., Suject File, 1945~Apr. 1952, Box No. 1.

1950년 8월에 채용을 시작한 이후 1951년 10월까지 경찰예비대는 병력이 조금씩 감소하였다. 그 주된 이유는 자발적 사임과 부적응에 따른 해고 등이 다수를 차지하고 있었다. 당시 사임은 7,951명으로 전체 인원의 11%를 차지하고 있었으며, 해고도 1,110명에 달했다. 또한 공산주의자 혐의를 받아 경찰예비대에서 축출된 인원도 해당 기간에 62명이었다.

일본의 경찰예비대 창설에서 가장 중요한 문제는 공산주의 혐의자를 찾아내는 일이었다. 한국전쟁의 발발과 더불어 급조된 일본 경찰예비대에서는 인원 채용 과정이 체계적이지 못하여 제대로 된 신원조사를 하지 못했기 때문에, 군내 공산주의자들이 암약하고 있을 것으로 추정하고 있었다. 이는 당시 2개월이라는 짧은 기간에 일본 경찰예비대 지원자 30만 명을 조사했기 때문에 조사가 철저하지 못했을 것으로 인식한 까닭이었다. 1950년 8월 10일 일본 경찰예비대 창설 때 신원을 조회한 인물은 해당 인원의 약 3% 정도인 9,000명이었다.

따라서 정보업무를 전담하기 위해 우선 미군 점령당국은 일본 경찰예비대 내의 정보국 창설을 서둘렀다. 그런데 1950년 10월 정보국장을 지명할 때 미 점령당국은 첩보^{Intelligence}를 주 업무로 하기 보다는 선전^{Propaganda}에 강조점을 두었다. 이는 '일본 경찰예비대 창설은 재군비'라는 공산주의자들의 선전공작에 대응하기 위한 일환이었다.

1950년 12월 정보국이 공식적으로 창설되었을 때 2가지 주요 임무가 부과되었다. 하나는 지역경찰대 및 연대, 대대 내의 정보원 배치와 교육이었고, 다른 하나는 경찰예비대 내의 공산주의자 색출이었다. 결국 이러한 노력의 일환으로 1951년 3월까지 67명을, 1951년까지 16명을 추가로 적발하여 해고했고, 당해 기간 87명을 미군에 인계하여 조사하게 되었다.

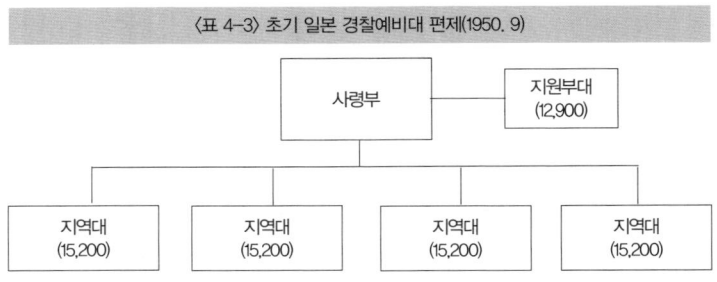

〈표 4-3〉 초기 일본 경찰예비대 편제(1950. 9)

당시 일본 경찰예비대의 부대 편제를 살펴보면 표면상 경찰 조직으로 되어 있지만 내용상으로는 군대 조직으로 구성되었음을 알 수 있다. 초기에는 사령부 예하의 지역대 개념으로 편제했다.

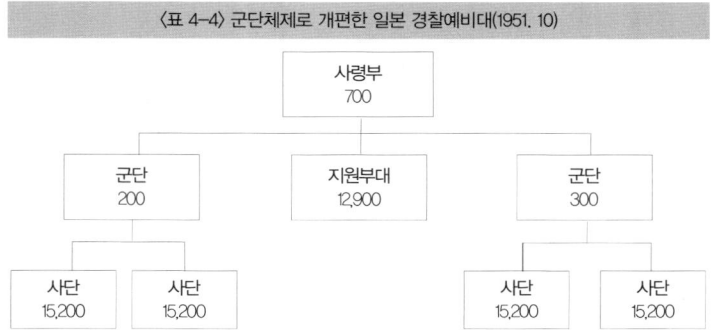

〈표 4-4〉 군단체제로 개편한 일본 경찰예비대(1951. 10)

여기에는 1개 사령부와 지원부대 그리고 지역대로 구성되었으나, 1951년 10월이 되자 1개의 총사령부와 2개의 군단사령부, 4개 사단으로 편제를 개편하였다. 또한 이러한 편제는 1952년 12월에 3개 군단 사령부로 확충되었다.

일본 경찰예비대의 부대 증편은 1951년 4개 사단에서 1952년 12월에는 8개 사단으로 1953년에는 다시 10개 사단 22만 여 명으로 증강되었다.

〈표 4-5〉 1951. 10~1953. 12 일본 경찰예비대 증원 현황 (단위: 명)

	1951. 10	1952. 12	1953. 12
사령부	14,200	34,400	73,500
사단	60,800	121,600 (8개 사단)	226,500 (10개 사단)

한국전쟁과 일본 경찰예비대의 창설

일본 경찰예비대를 통한 미국과 일본의 재군비 계획은 예정대로 진행되고 있었다. 이 때 일본과 평화조약 체결도 역시 긴급한 현안과제로 대두되고 있었다. 그런데 미국은 일본과 평화조약 체결에서도 일본에 대한 재군비 계획을 확실하게 보장받기를 원했다.

미국의 일본 재무장과 군사기지화

이러한 상황에서 미국 당국에서는 1950년 9월 8일 정책문서인 NSC 60/1가 논의되었다. 일본과의 평화조약에 대한 내용으로 조약 체결을 위해서는 현재 한반도에서의 전쟁 상황을 반영해야 한다는 것이다. 그리고 다음과 같은 내용에 대해 국방장관과 국무장관이 동의했음을 밝히고 있다.

1. 미국은 현재 일본과 평화조약 체결을 위한 사전 협상을 가져야 한다.
2. 이러한 협상을 진행함에 있어 다음과 같은 보안 사항이 필요하며, 이것은 매우 중요한 것으로 다루어져야 할 것이다.
   a. 평화조약은 미국의 국익에 부응한 상황이 될 때까지, 또한 현재 한반도에서 미군의 상황이 호전되기 전까지는 실효될 수 없다.
   b. 가능한 한 조약 체결 시 소련이 일본의 천연, 산업 및 인력 자원을 이용할 수 없도록 보장해야 한다.

c. 일본은 미국의 군사지휘권 하에 있는 군사력의 기지로서 역할을 해야 한다.

(중략)

f. 일본이 외부로부터 공격을 받게 될 때 일본 스스로의 힘으로 자국을 방어할 수 있도록 해야 하고, 일본이 그러한 권리를 행사할 수 있도록 해야 한다.

재군비 문제에 관해서 NSC 60/1은 평화조약에 일본의 자위권과 그 행사수단을 보유하는 권리를 금지하는 어떠한 조항도 포함되지 않아야 한다고 규정하고 있다.

일본과 평화조약의 초안을 마무리하기 위해 1951년 1월 25일 덜레스 특사가 두 번째 방일하였다. 덜레스는 아시아에서 집단안보체제를 확립하기 위하여 일본의 재군비를 요구하였다. 미국의 요구에 대해 요시다 수상은 급히 '재군비 프로그램에 관한 최초 단계'(Initial Steps for Rearmament Program)를 작성하여 미국 측에 제출하였다.

일본이 적극적인 재군비에는 저항하면서도 결국 미국의 요구를 수락하였다는 것은 아시아 지역에서 미국의 냉전체제 구축에 커다란 도움이 되었음을 의미한다. 따라서 일본도 그에 상응하는 대가를 받았다. 그것은 (1)강화조약 체결에 이르는 교섭 과정에서 전후 미일 양국 간의 기본 관계가 윤곽을 드러냈다는 점, (2)대외적 안전보장에 대하여는 미국에 의존할 수 있게 되었기 때문에 일본은 경무장 정도의 재군비에 일관할 수 있었고, (3)경무장 정도의 재군비를 하였기 때문에 더욱 철저한 경제주의를 추구하여 경제부흥을 앞당길 수 있었으며, (4)재군비의 속도와 규모를 억제하였다는 점에서 이념과 실천면에서도 평화국가의 형태를 유지할 수 있었기 때문에 전전戰前과는 완전히 상이한 군사조직을 보유하게 되었다는 것이다.

1951년 9월 일본 평화조약이 체결되자, 워싱턴은 일본 재군비를 서둘렀다. 1952년 4월 초 일본 점령기간이 종료되면 경찰예비대를 국가보안청으로 변경할 것이라고 발표했다. 1952년 4월 약 6천 명의 해상경비대가 발족하여 해상자위의 임무를 수행하게 되었는데, 해상경비대는 경찰예비대와는 상이한 경로를 밟아가며 창설되었다.

육해군을 통합한 국방부 같은 역할을 맡는 것으로서의 보안청은 1952년 8월 1일 정식으로 발족되었다. 보안청법에 의거 경찰예비대를 보안대로, 해상경비대를 경비대로 개편하고, 이 양 부대를 통합 관리하도록 보안청을 두게 된 것이다. 이후 1954년 6월과 7월 각각 방위청설치법과 자위대법이 시행되었고, 자위대는 1954년 7월 1일부로 창설되었다.

일본자위대의 정상화?

1970년 11월 25일 도쿄에 있는 일본 육상 자위대에서 40대 남자가 할복했다. 그는 놀랍게도 자위대의 부패상을 성토하고 다른 한 명과 함께 자살한 것이다. 그의 이름은 미시마 유키오三島由紀夫

로 당시 일본 내에서 매우 유명한 작가 가운데 한 명이었다. 그는 다테노카이楯之會라는 우익 사설 단체를 조직한 후 자위대 사령관실에 난입하여 일본 정부의 부패를 규탄하고 자살했다. 우선 일본의 육상 자위대 건물에서 자살한 것도 놀랍지만, 그 주역이 군인도 아닌 소설가라는 점이 더욱 놀라웠다.

지금도 일본의 지식인 사회에서는 일본 자위대의 해외파병을 주장할 뿐만 아니라 군대로 공식 인정함으로써 자칭 '정상국가'로의 복귀를 주장하는 우파 인사들이 존재하고 있다. 어떻게 보면 일본 사회에서 자위대는 그야말로 애지중지하는 '사생아'의 입장을 갖고 있다. 당연히 자신들이 자랑해야 할 군대이지만, 국제사회의 눈총 때문에 자신들의 헌법에 따라 드러내놓고 '군대'라고 말하지 못하는 실정이지만 실질적 '무력집단'인 것이다. 만일 이들이 자신들의 사생아를 정식으로 인정하게 된다면 주변국의 안보는 상당한 위협 아래 놓이게 될 것이다.

2020년 현재 아사히 신문에 따르면 일본은 원자폭탄 6,000발에 상당하는 플루토늄 약 45.7톤을 보유하고 있다. 특히 이러한 핵무기 제조는 그들이 마음만 먹으면 6개월 내에 실전 배치할 수 있을 정도이다.

일본은 자신들의 재군비에 대한 주변국의 시선을 고의로 무시하면서도 그동안 은폐해 왔던 자신들의 무력을 노골적으로 투사하고 있다. 자신들의 첨단기술을 바탕으로 경제성장을 이끌어내었던 일본의 산업계가 또 다시 2차대전 이전의 군산복합체처럼 군비 확장을 위한 촉매로 우익의 활동을 지원한다면 일본은

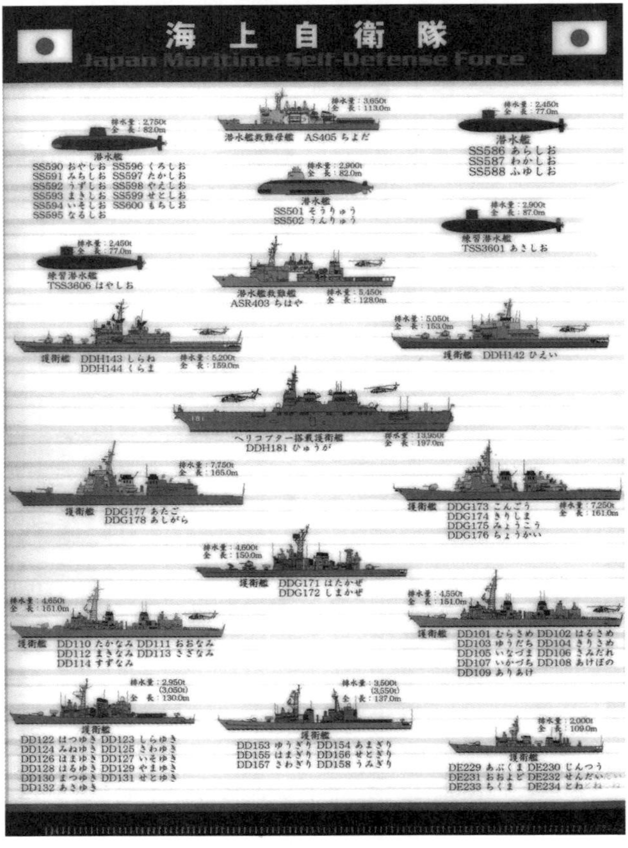

일본 산업계가 또 다시 2차대전 이전의 군산복합체처럼 군비 확장을 위한 촉매로 우익을 지원한다면 일본은 머지않아 세계적인 군사 강국으로서 새로운 위협 요인이 될 것이다.

머지않아 세계적인 군사 강국이 될 것이다.

　우리 역시 일본의 재군비가 갖고 있는 역사성 및 주변국의 군비 경쟁을 목도하고 있다. 일본의 재군비에 대한 정확한 이해야말로 현대사에서 한일관계 및 동북아 질서의 재편을 이해하는 한 단초가 될 것이다.

5장

인천상륙작전의 밑그림
4개의 크로마이트
작전 계획

기존의 연구서들은 왜 크로마이트 작전 계획 100-A에 대해 소개하지 않았을까? 작전 계획 100-A에 대한 내용은 무엇이며, 이를 공개하지 못할 무슨 특별한 사정이 있었을까? 그리고 각각의 작전 계획이 서로 다른 지역에 대한 상륙작전을 구상하고 준비했을까?

한국전쟁은 북한의 기습으로 시작된 전쟁이다. 북한의 기습에 미국은 즉각적으로 전쟁에 개입했고, 이렇게 미국의 전격적인 전쟁 개입은 전쟁을 내전에서 국제전으로 변화시켰다. 미국 참전의 최대 하이라이트는 다름 아닌 인천상륙작전이었다. 인천상륙작전으로 전세가 완전히 뒤바뀌어 북진정책을 통한 북한으로의 반격이 가능해졌고, 전쟁의 성격이 변화되었다는 점이 이 작전이 갖는 커다란 의미라고 정리할 수 있다.

대부분의 연구에서 인천상륙작전의 사전 작전 계획, 즉 크로마이트 작전$^{Chromite\ Operation}$ 계획은 3가지이며 바로 100-B, 100-C, 100-D라고 알려져 왔다.

먼저 미 육군군사연구소에서 발행한 애플맨$^{Roy\ E.\ Appleman}$과 슈나벨$^{James\ E.\ Schnabel}$의 저서에서는 각각 크로마이트 작전 계획을 3

개로 규정하며 (1)100-B 계획은 서해안 인천, (2)100-C 계획은 서해안 군산, (3)100-D 계획은 동해안 주문진을 상륙작전 예정지로 설정하였다고 설명했다. 이들의 저서에 따르면 크로마이트 작전 계획은 3가지로 각각 별개의 작전 계획으로 준비되었다고 할 수 있다. 더욱이 슈나벨이 당시 합동전략기획단(JSPOG: Joint Strategic Planning and Operations Group) 단장인 라이트[Edwin K. Wright]와 대담에서 확인한 정보로는 상륙작전 계획에는 원산과 진남포에도 상륙 계획이 있었음을 밝히고 있어 주목을 끌고 있다.

국내 연구서에도 인천상륙작전의 상륙계획인 크로마이트 작전 계획에 대한 설명에서 100-B, 100-C, 100-D 등 작전 계획 3가지만을 언급하고 있다. 그러나 누구라도 예상할 수 있듯이 크로마이트 작전 계획 100-A가 있지 않았을까 예측할 수 있다. 그렇다면 기존의 연구서들은 왜 작전 계획 100-A에 대해 소개하지 않았을까? 작전 계획 100-A에 대한 내용은 무엇이고, 공개하지 못할 무슨 특별한 사정이 있을까? 그리고 각각의 작전 계획이 서로 다른 지역에 대한 상륙작전을 구상하고 준비되었을까?

인천상륙작전의 예비계획과 작전 준비과정

인천상륙작전에 대해 일부 학자들은 이 작전이 1950년 6월 당시에 구상된 것이 아니라 이전에 이미 계획되었던 것을 구체화한 것에 지나지 않는다는 주장을 하고 있다. 이러한 주장의 근거로

1944년 태평양 전쟁에서 맥아더$^{Douglas\ MacArthur}$의 남서태평양사령부와 니미츠$^{Chester\ W.\ Nimitz}$의 태평양사령부가 구상했던 대일본 공략 계획인 블랙리스트 작전에서부터 1950년 6월 전쟁 직전에 도상계획으로 준비된 SL-17문서(이후 전쟁 초기 LD-SL-17로 보완)까지 다양한 작전계획이 제시되었다.

태평양전쟁의 도상계획을 재구상했다고 강력히 주장하는 웨인트롭$^{Stanley\ Weintraub}$의 주장을 살펴보자. 웨인트롭은 이미 미 국방부 작전참모부장(G-3)인 볼테$^{Charles\ L.\ Bolte}$가 전쟁 직전 북한의 남침을 예상한 다양한 우발계획을 준비하고 있었음을 주장했다. 물론 이 작전 계획 가운데에는 북한의 남침을 소련의 대對 아시아 전쟁의 하위 수준으로 간주하고, 이러한 긴급 상황이 발생했을 때, 미국인을 소개하고 전쟁 준비를 위한 미군의 긴급 준비 태세 등이 있었다.

웨인트롭에 따르면 비록 국방부의 하위수준에서 제시된 구상은 아니지만, 한국전쟁 발발 직후 일부 참모진 가운데 1~2명이 1944년에 작성된 연구들을 떠올렸을 수도 있다고 주장하며 그 근거를 다음과 같이 들고 있다. 즉 그 예로 '일본과 대만에 대한 작전(Operations against Japan subsequent to Formosa)'이라고 칭하는 합동참모본부 계획 JCS 924의 부록 B를 제시했다. 이러한 이전의 상세 자료가 없었다면, 맥아더는 그렇게 짧은 기간에 크로마이트 작전을 수행할 수는 없었을 것이라고 웨인트롭은 평가했다.

미 합동참모본부가 기안한 JCS 924를 자세히 살펴보면 이 계획이 인천상륙작전과 직접적인 연관성이 있다고 확실하게 말할 수는 없다. 부록 B에는 한국에 대한 상륙지역을 다양하게 언급하면서 인천 지역 역시 그 가운데 하나로 설정하고 있을 뿐, 인천지역의 지정학적인 분석을 자세히 한 것은 아니었다. 오히려 후술할 크로마이트 작전 계획에서 확인할 수 있듯이 인천상륙작전 계획의 근간이 되는 인천지역에 대한 정찰 자료는 JCS 924의 부록 B보다는 1949년에 미 육군항공대와 미 해군에서 수행한 자세한 정보가 그 기본 자료로 활용되었다.

그럼 먼저 기존에 알려져 있던 크로마이트 작전 계획의 작성 배경에 대해 공간사를 중심으로 간략히 정리해 보자.

1945년 8월 15일 일본이 항복했을 때 미 육군이 보유했던 89개 사단은 1950년에는 7개 보병사단과 2개 공정사단, 1개 기갑사단으로 줄어들었다. 완전편제를 갖추었을 때 미군 1개 사단은 병력이 1만 8,804명이 되어야 하는데, 당시 각 사단의 병력은 1만 1,000~1만 3,650명에 불과했다. 해병대의 상황도 마찬가지였다. 태평양 전쟁이 끝날 무렵 6개였던 해병사단은 약화된 2개 사단으로 줄었다.

1950년 6월 맥아더 장군의 전투 병력은 일본에 있는 4개의 보병사단과 7개의 대공포대대, 오키나와에 있는 1개의 보병연대와 2개의 대공포대대에 불과하였다. 그 중에서 주 전투부대는 일본 혼슈에 있는 제1기병사단과 도호쿠 및 홋카이도에 위치한 제7보병사단, 규슈의 제24보병사단, 혼슈 서부에 위치한 제25보병사단과 오키나와에 있는 제9대공포 여단이었다. 맥아더사령부 산하 주 전투부대인 미 제8군은 1950년 6월 당시 인가 병력의

93%를 보유하고 있었다.

1950년 6월 29일 전쟁이 발발하고 난 4일 후 한강변을 시찰한 맥아더는 사단 규모의 병력으로 상륙작전을 감행하여 조기에 전쟁을 승리로 종결짓는다는 구상을 제시하였다. 맥아더는 작전참모부장 라이트 장군을 중심으로 육군, 해군, 공군에서 장교 8명을 차출하여 1949년 8월 창설한 합동전략기획단에 작전계획을 마련할 것을 지시했다. 7월 4일 육, 해, 공군 대표자가 극동군사령부 회의실에 참석하여 맥아더 원수 및 알몬드 장군과 상륙지점에 관해 토의를 하였다. 이 자리에서 합동전략기획단은 미 제1기병사단을 주축으로 미 해병연대전투단을 상륙부대로 하고, 이와 동시에 전선 남쪽에서 미 제24사단 및 제25사단의 반격작전을 감행하는 블루하츠^{BLUEHEARTS} 작전 계획을 공개하였다. 7월 6일 맥아더는 제1기병사단장 게이$^{Robert\ R.\ Gay}$ 소장에게 인천 지역에 대한 상륙준비를 지시하였다. 공격일은 7월 22일로 정하였다. 하지만 북한군의 급속한 공격 속도와 진격 때문에 7월 10일 블루하츠 계획은 취소되었다.

7월 23일 라이트 장군은 맥아더 원수의 지시에 따라 극동군사령부 각 참모부에 작전 계획 크로마이트^{Chromite} 계획을 회람시켰다. 맥아더 장군은 최우선 지역으로 인천 지역을 선정하였으나, 동시에 다른 지역의 가능성도 연구하도록 지시하였다. 합동전략기획단은 인천을 비롯하여 서해안의 군산·해주·진남포 및 동해안의 원산·주문진 등 가능한 모든 해안 지역을 일단 대상으로 검토하였다.

하지만 맥아더는 구체적인 정보를 삭제한 단순한 보고서를 국방부에 제출하며 9월 15일에 크로마이트 작전을 실행할 것으로 통보했다. 맥아더는 이 보고서에서 "기습은 전쟁의 성공에 가장 중요한 요소이다. 만약 이 아시아 전쟁에서 공산주의가 승리한다면, 유럽의 운명은 위험에 빠질 것이다. 그리고 이 작전의 성공으로 10만 명의 유엔군 목숨을 구할 수 있을 것"이라며 인천상륙작전의 당위성을 강조했다.

결국 합동전략기획단은 8월 12일 미 극동군사령부 작전 계획 100-B를 하달하였다. 크로마이트 100-B의 목표 지역은 인천-서울 지역이며 D-Day는 9월 15일이었다. 8월 15일 맥아더 장군은 라이트의 건의를 받아들여 임시계획참모진을 편성하였다. 이들은 극비리에 크로마이트 작전의 세부 계획을 수립하기 위하여 극동군사령부 참모진으로부터 인원을 차출하여 구성하였다. 이 조직은 목적을 감추기 위해 그 명칭을 특별계획 참모부$^{Special\ Planning\ Staff}$라고 명명하였다. 참모장에는 러프너 소장$^{Clark\ L.\ Ruffner}$이 임명되었다.

1950년 8월 23일 도쿄의 사령부에서 가진 브리핑에서는 육군 측에서 맥아더를 위시하여 육군참모총장 콜린스$^{J.\ Lawton\ Collins}$ 대장, 알몬드$^{Edward\ L.\ Almond}$ 장군, 라이트 장군이 참석하였고, 해군에서는 셔먼$^{Forrest\ P.\ Sherman}$ 제독을 비롯하여 조이$^{Turner\ C.\ Joy}$ 스트러블$^{Arthur\ D.\ Struble}$, 도일$^{James\ H.\ Doyle}$ 제독이 참석하였다. 맥아더는 적의 병참선상에서 가장 중요한 지점이 바로 인천-서울 지역이고 한국의 수도를 다시 탈환함으로써 얻을 수 있는 정치적·심리적인 이점을 들었다.

8월 24일 맥아더 장군은 일본군수지원사령부(JLC: Japan

Logistical Command)를 미 극동군사령부의 주요 편제부대에 포함시켰다. 그리고 사령관에 웨이블$^{Walter\ L.\ Weible}$ 장군을 임명했다. 일본군수사령부 예하에는 요코하마 사령부, 고베 기지 및 제40대 공포병여단이 포함되었다. 일본군수사령부의 임무는 한국작전에 군수지원을 제공하고, 미8군의 점령임무를 책임지면서, 일본 방위를 지원하는 것이었다. 군수분야에서는, 일본군수사령부는 일본에 주둔하면서 (1) 미 육군과 공군에 대한 군수지원(공군의 특정 전문탄약은 제외), (2) 극동군사령부 전 소요에 대한 3종과 3종-a 물자보급, (3) 현지 생산 보급물자의 보급, (4) 현지 조달 보급물자의 인수, 저장 및 불출 등의 임무를 수행하였다. 일본군수사령부는 179명의 장교, 24명의 준사관 및 399명의 병사로 구성되었다.

맥아더 장군은 8월 26일 공식적으로 제10군단을 창설하였다. 그리고 8월 27일 유엔군사령부의 예하 기구로 미 극동공군과 극동해군을 통합하여 유엔군총사령관의 지휘 하에 두었다. 그리고 9월 1일 최종적으로 인천상륙작전을 크로마이트^{CHROMITE} 작전이라고 명명하였다. 그리고 9월 15일 예정대로 100-B계획에 맞추어 인천상륙작전이 전개되었고, 작전은 성공적으로 마무리 되었다.

군수참모부 작전 계획(LD-SL-17)과 크로마이트 계획과의 연관성

인천상륙작전이 독창적인 것이 아니라는 반증을 드는 예 가운데 하나가 바로 한국전쟁 발발 직전에 미 육군부 군수참모부

인천상륙작전 직후인 1950년 9월 16일 인천 지역과 포로수용소를 시찰하는 맥아더 ⓒ NARA

크로마이트 작전 4가지 계획은 기존에 알려진 것과 같이 개별 상륙작전이 아니라, 앞에서 검토한 것처럼 인천지역의 상륙작전을 기준으로 제8군이 반격작전을 제대로 수행하지 못할 경우 추가적인 작전을 통해 이를 해결하려는 것이었다. 즉 인천상륙작전 계획은 예정대로 진행하되 만약 제8군이 낙동강 전선에 구축된 북한군 전선을 돌파하지 못하는 경우를 가정하여, 이에 대한 보완책으로 100-C 계획에서는 군산지역에 대한 상륙을 통해 제8군을 대전에서 지원하는 보완 상륙작전이며, 100-D 계획에서는 강릉-주문진 지역에 대한 추가 상륙을 통해 남한 지역 내의 북한군을 포위 섬멸하려는 계획이었다.

(G-4)에서 작성했다는 '한반도 작전 대비 군수 연구, LD-SL-17'(Logistic Study Covering Operations in Korea, LD-SL-17)이다. 이 연구의 첫 번째 계획안이 되는 SL-17을 처음으로 언급한 학자는 블레어[Clay Blair]였다. SL-17은 우발계획으로 만들어진 전쟁 계획으로 1950년 6월 19일 미 국방부에 의해 승인되었는데, 이는 북한의 침략을 가정하여 후퇴 후 부산방어선을 구축한 이후 인천에 상륙하는 계획이었다. 블레어는 자신의 저서에서 이 계획을 입안했던 커티스[Donald McB. Curtis]의 회고를 언급하며 미 극동군사령부가 이 우발계획 보고서 50부 가량을 요청하였다고 기술했다.

먼저 LD-SL-17을 개략적으로 정리해 보도록 하자. 우발계획 SL-17문서는 1950년 6월 19일에 승인되었다고 하지만, LD-SL-17문서는 1950년 7월 25일에 작성된 것으로 차기 작전을 위한 군수연구 프로그램(Mobilization Requirements Program of the Army Logistic Study for Projected Operations)이었다. 이 작전 계획은 군수참모부(G-4)에서 작성된 것으로 7월 29일 작전참모부(G-3)의 동의를 받지는 못하고 되돌려졌다. 왜냐하면 작전참모부(G-3)의 분석결과 이 작전 계획의 소요 비용이 수억 달러가 넘는 것으로 평가되었기 때문이다.

군수참모부(G-4)의 전략군수국에서 작성한 LD-SL-17의 초안[Draft]을 좀 더 자세히 살펴보면, 이 초안은 총 15매로 서론과 5장의 본문, 그리고 부록으로 구성되어 있다. 초안에서는 이 계획의 목적을 '아직 발발하지 않은 전쟁에서 작전 계획의 군수 부분을 준비하기 위한 것'으로 규정하였다. 하지만 이 문서의 내용은 한국전쟁이 치열하게 전개되던 7월의 상황이 언급되고 있음을 통해 볼 때 처음 작성은 6월 25일 이전에 준비되고 있었으나 전쟁이 발발하고 진행되면서 이에 따라 이 계획의 초안도 수정되었음을 확인할 수 있다.

특히 이 계획의 주요 목적은 주요 군수 제4종의 수요를 산출하기 위한 것이었다. 이 계획에서 작전의 성격을 밝히고 있는데 최종 목표는 북한의 침략으로 현재 장악하고 있는 영토를 회복하고, 북한군을 격멸하며, 한반도 전체를 점령하는 것으로 규정하였다. 또한 작전일$^{D-day}$의 기준을 북한이 남침한 6월 25일을 기준으로 12개월 즉, 1951년 6월까지로 설정하고 있다. 이 작전 계획은 이미 작성된 'LD-SL-4'인 극동지역의 전략방어$^{strategic\ defense}$와 연관이 있는 것으로 기술하고 있다.

이 계획에 따르면 작전 지역은 1950년 7월 31일 경 북한이 광양-오소리-고령-대구-영천-포항 지역을 점령하는 것으로 가정하고 있다. 이는 실제 전쟁 상황이 벌어졌던 7월 31일 경의 낙동강 방어선보다 더욱 축소된 지역이었다. 당시 북한군의 공군력과 해군력은 거의 미미한 것으로 판단되었다. 유엔군의 전반적인 작전은 충분한 병력 증강이 이루어질 때까지 지연작전을 수행하며 남쪽으로 철수한 뒤 주^{主} 방어선이 안정되었을 때에 공격으로 전환하여 육상, 상륙작전, 공수작전 등으로 실지 지역을 되찾고 전 한반도를 확보하는 것이었다.

미 공군의 임무는 육군의 작전을 지원하는 것으로 광범위한 북한 지역을 폭격할 뿐만 아니라 전술 지원을 담당하고, 미 해군은 해상봉쇄와 육군의 작전에 따른 해안 함포 지원을 담당하는 것이었다.

이 계획에 따라 예상되는 상황은 다음과 같이 정리되었다. 지상작전은 미군과 한국군으로 수행하고, 그 이외의 유엔국가 군대는 공군과 해군으로 제한될 것으로 가정했다. 이 계획안에는 유엔결의안이 세계평화를 위해 전체 한반도의 통일을 결의할 것이고, 이 때 한국군은 전체 병력이 약 5만 5천 명으로 5개 사단이 건재하고 있을 것으로 예상했다. 반면에 북한군이 원자폭탄을 사용하지는 않겠지만 화학전이나 생물학전을 행사할 수 있을 것으로 추측했다.

이러한 가정 아래 임무를 다음과 같이 규정했다. 부산에 사령부를 두고 반격을 위한 병력 증강을 하는 것이 우선 과제였다. 이후 육상작전·상륙작전·공수작전을 통해 북한군을 격파하고 빼앗긴 지역을 수복하며, 최종적으로 전 한반도를 점령하는 것이다.

자세한 작전 계획은 다음과 같다. 1개 해병사단과 1개 보병사단으로 구성된 1개 군단으로 인천 지역에 상륙작전을 감행하여 9월 30일까지 인천항을 장악하고, 인천 동쪽에 1개 공수연대전투단을 운용하여 한강 지역을 엄호하며 서울을 수복하는 계획이다. 이후의 계획은 다음과 같다.

인천에 사령부 기지를 두고 10월 15일까지는 서울과 김포비행장을 확보한다. 서울과 김포공항을 확보하면 동쪽으로 진격하여 양평, 원주, 평창, 정선, 교가리(삼척) 이남(약 37.5도)의 북한군을 포위한다. 동시에 1951년 1월 31일까지는 동해와 서해에 각각 상륙작전을 시행한다. 1개 해병사단과 1개 공수연대전투단을 서해에 투입하여 평양을 점령하고, 동시에 동해안 원산에 보병사단을 상륙시켜 평양-장림-양덕-원산을 축으로 하여 이 선(대략 39도선) 아래의 북한군을 포위한다. 이후 평양에 사령부를 설치하여 북한 전역을 점령하기 위한 차기 작전을 실행한다.

이것이 작전 계획의 대체적 개략이었다. 이러한 작전 계획의 군수지원을 위해서 한국에 약 11,500명의 공군이 필요할 것이고, 한국군 사단에 대한 군수 지원도 필요할 것으로 예상했다.

이러한 작전 계획을 실행하기 위해서는 전투력의 증강이 무엇보다 시급했다. 이 계획에 따르면 공군 폭격대는 일본의 혼슈, 규슈, 오키나와에 기지를 두고 전투기와 경폭격기 대대는 한국에 설치하는 것이다. 해군 부대는 항구를 통한 수송보다는 육군에 대한 지원이 더 필요한 것으로 예측되었고, 육군은 1개 해병사단을 포함하여 5개 보병사단으로 증강해야 했다. 하지만 1개 보병사단은 일본 방어를 위해 일본에 잔류하도록 했다. 전투지원부대는 전방지대에 35,000명으로 증강하고, 일본의 병참관구 Communication Zone에 6천여 명을 증강하는 것으로 계획되었다.

군수지원 측면에서 군수품은 최소 30일 분을 한국에 비축하고, 그 가운데 석유와 윤활유는 부대 단위로 10일 분을 보급해야 할 것으로 계산하였다. 군수참모부의 자체 평가에서도 LD-SL-17이라는 작전 계획은 군수라는 측면에서, 그리고 이를 지원할 군수부대의 지원 측면에서 매우 곤란한 것으로 평가했다. 특히 전체적인 작전에 맞춘 군수 4종 보급품$^{\text{Class IV Supplies}}$의 장비(건설 자재)를 결정하는 것이 쉽지 않을 것으로 평가되었다.

대략 이것이 LD-SL-17의 개략적인 내용이다. 보통 예상하듯이 작전 계획과 실행계획이 일치할 수는 없는 것이고, 우리가 살펴본 LD-SL-17계획의 전반적인 흐름도 실제 진행된 작전 계획과는 상이함을 확인할 수 있다. 다만 인천상륙작전 계획은 LD-SL-17뿐만이 아니라 1945년 올림픽 및 블랙리스트 계획에서도 이미 실행계획이 준비되었기 때문에 극동군사령부는 이전의 작전 계획을 수정하여 실제 작전 계획에 준용한 것으로 보인다.

4가지 크로마이트 작전 계획의 내용과 차이

여기에서는 크로마이트 작전 계획인 100-A, 100-B, 100-C, 100-D 4가지 계획을 살펴보고, 각각의 내용과 그 차이점을 분석해 본다.

일반적으로 인천상륙작전의 작전 계획인 크로마이트 작전 계획을 논할 경우에는 100-B, 100-C, 100-D 이렇게 3가지 작전 계획을 열거하고 있다. 그리고 이 작전 계획이 서로 다른 상륙작전 지역 —각각 인천, 군산, 주문진— 으로 이해되어 왔다. 하지만 작전 계획을 면밀히 분석해 보면 이는 잘못된 해석이다. 즉 각각의 작전 계획은 인천상륙작전을 기본으로 하고 낙동강 전선에서 미 8군이 북한군의 전선을 돌파하지 못할 경우 추가적으로 군산이나 주문진에 상륙작전을 감행하는 것이다.

■ 100-A 작전계획

그럼 먼저 작전 계획 100-A를 살펴보자. 100-A는 북한군이 남한지역에서 진격을 멈추고 유엔군이 병력을 증강할 수 있는 단계(1단계)와 북한군에 대해 반격을 실시 할 수 있는 단계(2단계)를 거쳐 남한지역에서 북한군을 격멸하는 단계(제3단계)를 가정한 작전 계획이다. 여기에는 유엔군이 공군과 해군의 우월성을 유지하며 북한군이 소련이나 중공으로부터 대규모 지원을 받지 않는 것을 가정하고 있다.

작전 계획은 다음과 같다. 유엔군은 D-Day에 미 제10군단이 군산에 상륙하여 대전을 확보하고 부산으로부터 반격하여 대구-김천-대전을 축으로 반격하는 미 제8군과 대전에서 연결, 금강 이남의 북한군을 격퇴하는 것으로 계획되었다. 이후 군산과 대전 지역의 비행장을 확보하여 차기 작전을 전개하는 것이다. 미 제10군단의 군수지원은 일본군수지원사령부(JLC)가 맡아 수행한다. 또한 100-A에는 미 제187공수연대전투단의 활용계획이 포함되어 있다. 즉 군산-대전 지역에 투하되거나, 아니면 바다로 군산지역으로 이동하여 미 제10군단을 지원하는 것이다. 이 계획에는 예비부대로 제3사단을 배치하고 극동군사령부의 명령에 따라 부산이나 군산 지역의 미 제8군이나 미 제10군단을 증강하도록 예정되었다. 작전 예정일은 9월 15일이다.

100-A 계획에서 사용된 관련 자료로는 1949년 12월 1일 작성된 정보보고서인 수시보고$^{Spot\ Reports}$가 활용되었다. 이 계획에는 포로와 피난 및 노획문서의 처리에 대한 규정이 있는데, 적의 지상군이나 해군 및 공군의 포로 심문은 미 제8군에 배속된 ADVATIS(연합국번역통역국 전선파견대)에서 수행하도록 지침이 내려졌다. 또한 모든 심문보고서의 복사본 재생산과 배부를 위해 도쿄의 극동군사령부 번역통역국으로 이송하도록 규정되었다. 또한 모든 노획문서도 즉시 도쿄의 번역통역국으로 제출하도록 지시했다.

100-A 계획의 달성 목표는 1950년 6월 25일 승인된 유엔안전보장이사회의 결의와 이에 따른 미 합동참모본부의 명령에 따라 남한에서 북한군을 일소하기 위해 대한민국 정부에 충분한 군사적 지원을 실행하는 것이다. 여기에는 추가적인 목표가 제시되었는데 남한에서 북한군을 군사적으로 패퇴시켜 그들을 축출한 후에도, 38선 이북에 존재하는 군사력의 존재가 한국문제의 해결을 위한 국제연합의 입장에 만족할 만한 해답이 되지 않을 수 있다는 것이다. 따라서 작전은 결국 남한 지역에서 북한군을 완전히 파괴하는 것으로 수행되어야 한다고 강조했다.

주요 임무로는 적의 군사력 중심지의 후방인 대전의 병참지역에 상륙작전을 전개함으로써 적의 보급로를 차단하고, 제8군에 가해지는 적의 공격력을 억제하는 것이었다. 주요 작전의 장애로는 바로 날씨와 열악한 항구시설이 거론되었지만 강력한 적의 반격은 예상되지 않았다. 주요 투입부대로는 미 제1해병사단과 제2공병특수여단, 제7사단, 제187공수연대전투단이고 예비 병력으로 제3사단의 배속이 예정되었다.

단계별 작전으로는 D-Day나 그 전에 미 제8군이 김천-대전 축선으로 공격을 감행하고, 이때 제10군단 예하 제1해병사단이 군산에 상륙작전을 전개하며, 후속부대로 제2공병 특수여단과 제7사단이 차례로 상륙한다. 이어 제10군단은 50마일 내륙에 위치한 대전을 점령하고, 제8군과 연결하기 위해 김천 쪽인 남서쪽으로 공격한다. 이후 작전은 대전-서울 축을 따라 북진하거나 제2의 대규모 상륙작전을 전개하는 것이다.

지휘관계로 제10군단은 제8군과 합류할 때까지 극동군사령관에 직속된다. 이후는 제8군 사령관의 지휘권에 귀속된다. 또한 제187공수연대전투단은 극동군사령관의 통제를 받는 것으로 정리되었다. 하지만 이렇게 구체적인 계획을 갖고 있던 100-A는 유엔군사령부 작전참모부에 따르면 100-B를 위한 양공^{陽攻} 작전^{feint}의 일환이라고 기술되어 있다.

■ 100-B 작전계획

이 계획은 실제 인천상륙작전으로 실행되었기에 너무나 잘 알려져 있으므로 그 개요만 간단하게 정리한다. 100-B 계획은 1950년 8월 12일 준비가 시작되어 수정을 거쳐 24일에 완성되었다. 이 계획은 극동군사령부 예비부대와 미 제1해병사단을 상륙작전에 동원하여 인천-서울 지역을 탈환하는 것이다. 이를 통해 북한군의 주요 병참선을 차단하고 남쪽으로의 병력 증원을 막는 것이다. 이때 미 제8군은 남쪽으로부터 공격을 개시하여 대구-대전-수원 선을 따라 북서쪽으로 진출하고, 서울에서 상륙부대와 연결하는 것이다. 100-B 계획의 주요 목적은 북한군을 서울-인천 이남에서 격퇴하는 것이다. 상륙부대의 조직과 임무는 1950년 8월 30일 유엔군사령부 작전명령 1호에 의해 부여되었는데, 우선 상륙부대인 제10군단은 제1해병사단, 제7보병사단, 제92야포대대 및 제96야포대대 등으로 구성되었고, 임무는 인천-서울 지역에 상륙하여 교두보를 확보하는 것이다.

■ 100-C 작전계획

100-C는 유엔군사령관 작전명령 1-50에 따라 수립되었다. 이 작전 계획은 100-B와 마찬가지로 제10군단이 인천 지역에 상륙을 감행한다. 그러나 만일 미 제8군의 반격이 만족스럽게 이루어지지 않아 김천-대전 지역으로 북서 진출에 실패할 경우 M-Day(개전일)에 미 제8군으로부터 1개 사단을 차출, 군산지역에 상륙, 대전을 장악함으로써 제8군을 지원하도록 하는 것이다. 제187공수연대전투단은 군산과 대전지역에 투하되어 작전을 실행한다.

100-C의 작전개념은 다음과 같다. 작전명령 1-50에 따르면 유엔군은 적이 점령한 지역에 깊게 침투하여 서울의 병참지역을 장악함으로써 제8군의 대규모 공격과 연결하는 것으로 되어 있다. 이 작전은 부산으로 1개 사단을 이동시켜 제8군의 전방에 주둔한 적의 후방지역에 상륙작전을 전개하는 것이다. 군산의

[그림 5-1] 크로마이트 작전 100-C ⓒ NARA

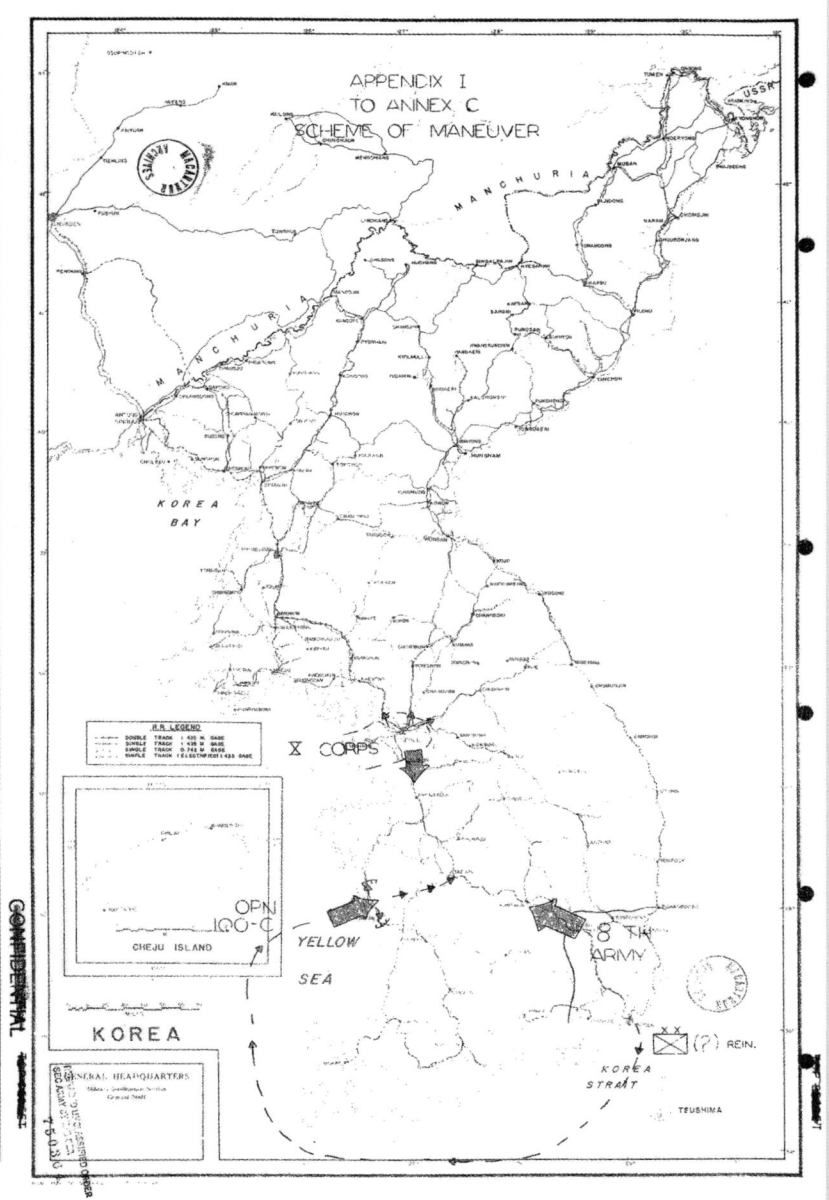

상륙은 적군의 주요 병참 중심지인 대전을 장악하기 위한 작전으로 그 목적은 제8군 전방에 위치한 적의 주요 보급선을 차단하고 제8군을 지원하기 위한 것으로 설정되었다.

제한요소로는 상륙부대의 규모가 1개 사단에 지나지 않은 소규모라는 것으로 만일 적의 저항이 완강하면 교두보 확보가 어려울 수도 있다는 것이다. 대전을 장악한 상륙부대는 남서쪽인 김천지역으로 공격을 지속하도록 계획되었다.

■ 100-D 작전계획

100-D는 유엔군사령부 작전명령 1호 지시로 준비되었다. 작전에 기반이 되는 주요 가정은 다음과 같다. 제10군단이 인천에 상륙하여 서울의 병참중심부를 장악한 후 북한군을 차단하는 것이다. 다만 제8군의 주요 장애로 험난한 지형과 게릴라 작전을 들고 있다. 여기서 중요한 것은 북한군이 소련이나 중공으로부터 주요 지원을 받지는 않는다고 예상되었다.

100-D 작전 계획은 제10군단이 인천지역에 상륙하고 미 제8군은 대구-김천-대전을 축으로 북서방향으로 공격을 지향하며 북한군을 격퇴하는 것이다. 여기에 강릉과 주문진 지역에 2개 사단으로 구성된 특수임무부대를 상륙시켜 동해안 지역에 교두보를 확보하고 서쪽과 남서쪽으로 공격을 감행한다. 상륙부대는 미 제8군으로부터 2개 사단을 차출하는데 그 가운데 하나 혹은 두 개 사단 모두 한국군을 활용하는 것이다. 결국 제10군단과 이 특수임무부대는 중부지역에서 연결하여 북한군을 포위하고,

[그림 5-2] 크로마이트 작전 100-D ⓒ NARA

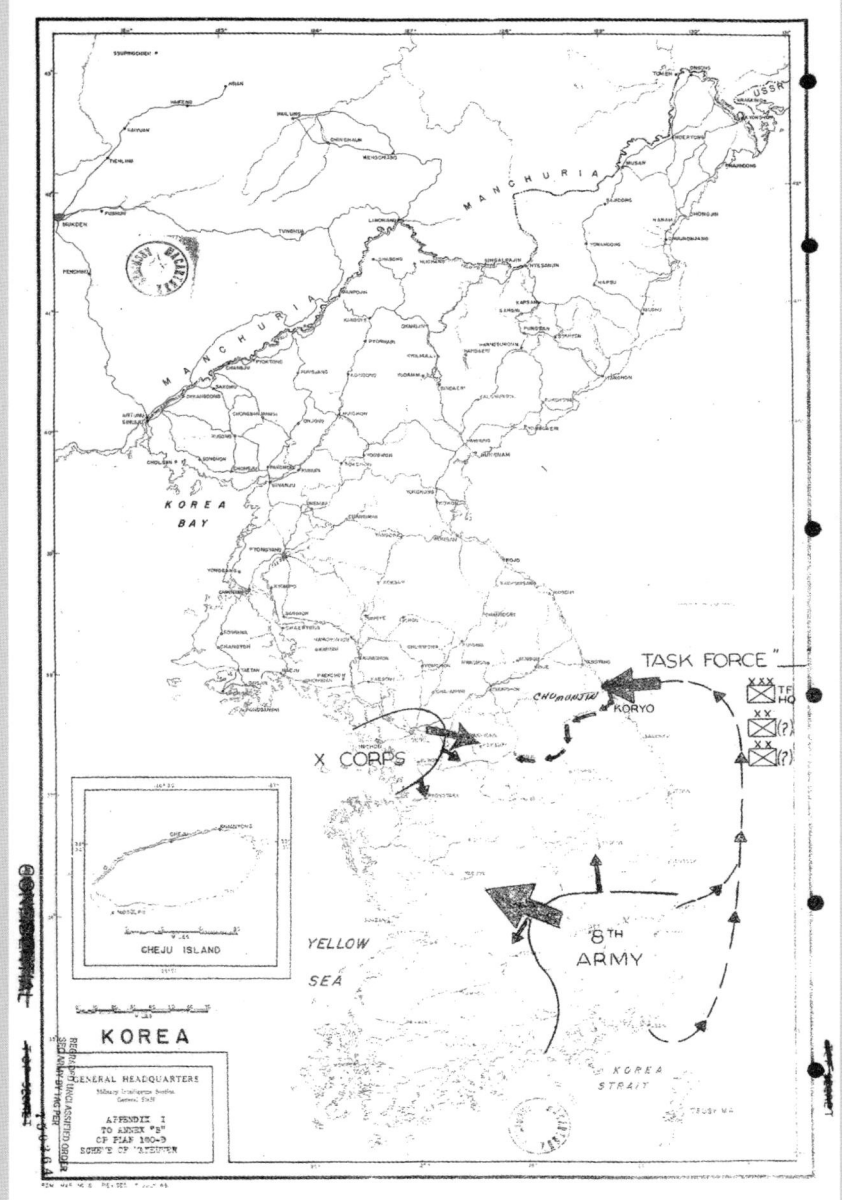

남으로부터 북상하는 제8군과 연결하는 것이 작전의 주요 내용이다.

작전 개념으로는 다른 작전 계획과 마찬가지로 1950년 6월 25일 유엔안전보장이사회의 결의에 의거하여 미 합동참모본부가 극동군사령부에 지시한 북한군의 격퇴를 위해 한국군을 지원하는 것이 주요 임무였다. 주요 상륙부대로는 한국군 사단을 상륙정을 통해 주문진에 상륙시키는 것이다. 주요 제한 요인으로는 북한군의 낙동강 돌파 시도가 치열한 상황에서 과연 제8군으로부터 가용 병력을 빼낼 수 있는가의 문제였다.

크로마이트 작전계획 4가지의 비교

이상으로 크로마이트 작전 계획 100-A, 100-B, 100-C, 100-D를 살펴보았다. 다음의 표는 각각의 작전 계획의 목표와 운용병력, 상륙지역 등을 구분한 것이다.

인천상륙작전은 확실히 수세에 몰렸던 유엔군과 한국군으로 하여금 반격을 통한 북진을 가능하게 한 성공적인 작전이었다. 이 작전의 성공으로 유엔군은 서울을 장악함으로써 북한군의 병참선을 차단하고, 낙동강 전선의 적군을 와해시킬 수 있었다. 또한 인천항만 시설과 김포공항 그리고 철도의 중심지인 서울을 장악함으로써 북진 작전을 감행할 수 있었다.

[표 5-1] 크로마이트 작전 계획의 비교

	100-A	100-B	100-C	100-D
작전 계획의 목표	군산지역 상륙을 통한 금강 선에서 북한군 섬멸	인천지역 상륙을 통해 서울을 수복하고 그 이남의 북한군을 포위 섬멸	인천지역에 10군단을 상륙시키고 8군이 낙동강 방어선을 돌파하지 못할 경우 군산에 추가 상륙하여 대전 장악	강릉-주문진 지역에 특수임무부대 2개 사단을 상륙시켜 북한군을 포위하고 북진하는 8군과 연결하여 섬멸
운용병력	10군단, 187공수연대전투단 예비 제3사단	10군단	10군단, 1개 사단, 187공수연대전투단	10군단, 한국군 ~2개사단으로 구성된 특수임무부대
10군단의 상륙지역	군산	인천	인천	인천
추가 상륙지역	-	-	군산	주문진
추가 상륙지역 운용병력	-	-	1개 사단 187공수연대전투단	한국군 1~2개 사단
작전계획의 완성	1950. 8. 30	1950. 8. 24	1950. 9. 8	1950. 9. 11

다시 한 번 강조할 것은 크로마이트 작전 4가지 계획은 기존에 알려진 것과 같이 개별 상륙작전이 아니라, 앞에서 검토한 것처럼 인천지역의 상륙작전을 기준으로 제8군이 반격작전을 제대로 수행하지 못할 경우 추가적인 작전을 통해 이를 해결하려는 것이었다.

즉 100-A는 100-B 계획의 양공작전 계획으로서 의미를 가지고 있는 것이고, 또한 유사시 실제 계획으로도 활용될 수 있었던 작전이다. 100-C 계획과 100-D 계획은 100-B 계획의 보완적 계획이었음을 알 수 있다. 즉 인천상륙작전 계획은 예정대로 진행하되 만약 제8군이 낙동강 전선에 구축된 북한군 전선을 돌파하지 못하는 경우를 가정하여, 이에 대한 보완책으로 100-C 계획에서는 군산지역에 대한 상륙을 통해 제8군을 대전에서

지원하는 보완 상륙작전이며, 100-D 계획에서는 강릉-주문진 지역에 대한 추가 상륙을 통해 남한 지역 내의 북한군을 포위 섬멸하려는 계획이었다.

6장

미8군 사령관 워커의 죽음과 진실

한국전쟁에서 지연작전을 통해 낙동강 방어선이라는 성공적인 철수작전을 이끌고 이어 북한군의 총공세에 맞서 최후 방어선을 지켜냈으며, 인천상륙작전과 함께 낙동강 방어선을 돌파, 북한군이 점령했던 대부분의 피점령 지역을 탈환하여 북진의 발판을 마련한 야전군 지휘관 워커에 대한 기억은 거의 사라지고 없다.

한국전쟁에 대해 많은 연구들이 발표되었지만, 대표적인 연구서에도 워커^{Walton H. Walker}에 대한 생애나 죽음에 대한 설명은 거의 없다.

기존의 연구에는 그의 죽음을 둘러싼 기술이 서로 상충되거나 억지로 짜 맞춘 듯한 내용이 담겨 있다. 개전 이후 7월부터 낙동강 방어선 전투, 북진 등 한국전쟁에서 주요 역할을 담당했던 워커의 역할은 거의 사장死藏되고, 그의 죽음과 함께 전사戰史에서 거의 언급되지 않는다는 점은 군사사軍事史 연구에도 큰 공백이라고 할 수 있다.

또한 안타까운 것은 워커의 사망을 둘러싸고 역사적 왜곡까지도 행해지고 있다는 점이다. 특히 북한은 워커 장군의 죽음을 자신들의 전쟁영웅을 부각시키는 재료로까지 이용하고 있다. 북한의 간행물에 따르면 워커의 사망은 자신들 전투 영웅의 작전에 따른 전과라는 것이다.

이번 장에서는 워커의 사고사를 둘러싼 기존 인식을 검토하며, 잘못 알려진 사실을 바로잡고 '진정한 군인'으로 표상되는 워커의 생애를 간략히 정리한 후에 자료를 통해 죽음의 진상을 자세히 살펴보고자 한다. 이를 통해 워커 장군의 죽음을 둘러싸고 자신들의 공훈으로 돌리고 있는 북한 전사의 오류를 지적하며, 우리에게 알려지지 않은 그의 행적을 새로운 자료를 통해 소개함으로써 한국전쟁 연구에서 해명되지 않은 부분을 새롭게 조망하고자 한다.

워커 장군 죽음에 대한 기존 인식과 논란

워커 장군의 죽음에 대한 내용은 신문과 같은 국내외 언론보도나 연구서마다 미묘한 차이를 보이고 있다. 먼저 사고에 대한 국내 신문 기사를 정리해 보면 다음과 같다. 당시 동아일보 12월 25일자 기사는 AP합동통신사의 기사를 받아 전재하고 있다.

> 미군 제8군사령관이며 故 죠지 S. 패튼 장군의 각료인 월튼 워커 중장은 지프차 사건으로 인한 부상으로 말미암아 23일 서거하였다. 워커 중장은 그의 휘하 군대들이 중공의 위협을 막고 있는 서부전선으로 향하는 도중 부상한 것이다. AP특파원이 전

하는 바에 의하면 워커 중장은 장군의 휘하에 있는 영국군 전선시찰 도중 장군의 외아들인 당년 25세의 샘 심스 워커 대위를 표창할 목적으로써 서부전선을 방문하였던 것이라 한다. 그리하여 부상을 당한 장군은 서울 근처 야전병원에서 드디어 절명하였다. 워커 대위는 24군단(사단의 오기) 소속으로써 이 비보를 듣고 급거 병원으로 달려갔으나 때는 늦어 그가 도착한 것은 워커장군이 이미 운명한 후였다. 워커장군 보좌관 테이튼 C. 라이너 중좌는 부상을 받았는데 장군의 탑승 지프차를 운전하였다. 워커 중장을 유럽전쟁에 있어서의 가장 찬란한 장성이라고 절찬하였던 패튼 장군 역시 2차대전 후 독일에서 수렵여행 도중 교통사고로 똑같은 운명을 걸었다. (중략) 한 목격자가 언명한 바에 의하면 서울로부터 북향하던 지프차는 한국인이 운전하던 미군 운송차와의 충돌을 피하다가 전복하였다. 그리고 다른 목격자 담에 의하면 동 지프차는 전주와 충돌하여 세 번이나 굴렀다고 한다.

워커 장군 사고에 대한 최초의 보도인 이 기사는 운전자에 대한 신원 확인, 워커 장군 부관의 이름, 차량 사고 시 충돌 사고 차량에 대한 정보 등 여러 내용에서 후에 살펴볼 사실과 다르다. 이러한 사실의 오류는 다음의 자료에서도 다양하게 나타나고 있다.
한국전쟁에 대한 증언기록으로 사료적 가치를 인정받고 있는 중앙일보사의 '민족의 증언'에서는 당시 제6사단 제2연대 헌병대장의 증언을 다음과 같이 소개하고 있다.

2월 23일 상호 11시에 우리 2연대 소속 드리쿼터가 의정부 남방 5킬로 지점에서 워커 장군 지프를 들이받았어요. …워커 중장은 평소에도 과속으로 달리는 버릇이 있었는데, 이날은 후퇴하는 유엔군을 한 명이라도 더 많이 격려하려고 더 바삐 차를 몰았던가 바요. …사고 직후 한 미 합동조사대가 현장으로 달려가 조사한 내용인데, 우리 편에 과실이 있다고 판명이 됐어요. …운전병만 군사재판에서 과실치사로 3년형을 받고….

당시 이 사고를 조사했던 제6사단 헌병대 자료에 따르면 사고는 다음과 같이 기록되어 있다.

11시 의정부 남방 $4km$ 지점에서 주한미지상군사령관 워커중장은 일선장병에 크리스마스 위문 차 순회 도중 6사단 제1연대 차량과 충돌사고로 인하여 서거하였다.

언론과 사건을 직접 조사한 관계자의 증언을 보면 워커 장군이 직접 운전하였고, 평소에도 과속으로 달리는 버릇이 있어 규정 속도 이상으로 운전하여 사고가 나서 사망한 것으로 요약할 수 있다. 따라서 이는 워커 장군 본인의 과실로 인한 사고로 판단할 여지가 있다.

또한 기존 연구서에서도 워커 장군의 사고에 대한 내용을 다음과 같이 설명하고 있다. 먼저 페렌바크[T. R. Fehrenbach]의 한국전쟁 저서에 따르면 "워커 중장은 충돌 사고로 피를 억수같이 흘리며

노상에서 사망했다. 워커는 한국에서 커다란 핸디캡과 싸워가며 최선을 다했다. 그는 병사들이 열렬히 싸우기를 반대하는 새로운 환경에서 싸워왔다. 그의 용맹하고 끈덕지며 솔직하면서도 고집이 센 성품은 부산 방어선을 성공적으로 방어해 냈다."고 기술하였다. 초기 한국전쟁에 대한 그의 기여도에 비하면 그의 사망에 대한 정확한 기술보다는 매우 간단히 언급했음을 알 수 있다. 또한 한 연구자는 그의 죽음을 교통사고로 인정하면서도 각주에서 중공군의 회고록을 통해 인민군에 의해 사망했을 수도 있다는 가능성을 암시하고 있다.

12월 23일 의정부 부근에서 8군 사령관 워커가 교통사고로 사망하였다. 미군과 남한의 모든 공식기록들은 그의 사망이 교통사고에 의한 사망으로 나와 있다. 그러나 중국자료에 따르면 그의 사망은 연천 지구에서 인민군 유격대에 맞아죽었다고 되어 있다.

한편 워커 장군의 사고에 대한 내용은 공간사에서 다음과 같이 기술하고 있다. 우선 미국의 공식 전사가인 애플맨$^{Roy\ Appleman}$에 따르면 워커는 낙동강교두보 방어작전에서 미 제24사단과 영국 제27여단의 무훈에 대해 한국 대통령이 수여한 표창전달식에 참석할 계획이었고, 그 기념식은 미 제9군단 사령부에서 열릴 예정이었다.

워커 장군은 의정부 남쪽 2-3마일 지점에서 오전 11:00 직전에 그가 타고 있던 선두 지프차와 관련된 사고로 사망하였다.

그러면서 미 육군 공식기록에는 워커의 사망과 관련한 자세한 기록이 없고, 기록된 내용도 위와 같이 간결한 것이었다고 밝혔다. 애플맨의 저서 외에 미군의 공식 전사戰史인 슈나벨James Schnabel의 저서에서도 워커의 사고는 매우 간략하게 기술되어 있다. 또한 이후에 출간된 미 공식 전사戰史인 모스맨Billy C. Mossman의 저서는 워커의 사고에 대한 공식자료를 인용하고 있으나 자세한 기술은 하지 않았다.

한편 국내의 공간사에서도 워커의 사고에 대해 다음과 같이 간략히 언급하였다.

미 제8군사령관 워커 장군은 38도선으로 철수한 국군과 유엔군이 안정을 되찾고, 방어진지 편성에 주력하고 있을 무렵인 12월 23일 영국 제27여단을 표창하기 위하여 지프차로 서울을 떠나 덕정(의정부 북쪽 16km) 부근을 통과할 무렵 예상하지 못한 교통사고로 애석하게도 전사하였다.

또한 최근에 국방부 군사편찬연구소가 발행한 공간사 『6·25전쟁사』(전11권)에서도 워커의 사고에 대한 기술은 간략하게 기술되었다.

중공군의 참전으로 유엔군이 손실을 최대한 줄이면서 단계별 철수를 준비하고 있던 시점에서 워커장군이 12월 23일 의정부 북쪽에서 자동차 충돌사고로 순직했다.

문제는 워커 장군의 사망사고에 대한 기술에서 사고 장소(의정부, 연천, 서울 북쪽 등), 사고 전 방문 목적지(미 제1군단/미 제9군단, 미 제25사단/영 제27여단), 사고 순간 차량에 대한 정보(유엔군 차량/국군 차량), 가해 차량의 운전자 신분(한국 민간인/국군 제6사단 병사), 피해 차량의 운전자(워커 본인/타이너 부관/벨튼 상사) 등 여러 가지 부분에서 상이한 내용들이 기술되고 있다는 점이다. 특히 이렇게 정확한 정보가 없는 워커의 사고사에 대한 상이한 서술은 국내 연구서에서조차 북한군의 공격으로 워커 장군이 사망한 것이라는 주장이 나타나는 빌미가 되고 있다.

북한 공식 전사戰史의 워커 죽음에 대한 선전전

한편 북한의 공식 전사에서는 워커 장군의 사망을 북한군 특공조 활약에 따른 것이라고 기록하고 있다. 즉 북한은 워커 장군의 사고사에 대해 자신들의 전쟁영웅을 부각시키는 한 재료로 이용하고 있다.

북한의 공간사는 이 사건을 기술하며 날짜, 장소 등을 사실과 매우 다르게 기록하고 있다. 먼저 1973년 인민무력부 전쟁경험연구실에서 간행한 『조국해방전쟁사』를 살펴보면 다음과 같이 기술하고 있다.

전선 서부지역의 적후투쟁부대들은 적의 중간방어기도를 짓부 씨기 위하여 12월 13일 은밀히 련천을 포위하고 공격에 앞서 적들의 퇴로를 끊기 위하여 련천으로 잇닿은 모든 길들을 차단 하였다. 가장 중요한 퇴로로 예견되는 련천-서울 사이의 길쪽에 는 보병들과 함께 공병지뢰매설조를 내보냈다. 공화국 영웅 최종운동무가 인솔한 공병들은 련천 남쪽 전곡 계곡선에서 날이 새기 전에 지뢰를 묻었다.

련천의 적을 포위한 아군부대들은 12월 13일 먼동이 트자 3면으로부터 불의에 련천 시가로 맹렬하게 돌격하여 적들을 무리로 쓰러눕혔다. (중략) 련천-서울 사이의 길가에 매복하고 있던 보병구분대와 공병들의 매복구역 내로 몰려들었다. 중땅크 1대를 앞세우고 그 뒤에 승용차들과 여러 대의 운수차 들이 꼬리를 물고 달려왔다. 드디어 앞선 땅크와 뒤에 바짝 붙어선 2대의 승용차가 지뢰 매설구역에 들어섰을 때 요란한 폭음과 함께 지뢰가 터져 적 땅크와 승용차들이 파괴되었다. (중략)

최종운동무와 6명의 전투원들은 이 전투에서 미제침략군 8군사령관 워커놈을 포함한 80여 명(주로 장교였다)을 쓰러눕히고 땅크 1대, 자동차 8대를 불살라버렸다.

또한 북한의 공식전사인 『조선전사』는 다음과 같이 기술하고 있다.

적의 중간방어기도를 짓부시기 위하여 12월 13일 밤 은밀히 련천을 포위한 제2전선부대들은 공격에 앞서 적들의 퇴로를 끊기 위하여 련천으로 잇닿은 모든 길들을 차단하였다. 적들의 가장 중요한 퇴로로 예견되는 련천-서울 사이의 길쪽에는 보병들과 함께 지뢰를 가진 공병들로 무어진 매복조가 파견되었다. 인민군부대들은 먼동이 트자 3면으로부터 불의에 련천시가로 맹렬하게 돌격하여 적들을 무리로 쓸어눕혔다. 살아남은 적들은 서울쪽으로 급히 퇴각하기 시작하였다. 중땅크 1대를 앞세우고 그 뒤에 꼬리를 물로 도망치던 승용차들과 여러 대의 운수차들이 아군매복조가 묻은 지뢰에 걸려 연거퍼 파괴되었다.

소대장 최종운 영웅을 비롯한 전투원들은 수류탄을 던지고 기관단총을 휘두르며 적들 속으로 육박해 들어가 놈들의 가슴팍에 복수의 명중탄을 안겼다. 이 전투에서 최종운영웅과 6명의 전투원들은 38도선 중간방어를 조직하려고 련천에 기여 왔다가 달아나던 미제침략군 8군사령관 워커놈을 포함한 적병 80여 명(주로 장교들이었다)을 쓸어눕히고 땅크 1대, 자동차 8대를 불살라버렸다.

따라서 북한 공간사의 기술상 오류는 사건의 발생 시기(12월 13일), 발생 장소(연천), 충돌 경위 등이 사실과 다르고 자신들의 공간사에서조차 차이가 나타나고 있다. 앞에서 제시한 『조국해방전쟁사』에서는 지뢰매설로 공격한 것으로 되어 있으나, 『조선전사』에서는 최종운이 직접 총을 들고 돌격, 육박전을 한 것으로 기술하고 있다. 이렇듯 자신들의 공식 전사에서도 상이한 서술을 하고 있는 것을 알 수 있다.

한편 북한의 간행물에 따르면 워커는 그들이 말하는 소위 '연천해방전투'에서 일단의 특공조 매복에 의해 사망한 것으로 알려져 있다. 여기에서 등장하는 전투 영웅이 바로 최종운이라는 인물이다. 최종운은 당시 20세의 젊은 공병소대장으로 1950년 12월 20일 새벽 연천에서 전곡을 거쳐 서울로 향하는 도로 교차점에 반(反) 탱크 지뢰를 매설하는 임무를 띤 특공소대장이었다. 그는 7명으로 구성된 공병지뢰매설조의 조장으로서 지뢰 매복을 통해 1대의 중탱크와 자동차 8대를 파괴한 것으로 소개되고 있다.

하지만 이러한 주장은 설득력이 매우 약하다. 이 최종운의 활약에 대한 좀 더 자세한 기록은 『천리마』라는 자료에서 확인할 수 있다. 『천리마』에는 최종운에 대한 기사가 2편이 있는데 하나는 1983년 5월호이고 다른 하나는 2002년 7월호이다.

먼저 1983년 5월호 기사에 따르면 최종운은 북한의 '연천해방전투'가 벌어진 12월 중순 공병지뢰매설조를 대동하고 작전을 펼친 것으로 기술되어 있다. 여기서는 7명의 특공조가 미군 80명(주로 장교들)을 폭사한 것으로 기록하고 있다. 그러나 2002년 기사에서는 내용이 달라지고 있다. 특히 연천 전투와 같은 내용은 없고 단지 연천에서 전곡리를 향하는 도로에 12월 20일(날짜가 정확히 기록되어 있음) 새벽의 지뢰 매설 공격으로 워커를 포함하여 20명의 미군장교를 사살한 것으로 기록하고 있다.

반면에 북한과 함께 중조연합사령부를 구성하여 한국전쟁에 참가한 중공군의 공간사는 북한과는 다른 내용을 기술하고 있다. 중국 군사과학원 군사역사연구부에서 편찬한 『항미원조전사』에 따르면, 워커의 사고를 다음과 같이 전하고 있다.

12월 23일, 미 제8군사령관 워커가 차를 몰고 서울에서 패배 분위기로 뒤덮인 전선 부대들을 시찰하고자 의정부로 가는 길에서 남쪽을 향해 철수하던 한국군의 화물차와 충돌, 전복되어 목숨을 잃었다.

한국전쟁에 참전한 각국의 공식 기록을 통해 볼 때 워커 장군의 사망은 차량 사고에 의한 것임에는 틀림이 없으나 기존 공간사의 부정확함 때문에 다양한 주장들이 난무하게 되었다. 따라서 이 장에서는 워커의 사망에 대한 1차 보고서를 분석하여 그의 사고사에 대한 내용을 정확하게 파악하고자 한다.

워커의 생애와 군 경력

한국전쟁 초기 지연전술을 성공적으로 수행하고, 이후 낙동강방어선을 사수함으로써 인천상륙작전과 북진에 기여한 워커 장군의 군사적 재능은 매우 뛰어난 업적이었다. 하지만 국내외에 워커에 대한 인물사를 다룬 저서는 매우 희소하다. 전문 연구자가 기술한 저서 역시 현재까지 히프너$^{Walton\ Heefner}$의 저서뿐이다. 그만큼 워커는 한국전쟁사에서 거의 주목받지 못했던 인물이라고 평가할 수 있다. 여기서는 워커의 생애를 앞에서 언급한 연구서와 공식 기록을 통해 정리해 보자.

워커는 1889년 12월 3일 텍사스 중부의 벨튼이라는 조그만 소도시에서 출생했다. 그의 아버지는 샘$^{Sam\ Walker}$이었고, 어머니는 리디안$^{Lydian\ May\ Harris}$이었다. 워커의 아버지는 원래 텍사스 헌츠빌에서 이주해온 부유한 포목 상인이었다. 워커의 외할아버지인 심스$^{J.\ T.\ Sims}$는 1835년 텍사스로 이주하여 미 남북전쟁에서 남부군 대위로 종사하기도 하였다.

워커는 8살이 되었을 때 부모와 함께 뉴욕을 방문하고 허드슨 강을 따라 웨스트포인트의 미 육군사관학교를 방문한 후부터 자신의 목표를 '장군^{general}' 이외에는 전혀 생각하지 않았다. 벨튼의 그래마 학교$^{Grammar\ School}$를 졸업한 워커는 바로 벨튼에 있는 웨드마이어 군사학교$^{Wedemeyer\ Military\ Academy}$에 입학했다. 워커는 1905년 웨드마이어 학교를 졸업한 후 버지니아 렉싱턴에 있는 버지니아 군사학교$^{Virginia\ Military\ Institute}$에 입학했다.

버지니아 군사학교에서 미 육군사관학교에 입학하기 위한 준비를 갖추었음에도 불구하고 졸업이 가까워 오던 1906년 12월까지 나이가 17세가 되지 않아 추천장을 얻지 못하자, 워커는 뉴욕 하이랜드 폴스$^{Highland\ Falls}$에 위치한 브랜든 육사 예비학교$^{Brandon's\ West\ Point\ Preparatory\ School}$를 다녔다. 결국 이러한 노력 끝에 1908

년 육사에 입학했다. 재학시절 그를 가장 괴롭힌 것은 작은 키였다. 하지만 그는 이를 극복해 냈고, 1912년에 졸업하여 소위로 임관하였으며 능력 있는 장교로 성장했다.

그가 장교로서 겪은 첫 전투는 1914년 베라크루즈$^{Vera\ Cruz}$ 원정군의 일원으로 참전한 전투였다. 또한 1916년에는 퍼싱$^{John\ J.\ Pershing}$ 장군의 휘하로 멕시코로 원정하여 판초 빌라$^{Pancho\ Villa}$ 반군을 토벌했다. 이때 워커는 중위로 진급했다.

워커의 군 경력에서 전투 역량이 잘 발휘되었던 시기는 바로 제1차 세계대전이었다. 미국의 참전이 시작된 지 한달 후 워커는 대위로 진급했다. 미 원정군 제5사단의 제13기관총 대대 소속으로 참전한 워커는 이후 6년 동안 다양한 직책을 맡아, 임무를 완수해 냄으로써 상관으로부터 신임을 얻었다. 1920년 7월 1일 워커가 소령에 진급했을 때, 미군은 대대적인 '감축^{Slashback}' 프로그램을 가동했다. 따라서 그는 소령 계급으로 15년 동안이나 근무했다. 이후 오클라호마에 있는 포트 실$^{Fort\ Sill}$의 야전포병학교에서 근무한 후 육군사관학교 전술학장교$^{Tactical\ Officer}$라는 직책을 부여받았다. 이때 그는 캐롤라인$^{Caroline\ Victoria\ Emerson}$과 결혼하여 아들 샘$^{Sam\ Sims\ Walker}$을 낳았다.

캔사스의 포트 레벤워쓰$^{Fort\ Leavenworth}$에 위치한 지휘참모학교를 수료한 후 그는 중국으로 파견되어 텐진에서 1930년부터 1933년까지 제15보병연대 중대장으로 근무했다. 워커는 중국 근무를 자신의 생애에서 가장 유익하고 행복한 시기로 회상하며 자주 언급했다.

1935년 8월 1일 워커는 중령으로 진급했다. 중령 진급 이후 다양한 보직을 거친 후 전쟁부$^{War\ Department}$ 참모부의 전쟁기획국$^{War\ Plans\ Division}$에서 근무했다. 워커는 1940년 4월 14일 대령(임시)으로 진급했으며, 1941년 7월 10일에는 준장(임시)이 되었다. 그리고 제2차 세계대전이 발발하자 곧 제3기갑여단장 직책을 맡으며 소장(임시)으로 진급했다. 1942년 8월에는 제4기갑군단장을 맡으며 캘리포니아의 캠프 영$^{Camp\ Young}$에서 자신의 기갑군단을 엄격하게 훈련시켰다. 이후 그의 한 부하는 "고된 훈련으로 인해 실제 전투에 참가했을 때는 너무 쉬워 보였을 정도였다."고 회상했다. 워커는 1943년 10월 제20군단장으로 임명되었고, 이 군단은 패튼이 지휘하는 제3군 산하에서 가장 유명한 '고스트 군단'으로 활약했다. 워커의 군단은 노르망디 교두보에서 프랑스와 독일을 횡단하여 오스트리아까지 진격했다. 특히 1945년 2월에는 지그프리트 방어선을 돌파하여 자르^{Saar}와 트리에르^{Trier}까지 진격했다. 1945년 4월 27일에는 나치의 유대인 대량학살의 근거지였던 부켄발트 수용소$^{Buchenwald\ Camp}$를 해방시켰다.

한국전쟁 시기 그의 개인 비행사였던 린치$^{Eugene\ M.\ Lynch}$ 중령에 따르면 군내의 평판에서 워커는 제2차 세계대전의 가장 뛰어난 군단장 3명(콜린스, 리지웨이, 워커) 가운데 한 명이었다고 한다.

제2차 세계대전이 끝나자 워커는 중장으로 진급했으며 본국으로 귀환하여 댈러스에서 제8지원군 사령관, 1948년 시카고에서 제5군 사령관을 역임하다가 1948년 9월 아이켈버거$^{Robert\ L.\ Eichelberger}$의 후임으로 일본점령군인 제8군 사령관으로 부임하였다.

한국전쟁의 발발과 워커의 활약

한국전쟁이 발발하자 워커는 1950년 7월 13일 한국에 도착하여 대구에 제8군 전방지휘소를 설치하고 임무를 수행하며 한국전쟁에서 미군 야전 지휘관으로 활약했다.

대부분의 지휘관들이 전투에 돌입할 때 자신의 참모진이나 고급 장교를 스스로 선발하지만, 워커의 경우는 불가능했다. 워커가 이끄는 제8군의 전투 무기도 거의 폐품수집소에 널려 있는 장비였다.

전쟁 수행에서 워커에게 가장 큰 문제는 지휘 체계였다. 맥아더는 제8군 사령부의 요구사항을 묵살했고, 워커는 계급이나 경험에서 아래인 알몬드 Edward M. Almond 소장에게 무시당하고 있었다. 워커는 교활하고 거만하게 행동하는 알몬드를 매우 싫어했다. 워커의 참모들은 알몬드를 이아고(셰익스피어 소설에 나오는 교활한 인간)로 불렀다. 워커는 자신이 도쿄의 극동군사령부로부터 지시를 받을 때 맥아더가 아니라 알몬드가 자신의 의견을 제시하는 것으로 의심하기도 하였다.

1950년 7월 26일 워커는 알몬드에게 자신이 전략적 입장에서 사령부를 부산으로 이전할 것이라고 통보했다. 하지만 알몬드가 어떻게 상신했는지 7월 27일 맥아더가 한국에 와서 자신과 대화할 때 방어선을 견고히 하기 위해 후퇴가 필요하다는 것을 알면서도 '후퇴 불가'를 명령하는 것을 알고 당황했다.

휘하 군사령부와 부사령관의 부재로 인해, 워커는 제2차 세계대전 때 프랑스를 열정적으로 횡단하던 시기에 그가 구사한 기술을 기억하며 개인 훈련을 통솔하기 위한 방법을 마련했다. 이것은 두 가지 단계로 이루어졌는데, 첫째는 적의 기동을 예측하기 위해 필요한 중요 정보를 식별(확인)하는 것과 둘째는 전선을 좌우할지도 모를 주요 전투에 대한 결정을 내리는 것이었다. 첫 번째는 제8군 정보 참모들이 적의 암호를 판독함으로써 간단하게 해결되었다. 두 번째는 어려운 과정이었는데, 제8군의 생존은 위협에 대한 정확한 평가뿐만 아니라 위협에 대응할 적절한 작전을 실행할 수 있는지에 달려 있었기 때문이다. 워커는 정보참모부로부터 필요한 정보를 얻으며 지프나 비행기로 주요 전투 지역을 종횡무진 누비며 상황에 대처했다.

낙동강 방어선에서 북한군과 치열한 전투를 치르고 있던 워커에게 미 해병부대의 차출은 매우 힘든 결정이었다. 그러나 상관인 맥아더의 지시에 따라 해병부대가 전선에서 이탈한 후 워커는 북한군의 공격을 막아내느라 더욱 동분서주했다. 다행히 인천상륙작전이 성공함으로써 낙동강 방어선에 대한 북한군의 압력이 약화되었고, 공격으로 전환할 수 있었다.

워커와 개인적으로 군사작전에 대해 토의한 것으로 알려진 그의 전용 비행사인 린치에 따르면 인천상륙작전에 대한 워커의 입장을 간접적으로 확인할 수 있다. 린치는 인천상륙작전에 대해 다음과 같이 언급했다.

기술적^{Technically}으로 인천상륙작전은 매우 뛰어났다. 그러나 전술적^{Tactically}으로 인천상륙작전에 군사적 목적보다 정치적 가치가 우선시 되었을 때 그 가치가 훼손되었다. 미 해병대는 서울을 우회하여 적군을 고립시키기를 원했다. 대신에 미 해병대는 북한의 침공 후 3개월이 되는 9월 25일까지 서울을 탈환하라는 명령을 강요받고 있었다. 전략적^{Strategically}으로 인천은 실패였다. 북한 최강의 전투부대는 부산방어선에 집결해 있었고 포화상태에 있었다. 9월 1일부터 북한군은 총공격을 감행했고, 14일경에는 그들의 공격력이 약화되어 오히려 낙동강 전선에 전력을 쏟아 붓던 북한군을 공격했어야 했다.

인천상륙작전 후, 제8군 사령관인 워커는 남동쪽을 우회하여 서울을 공격하라고 지시받았다. 이는 중부회랑지역^{central corridor}을 포기하는 것이었다. 워커는 이를 알았지만 아무것도 할 수 없었다.
린치에 따르면 워커의 계획은 다음과 같았다. 첫째로는 제10군단을 제8군에 통합하여 동쪽과 북쪽으로 공격하여, 38선 접경지역의 방어선을 점령한다. 다음으로 두 번째 단계는 38선에 평행하게 제대를 배치하여 협동 공격 하에 평양과 원산으로 진격한다. 평양-원산 선에 다다르면 최적의 방어선을 구축한 후 미군과 중국 국경 사이에 완충지대를 설치한다는 것이다. 하지만 이러한 워커의 계획은 맥아더사령부가 무시했고, 맥아더는 국경선으로 진격하라는 명령을 내렸다. 이때의 3주간의 낭비는 무책임한 계획 때문이었고, 이 시기는 전쟁의 전환점이었다고 린치는 주장했다.
중공군이 개입했을 때, 자칭^{self-appointed} 아시아 전문가라고 하는 맥아더는 무지했다고 린치는 언급하며 그의 견해는 구식이었다고 혹평했다. 중국에게 한국의 완충지대가 얼마나 중요한지에 대해 맥아더는 이를 잘못 인식했다는 것이다.

하지만 11월 24일 워커에게는 자신의 전선에 완충지대가 없었다. 제8군과 제10군단은 분리되었고, 상호간의 적절한 지원도 불가능했다. 만일 워커의 의견이 받아들여져 평양-원산의 라인에 방어선을 구축했다면, 제8군이 남쪽으로 철수할 필요는 없었을 것이라고 린치는 의문을 제기했다. 또한 결국 워커와 스미스(해병 제1사단장, 소장)의 기량과 주도적 역할이 재앙을 막았다고 평가했다.

자료를 통해 본 워커 죽음의 진상

다음으로는 자료를 통해서 사고의 진상을 밝혀보고자 한다. 먼저 사고 당일의 일정에 맞추어 살펴보자.

1950년 12월 23일 오전 10시 경, 워커 중장은 부관인 타이너[Layton C. Tyner] 중령을 대동, 벨튼[George Belton] 상사가 운전한 지프차를 타고 서울 북쪽 25마일에 위치한 의정부 근처의 제9군단 산하 제24사단 전투지휘소를 찾아가기 위해 나섰다. 여기에는 사령관 경호원인 리난[Francis S. Reenan] 병장도 함께 수행했다. 워커 장군의 차량 후미에는 무장을 한 1/4톤 1대가 경호차량[escort guards]으로 함께 이동했다. 이 차량에는 3명의 제502정찰소대(502d Reconnaissance Platoon) 소속 대원이 탑승하고 있었다. 알려진 바와 달리 당시 날씨는 매우 좋았다.

날씨는 매우 맑았고, 도로 상태는 매우 건조했으며, 도로 위에는 군 차량을 포함한 탱크와 우마차 및 도보로 통행하는 민간인 등이 있었다.

사고 당시 지프 차량은 알려진 바와 같이 워커 장군이 직접 운전한 것도 아니고, 과속으로 운행 중이지도 않았다. 조사보고서에 따르면 당일 이동 중 워커 장군이 탑승한 차량의 속도는 시속 25~30마일(40~48km)이었다. 더욱이 사고 직전 도로 왼쪽에 서울 방향으로 주차되어 있는 트럭 때문에 지프의 속도는 시속 18~20마일(29~32km) 수준이었다. 따라서 과속으로 인한 교통사고는 우선 워커 장군 사망의 직접적인 사인은 아닌 것이다.

워커 장군이 탑승한 지프와 직접 충돌을 일으킨 것은 국군 제6사단 제2연대의 차량으로 당시 운전자는 수송부 정비대 민간고용인이었던 박경래(당시 27세)였고, 동승자는 이국순(당시 21세), 박종한(당시 24세), 정만수(당시 29세)였다. 사고 장소는 경기도 양주군 노해면 도봉리 3구(당시 주소)로 현재의 서울시 도봉구 도봉동 596-5로 비정^{比定}하고 있다.

사고 직후 부상당한 워커는 타이너의 지시로 돈린^{Eugene J. Donlin} 상병과 롱^{Alfred F. Long} 상병이 운반하여 호위 차량 뒷좌석에 뉘인 후 후송되었다. 당시에 워커의 상태는 확인되지 않았다. 타이너는 부상당한 몸으로 앞좌석에 앉아 당시 사고지점 북쪽 4마일에 있던 미 제24사단 야전 환자치료소$^{Clearing\ Station}$로 워커를 후송하였다. 그곳에서 군의관 헨드릭스$^{Edward\ L.\ Hendricks}$ 대위가 워커의 상태를 진찰했고, 1950년 12월 23일 오전 10시 50분에 공식적으로 사망을 확인했다.

운전수인 벨튼 상사와 리난 병장도 24사단 야전 환자치료소에서 부상 치료를 받았다. 타이너 중령과 리난 병장은 앰뷸런스로 후송되었고, 벨튼 상사의 부상이 심각하여 헬리콥터로 부평에 있는 애스콤시티$^{Ascom\ City}$에 위치한 제8055 이동외과병원(Mobile Army Surgical Hospital)으로 후송되었다. 워커의 유해는 영현처리 포대에 안치되었고, 약식으로 종교 의식이 목사의 주도 아래 거행되었다.

당시 사고 내용을 간략히 정리하면 다음과 같다. 12월 23일 오전 10시 30분 경 도봉리 3구 길에서 북쪽으로 향하던 워커 장군 탑승 지프가 남쪽으로 향하던 제6사단 3/4톤 트럭 차량의 측면 충돌로 전복한 것이다. 즉 당시 도로 왼편에 나란히 주차되어 있던 차량 5대 가운데 4대는 트럭이었고 맨 마지막에 지프가 있었다. 그 가운데에 4번째에 주차되어 있던 당시 사고 차량이 전방에서 달려오던 지프를 보지 못하고 도로 한 가운데로 나오며 왼쪽 범퍼로 지프 차량의 왼쪽을 들이 받은 것이다. 이로 인해 지프차량은 몇 차례 전복되었고, 워커 장군은 차량에서 충격으로 튀어 나와 머리를 크게 다쳐 출혈로 사망에 이르게 되었다.

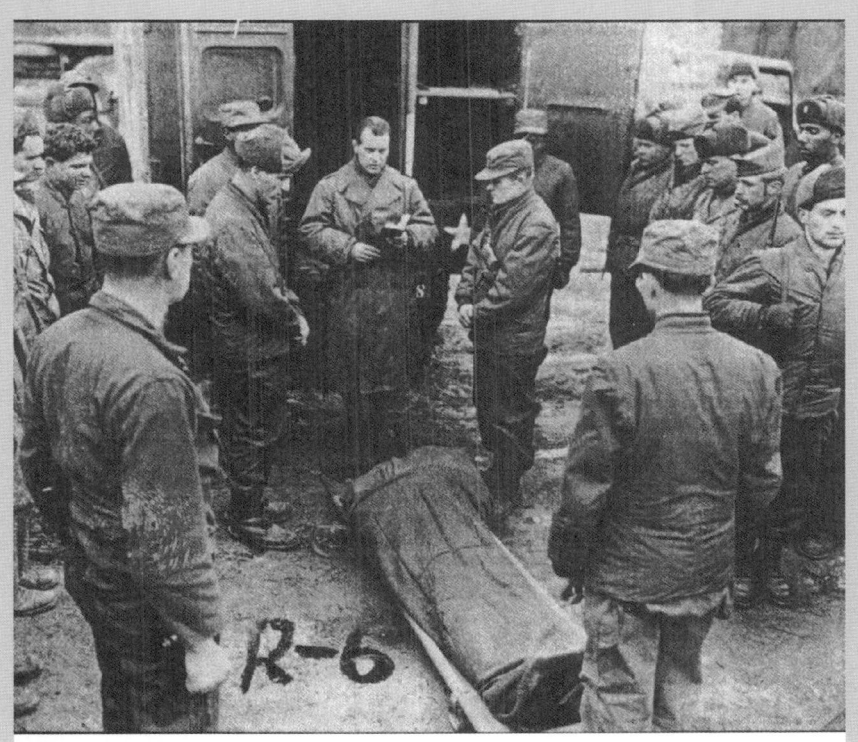

미 제24사단 전사자 영현처리 포대에 놓인 워커의 시신 ⓒ NARA

워커 장군이 사망하자 미군 범죄수사대는 바로 사고 경위 파악에 착수했다. 제51범죄수사대(51th Criminal Investigation Division)의 헨슨과 플레이시 요원은 당일 밤부터 다음날 24일 오전까지 운전수인 박경래를 포함한 동승자 전원을 심문했다. 혹시 이들이 공산주의자들은 아닌지 하는 점과 사고 경위를 조사하기 위해서였다.

한국군에 대한 범죄수사대의 조사

워커 장군이 사망하자 미군 범죄수사대는 바로 사고 경위 파악에 착수했다. 제51범죄수사대(51th Criminal Investigation Division)의 헨슨James A. Henson과 플레이시William B. Fleisch 요원은 당일 밤부터 다음날 24일 오전까지 운전수인 박경래를 포함한 동승자 전원을 심문했다. 혹시 이들이 공산주의자들은 아닌지 하는 점과 사고 경위를 조사하기 위해서였다.

먼저 운전수인 박경래에 대한 조사가 이루어졌다. 박경래는 당시 27세로 직위는 국군 제6사단 제2연대 수송부 정비대의 수리공이었고, 1950년 9월부터 근무했다. 운전 경력 2년으로 운전면허는 없었는데, 본인의 진술에 따르면 운전면허 시험을 보지 않은 것으로 확인되었다. 트럭 운전수가 박경래에게 자신이 수리한 3/4톤 트럭의 도로 주행 테스트를 요청했고, 따라서 그가 대신 운전한 것이다.

> 조사관 : 음주 운전인가?
> 박경래 : 술은 마시지 않았다.
> 조사관 : 사고시간은 언제인가?
> 박경래 : 정오쯤이다.
> 조사관 : 사고 장소는?
> 박경래 : 경기도 노해면 도봉리 3구이다.

워커 장군이 탑승했던 차량의 사고 직후 모습 © NARA

박경래의 진술에 따르면 옆면 도로 상황은 볼 수 있었으나 전방은 볼 수 없었다고 하였다. 이때 당시 동승자는 같은 부대에 고용된 한국인으로 박종한, 이국순, 정만수 등이었는데, 이국순은 조수석에 나머지 2명은 뒷좌석에 탑승하고 있었다.

최종적으로 박경래에 대한 신원조사 보고서에 따르면 형사사건, 경범죄를 포함하여 범죄사실의 기록이 전혀 없음이 확인되었다. 따라서 제51범죄수사대는 박경래의 진술을 검토한 결과 그를 처벌하지 않기로 결정했다. 특이사항으로 이전에 그는 춘천 자동차회사 근로자로서 춘천시의 대한청년단원으로 활동했다는 점이 밝혀졌다. 따라서 공산주의자로서의 혐의 사항은 없는 것으로 확인되었다. 더욱이 이전 직장에서의 근무 성적도 매우 우수한 것으로 나타났다.

박경래의 조사에 이어 차례로 이국순과 박종한, 정만수 등의 조사가 이어졌다. 당시 조수석에 타고 있던 이국순은 21세로 사고 시간은 대략 12시로 추정하고 있었다.[46] 이국순에 대한 조사에서도 박경래와 거의 같은 진술이 확인되었다. 그에 대한 신원조사에서도 형사사건, 경범죄를 포함하여 범죄사실의 기록이 전혀 없는 것으로 확인되었다. 이국순 역시 1950년 9월 제6사단의 정비공으로 고용되었다. 이전에는 강원트럭회사의 운전수로 또한 태영 택시 회사에서 보조 운전수로 근무한 경력이 있었다.

뒷좌석에 타고 있던 박종한과 정만수의 조사에서도 둘은 사고 시간을 대략 정오로 추정하고 있었고, 진술에서도 앞의 2명과 거의 비슷한 의견을 진술했다. 박종한은 당시 24세로 1950년

7월에 징병령에 의해 운전수로 동원된 인물로 공산주의자로서의 혐의는 없었다. 정만수 역시 형사사건, 경범죄를 포함하여 범죄사실의 기록이 전혀 없고, 춘천시 대한청년단원으로서 공산주의 혐의를 조사했으나 혐의 없음으로 확인되었다.

결국 이들 4명에 대한 조사 결과 특별한 혐의는 발견되지 않았다. 이들은 국군 헌병감 장창국 준장의 보호 아래 신병이 인도되었다.

미군 동승자에 대한 범죄수사대의 조사

한국군에 대한 조사 이후 당시 워커 장군과 동승한 인물들에 대해서도 조사가 시작되었다. 이들에 대한 조사는 부상과 수술로 인해 지연되다가 1951년 1월 2일 도쿄의 군병원에서 제8군 감찰장교 호톤$^{Roy\ W.\ Horton}$ 중령에 의해 이루어졌다. 먼저 당시 워커 장군의 부관인 타이너 중령에 대한 조사 결과를 살펴보자.

타이너 중령은 워커 장군의 부관으로 워커가 미 제8군 사령관에 임명된 1948년 이후 2년 5개월 정도 근무하였다. 타이너는 심각한 부상에도 불구하고 워커 장군을 병원으로 후송시키는데 주도적 역할을 하였다. 그의 증언에 따르면 당시 사고 경위는 다음과 같다.

서울의 제8군 사령부를 출발하여 제1군단 사령부와 제24사단 사령부를 방문할 예정이었다. 서울 북쪽 약 10~11마일의 한 마을을 통과할 때 주차되어 있던 트럭과 차량을 목격하였다. 차량 운행 속도는 25~30마일 정도였다. 정확하지는 않지만, 사고 당시를 회상하면 3.4톤 차량-한국인 운전병이었던 것 같음-이 주차된 2대의 차량 뒤에서 출발했다. 그 트럭은 왼쪽으로 우리 차량의 왼쪽 뒷부분을 충돌하였다. 사고 후 나는 처치 장군의 부관인 하트 중령에게 쿨터^{Coulter} 장군과 처치^{Church} 장군 및 콜리어^{Collier} 대령을 즉시 불러달라고 말했다. 사고 시간은 대략 10:30~40분 사이였다.

타이너 중령은 당시 노면 상태가 매우 건조하고 얼어 있었다고 증언했다. 그러나 당시 운전수였던 벨튼 상사에 대한 조사는 타이너 중령의 조사에서 얻어진 내용과 다소 차이가 있었다. 즉 어디를 방문할 예정이었는지, 그리고 당시의 도로상태, 충돌 상황에 대한 설명 등에서 차이가 있다.

벨튼 상사는 워커가 한국에 온 1950년 7월부터 전용 운전수로 근무했다. 당시 사고에 대한 그의 진술에 따르면 오전 10시에 출발하였고, 목적지는 미 제9군단과 제24사단이었다.

군 전용 지프는 2대가 있었는데 1호차는 수리 중이라 2호차를 사용하였다. 속도계가 고장 나서 정확히는 알 수 없지만 나는 속도를 대략 30마일로 줄여서 운행하였다. 장군은 내게 24사단을 가는 것이 급한 것이 아니기 때문에 천천히 운행하라고 말하였다.

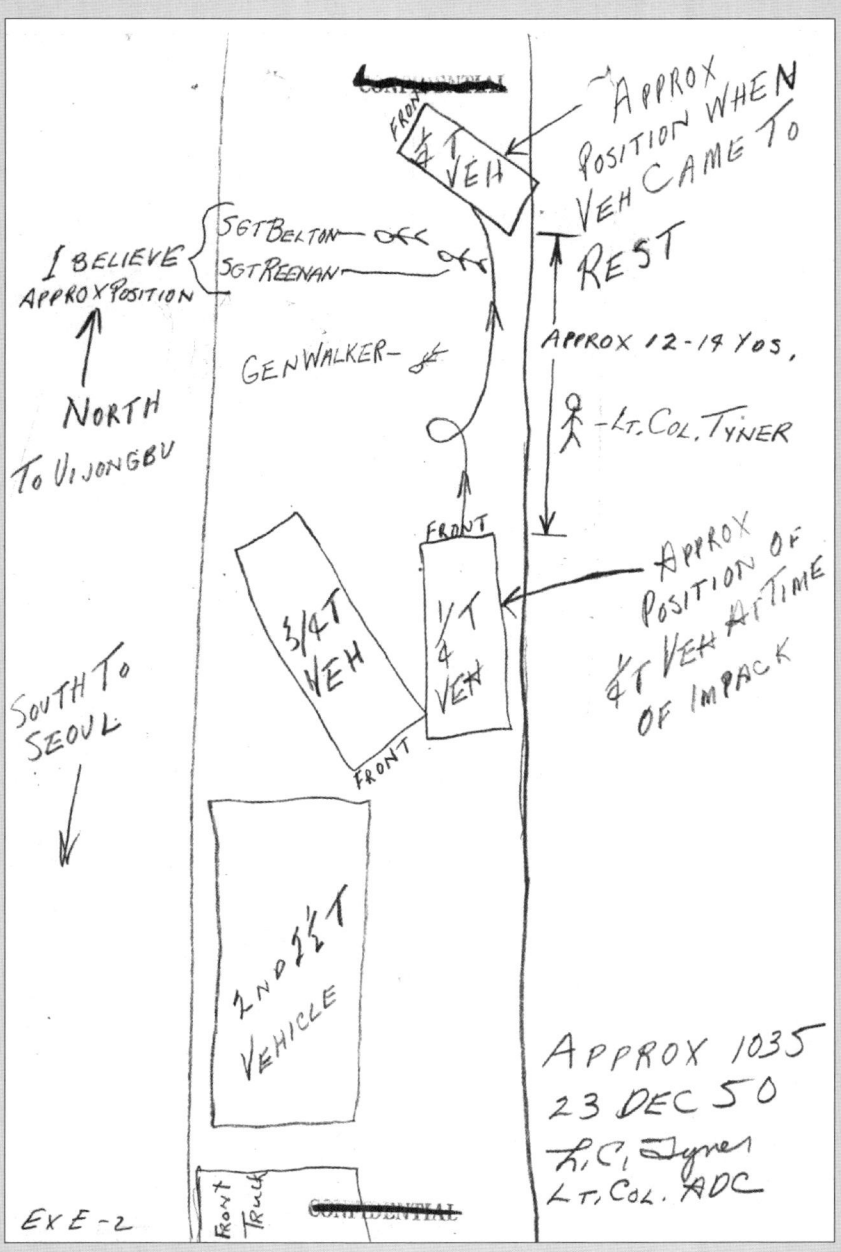

타이너 중령이 직접 작성한 사고 당시 상황 스케치 © NARA

벨튼은 워커 장군 기사로 8년을 일했다. 그는 유럽에서도 워커 장군의 전용 기사였다. 마지막으로 벨튼은 운전하는 동안 사고 순간에 가장 저속으로 운행했다는 점을 강조했다. 일정상 크리스마스를 아들인 샘 워커 대위와 함께 보내기로 했으므로 서두를 일이 없었다는 점이다.

조사관 : 지프차의 왼쪽 면이 충돌되었는가?
벨튼 상사 : 확실하지는 않지만, 오른쪽 측면이었다. 정확하지는 않지만 당시 속도는 분명히 느렸다.
조사관 : 노면이 빙판이었나?
벨튼 상사 : 그렇지 않았다.
조사관 : 그럼 노면이 얼어 있었나?
벨튼 상사 : 그렇지 않았다.

다음으로는 워커 장군의 경호원으로 같은 지프차에 동승했던 리난 병장을 조사했다. 리난은 1년 정도 경호원으로 활동한 인물로 이전에는 요코하마에서 의장대원으로 근무했다.

9시 15~30분 사이에 차량에 탑승했다. 약 35마일 정도의 속도로 주행 중이었고, 충격 이후 정신을 잃었다. 정신이 들어 주변을 돌아보니 타이너 중령이 지프 차 뒤에 쓰러져 있었다. 나중에야 워커 장군을 보았으나 상태는 확인할 수 없었다. 다리가 부러졌고, 도로에 누워 있었기 때문이다. 도로에서 나는 장군

옆에 쓰러져 있었고, 타이너 중령은 바로 오른쪽에 있었다. 그러나 벨튼 상사는 보지 못했다. 도랑에서 일어나지 못하던 타이너 중령이 뒤따라오던 호위 차량에 소리를 질렀고, 곧이어 호위병들이 워커장군을 경호 차량에 이송하였다.

워커 장군과 동승한 3명에 대한 조사 결과 자동차 사고에 대한 특이 사항은 발견되지 않았다. 혹시 모를 적의 공격과 기습에 따른 사고가 아니라 교통사고라는 단순 사고였다.

그러나 우리는 벨튼의 진술이 타이너 중령과 미세한 부분에서 차이가 있음을 확인할 수 있다. 우선 방문 목적지가 9군단과 1군단으로 달랐고, 충돌이 일어난 부분이 오른쪽과 왼쪽으로 일치하지 않았다. 하지만 조사당국은 사고 직후의 심문에서 나타난 정신적 상태 때문에 두 사람 진술의 신빙성을 어느 정도 인정하며 그 차이를 중시하지 않았다.

이들 3명은 교통사고로 인해 중상에 가까운 부상을 입었다. 먼저 타이너 중령이 가장 큰 부상을 입었는데, 그는 오른쪽 대퇴골 및 경골 골절 및 복합 내상으로 우측 다리 괴사 조직 제거술 및 오른쪽 무릎 인대 봉합술을 받았다. 벨튼 상사 역시 골반 타박상, 치골 내외부 골절 및 요도관 및 방광 파열이라는 중상을 입어 방광주설치술 및 방광 및 요도 수술을 받았다. 반면에 리난 병장만은 두골 및 양쪽 다리 타박상이라는 경상을 입고 치료를 받았다.

호송차량과 군의관에 대한 조사

제51범죄수사대는 이미 12월 25일 워커 장군의 차량을 뒤따르던 호위 차량 병사들도 조사했다. 당시 워커 장군의 호위는 제502정찰소대(502d Reconnaissance Platoon)가 담당하고 있었다. 당시 호위 차량에는 롱[Alfred F. Long] 하사, 돌린[Eugene J. Donlin] 병장, 설리번[Emerson A. Sullivan] 병장 등이 탑승하고 있었다.

롱 하사는 사고 당시 자신들의 차량은 20마일 정도의 속도였고, 오히려 장군의 차량이 15~16마일 정도의 속도였다고 증언했다. 즉 워커 장군의 차량이 과속에 의한 사고는 아니라는 목격담이었다. 돌린 병장의 증언에서 정황이 드러나는데, 사고 당시 도로가 휘었기 때문에 감속했다는 것이다.

우리는 25~30마일 정도로 운전하고 있었다. 특히 사고 직전에는 도로 왼쪽 편에 3/4톤 트럭이 주차해 있었고, 도로 역시 약간 휘었기 때문에 20마일 정도로 감속했다.

나머지 동승자인 설리번 병장 역시 운전 속도는 20마일 정도의 속도였고, 사고 시간은 대략 10:45정도라고 밝히며 동승자인 롱 하사 및 돌린 병장과 유사한 진술을 하였다.

마지막으로 범죄수사대는 워커 장군의 최후를 감식했던 야전병원진료소의 헨드릭스[Edward L. Hendricks] 대위를 조사했다. 헨드릭스 대위에 따르면 병원에 도착했을 때 장군이 이미 사망한 상태였다고 진술했다.

그러나 청진기로 심장 박동소리를 들을 수 있도록 병원 안 막사로 장군의 유해를 이동하기 전까지는 사망을 공식적으로 확인할 수 없었다. 따라서 나는 10:50분 경 공식적으로 그의 사망을 확인했다.

범죄수사대의 최종 결론

이로써 모든 사고 당사자들에 대한 조사를 마친 범죄수사대는 사고를 차량사고로 확정하였다. 결국 미 제8군 감찰부대장 호톤 중령은 감찰 결과 최종 결론을 다음과 같이 정리하였다.

1. 1950년 12월 23일 10시 30분 워커 중장은 서울과 의정부 사이의 도로상에서 발생한 사고로 인해 사망했음. 그가 탑승한 차량은 한국군에 고용된 민간인이 운전하는 3/4톤 트럭과 충돌하였음.
2. 동승한 워커 장군의 전속 부관인 타이너 중령과 운전수 벨튼 상사, 경호병 리난 병장은 부상을 입고 입원하였음.
3. 워커 장군이 탑승한 1.4톤 차량(지프)은 심하게 훼손되었음.
4. 제6사단 차량의 운전수와 동승자는 부상당하지 않고, 차량 (3/4톤) 손상도 경미했음.

5. 사고 책임은 판별할 수 없음.
6. 제제 조치는 없을 것임.

이로써 워커의 사인에 대한 논란은 당시 기록에 의해 해명되었다. 애플맨은 자신의 저서에서 워커의 사고사에 대한 정확한 기록이 존재하지 않는다고 밝혔으나 사고 직후 미 제8군은 감찰부대와 범죄수사대를 통해 상세히 조사했고, 이를 기록으로 보존했다.

워커와 워커힐

1962년 2월 한 신문기사에 따르면 성동구 광장동에 워커힐 건설을 위한 국제관광공사법이 제정될 것이라고 보도했다. 이 워커힐에는 주로 유엔군 및 외국인을 상대로 하는 호텔 및 오락시설이 준비되었다.

한강 줄기를 따라 광나루 일대를 한눈에 바라볼 수 있는 곳에 자리 잡은 이 시설은 5억 6천여 만 원의 예산을 들여 약 19만 평의 대지에 도합 36동의 건물을 세우게 된다. 한국동란 중 이 땅에서 전사한 고 'W. H. 워커' 장군을 기념하기 위해 '워커힐'로 이름 지은 이 관광지대에는 골프, 승마, 옥내외수영장, 볼링, 나이트클럽 등 각종 오락시설에 한국의 독특한 냄새를 풍길 수 있는 '한국민속관'도 갖추어져 있다.

지금도 한강을 따라 강변북로를 지나가다 보면 동쪽 끝에 특급 호텔이 자리하고 있다. 대부분의 사람들이 이 호텔을 워커힐로 기억하지만 이름이 생기게 된 유래에 대에서는 잘 모르고 있다.

한국전쟁에서 지연작전을 통해 낙동강 방어선이라는 성공적인 철수작전을 이끌고 이어 북한군의 총공세에 맞서 최후 방어선을 지켜냈으며, 인천상륙작전과 함께 낙동강 방어선을 돌파, 북한군이 점령했던 대부분의 피점령 지역을 탈환하여 북진의 발판을 마련한 야전군 지휘관 워커에 대한 기억은 거의 사라지고 없다.

더욱이 그의 죽음을 둘러싼 논란도 역시 부정확한 기술로 인해 북한의 그릇된 역사적 왜곡에 이용되고 있다. 따라서 이 글이 갖는 의미는 워커의 죽음에 대한 해명도 중요하지만, 더욱 중요한 것은 워커의 죽음을 둘러싼 논란을 어느 정도 해소할 수 있다는 것이다. 자칫 워커의 속도에 대한 광적인 집착으로 인해 과속으로 운전하여 사고가 났다는 설명이나, 자신이 직접 과속으로 차를 운전함으로써 사망에 이르렀다는 주장은 더 이상 설득력이 없다. 또한 북한의 공식 전사에서 주장하는 특공대의 대전차지뢰 매설을 통한 워커 장군 공격은 더더욱 설득력이 없음을 알 수 있다.

7장

미국의 한국정부 해외 이전 계획

1951년 1월 중공군의 제3차 공세에 따라 유엔군은 다시 38선 이남으로 후퇴했다. 이때 미국과 유엔군은 한국정부의 해외 이전 계획을 구체화하기 시작했다. 대략적인 구체안은 12월 28일 미 국무부에서 마련했다. 당시 계획은 철수시킬 한국인들의 예상 인원을 대략 5만여 명으로 예측하고 있었다.

전쟁의 영향 가운데 가장 큰 비극은 아마도 전쟁 당사자가 패망하여 없어지거나, 자국의 영토를 지키지 못한 채 망명정부로 전락하는 것이다. 잘 알려져 있다시피 제2차 세계대전 시기 프랑스는 독일군에게 영토가 함락되었지만, 드골을 중심으로 하는 망명정부가 연합국과 공조 속에서 다시 영토를 회복하고 정부를 환도하는 임무를 완수하기도 하였다.

한국전쟁기 한국정부의 해외 이전 계획도 여러 차례 준비되었다. 그런데 이러한 망명계획은 한국정부 내에서 비계획적으로 흘러나오는 것도 있었지만, 대부분은 미국의 주도로 준비되고 있었다. 당시 유엔군의 주축 국가로서 전쟁을 수행하고 있던 미국은 공산 진영과 제3차 세계대전이 발발할 경우에 대비하여 한국정부의 철수계획을 준비하고 있었다.

이번 장에서는 중공군의 대규모 참전 이후부터 나타난 유엔군의 한국정부 이전계획에 대해 구체적으로 소개 인원, 소개 대상지역 및 관련 문제 등을 당시 미 국무부 자료 및 극동군사령부 문서를 통해 추적하고자 한다.

한국정부 해외 이전 구상의 출현과 미국의 대소 비상계획

미 국무부 외교관계 문서에 따르면 전쟁이 발발하고 며칠이 지난 6월 27일 오전 7시 국무총리 서리인 신성모가 주한 미국대사인 무초[John J. Muccio]를 방문하여 이승만 대통령의 근황을 설명했다. 신성모는 이승만 대통령이 새벽 3시에 진해로 향했으며, 행정부는 특별열차 편으로 오전 7시에 남쪽으로 피난할 것이라고 알려주었다. 그는 이때 추가적으로 국무회의의 결정을 알려주었는데, 군의 전권은 채병덕 총참모장에게 부여하였고, 라디오 방송을 통해 국민들에게 집 안에 있을 것과 탱크가 오더라도 침착하게 대응할 것을 알려주었다고 밝혔다.

또한 무초는 신성모가 대통령을 포함한 행정부가 일본으로 이전하여 '망명정부'를 수립할 수 있는지를 문의하였으나, 그는 "나는 아무런 언질도 주지 않았다."고 워싱턴으로 보내는 보고서에서 언급했다. 이것이 전쟁 초기에 나타난 한국정부 해외 이전 계획의 최초 언급이었다. 그러나 자료에서도 확인되듯, 무초는 이에 대해 어떠한 언급을 하지 않고 있으며 구체적인 내용도 없었다.

그런데 근래에 들어와 신뢰성에 의문이 가는 주장이 제기되어 논란이 일기도 했다. 일본방위연구소 전사연구센터장(당시 전사부장)인 쇼지 준이치로^{庄司潤一郎}가 2006년 3월에 발표한 '한국전쟁과 일본의 대응 -야마구치 현을 사례로-'라는 논문에서 2000년에 발간된, 1950년대 야마구치현^{山口縣} 지사로 재임했던 다나카 타쓰오^{田中龍夫}의 평전을 근거로 당시 야마구치 현사를 보충하여 한국전쟁 발발 초기 한국정부가 6만 명을 야마구치 현에 소개하고 망명정권을 수립하려 했다고 주장했다.

쇼지의 글에 따르면 야마구치 현 지사였던 다나카는 한반도의 전쟁 발발에 대해 촉각을 곤두세우고 이러한 전세를 파악하기 위해 야마구치 현에 '조선정보실^{朝鮮情報室}'을 설치하여 정보파악에 주력하였다. 그리고 1950년 6월 21일 북한의 남한 침공 가능성을 탐지, 이를 요시다 수상에게 보고했다는 것이다.[5] 대한민국 정부가 야마구치 현에 망명정부 설립을 요청했다는 내용은 다음과 같다.

한국전쟁 발발 이후 북한군이 6월 28일 서울에 입성한 후로 한국정부는 수도를 대전, 대구 다시 부산으로 이전했고, 8월 하순에는 낙동강으로 도하했던 북한군이 한국의 대부분을 장악하고 부산 앞까지 도달하고 있었다. 이때 외무성으로부터 '한국정부는 6만 명의 망명정권을 야마구치 현에 설치하는 것을 희망하고 있다'는 전보를 입수하였다. 하지만 야마구치 현에서는 시설, 숙사 등 당시 현민^{縣民}에 대한 배급도 15일 이상 부족하고 특히 군인의 귀환, 시모노세키 등으로부터의 귀환자가 계속 증가하므로 6

만 명 분의 식량을 확보하는 것은 곤란하다고 밝혔다는 것이다.

하지만 이러한 구상은 유엔군의 인천상륙작전 성공으로 인해 소멸했다는 것이 이 논문의 주요 골자였다. 그런데 쇼지 본인도 위 논문에서 밝혔듯이 다나카 지사는 일개 지사^{知事}의 지위로서 전쟁 발발 이전부터 한반도 정세를 파악하고 있었고, 또한 전쟁 발발 이후에는 도쿄로 상경, 각료간담회에 출석하여 한반도 정세, 즉 전쟁발발까지의 경위, 금후의 전국^{戰局}에 대한 견해 등을 밝혔는데 이를 두고 몹시 이례적인 것이라고 지적했다.

현재 확인할 수 있는 사료를 통해 보았을 때 당시 미국은 전쟁이 발발할 경우 비상계획을 수립하고 있었고, 한국정부는 당시 특별한 계획을 수립하고 있지 않았으며 이에 대한 비상계획을 미국에 문의하였지만, 무초로부터 어떠한 언질도 받지 못했다.

그런데 여기에서 주목할 것은 일본정부의 대응 문제이다. 엄밀히 말해 일본정부는 1952년 4월 샌프란시스코 조약이 발효될 때까지는 연합국최고사령부총사령관$^{GHQ/SCAP}$의 통치 아래에 존재했던 피점령국의 상태였다. 따라서 일체의 외교적 사무를 할 수 없었고, 단순히 전후 처리(자국민의 귀환, 승전국에 대한 보상, 배상 등)만을 취급할 수밖에 없는 상태였다.

따라서 한때 논란이 되었던 야마구치 현에 대한 한국의 망명정부 설치 구상은 그 계획 수립의 실체적 진실 자체에도 문제가 존재한다. 따라서 이러한 주장은 전후 맥락과 함께 상세한 추가 분석이 필요하다. 설령 그러한 계획이 존재했다 하더라도 이것은 미국이 북한의 남침을 소련의 제3차 세계대전으로 인식하고 이를 반격하고자 하는 비상계획의 일환이었을 가능성이 있는 것이다.

단지 이러한 소동은 북한군의 남침으로 인해 당시 한국정부가 얼마나 당황하고 있었는지, 그리고 북한군의 38선 이남으로의 공격이 당시에도 얼마나 예측 불가능한 사건이었는지를 증명해주는 것으로 한때 북침설 내지는 남침유도설이 전혀 근거가 없음을 반증해 준다고 할 수 있다.

한편 미국 정부는 소련의 세계 정복을 위한 3차 세계대전 도발에 대비하여 비상계획을 준비하고 있었다. 이미 잘 알려진 미국의 국가안전보장회의 문서 68(NSC 68)에 따르면 소련은 유라시아 대륙 내의 비공산권 국가의 정부구조를 완전히 전복 파괴하려 하기 때문에, 이를 막기 위한 보루로서 미국의 역할을 강조하고 있었다. 이 문서는 한국전쟁이 발발하기 두 달 전인 1950년 4월에 입안되었다. NSC 68에서 미국은 소련의 의도를 다음과 같이 파악했다.

소련과 국제 공산주의 운동을 통제하고 있는 세력들이 근본적으로 기도하는 것은 첫째로는 소련, 그리고 둘째로는 현재 자신들의 통제 하에 있는 지역에 그들의 절대권을 유지·강화코자 하는 것이다. 소련의 지도자들은 그러나 이러한 목표를 실현하기 위해서는 그들의 권력을 적극적으로 팽창해야 하고 자신들의 권위에 효과적으로 반대하는 그 어떠한 세력들도 근절시키고자 하고 있다. 그러므로 그들이 기도하고자 하는 바는 비공산권 국가의 정부구조를 완전히 전복·파괴하여 여기에 그들을 추종하는 꼭두각시 정부를 수립하려는 것이다. 이와 같은 목적을 위해 소련은 현재 유라시아 대륙을 장악하려 하고 있다.

이러한 증거로 미국은 소련의 자국 병력 증강을 제시하였다. 미국의 분석에 따르면 소련은 세계 정복을 위해 자신의 군사력을 증강하고 있다는 것이다. 즉 소련은 자국을 방어하는 데 필요 이상의 병력을 유지하고 있었다.

미국은 소련의 대규모 병력이 핵폭탄으로 무장하게 될 경우 막강한 힘을 발휘할 것이고, 만약 1950년에 전쟁이 일어난다면 소련은 유럽 및 중근동 지역의 석유 보유 국가, 그리고 극동지역에서 공산주의 세력을 강화할 것으로 전망했다. 따라서 이러한 소련에 대한 군사적 열세로 인해 미국은 미국 자국 및 동맹국들의 주장을 위해 지연작전을 감행해야 하는 것으로 판단했다. 이를 위해 비상계획을 수립했는데, 당시 비상계획은 한반도를 포기한 후 이후 작전 계획에 따라 반격하는 것으로 구상되었다.

이 비상계획은 이미 1946년 3월부터 준비된 핀처^{PINCHER} 계획, 1948년의 브로일러^{BROILER} 계획, 1949년의 오프태클^{OFFTACKLE} 계획 등이다. 각각의 계획은 핵무기로 소련의 주요 도시를 공격하는 것인데, 핀처 계획에서는 20여 발로 20개 도시를, 브로일러 계획에서는 34발로 24개 도시를, 그리고 오프태클 계획에서는 104개 도시에 290여 발을 공격하는 것으로 계획했다. 이러한 계획들은 수정, 보완되고 있었으나 대강은 비슷하였다. NSC68은 1950년

4월에 작성되었으므로 앞의 비상계획을 준용하였다.

1950년 9월에 수정된 NSC 68/1에서도 미국은 소련과의 제3차 세계대전에 대한 준비에 촉각을 세우고 있었다. 미국의 입장에서 소련과 그 위성국들이 전쟁 준비에 착수하고 있어 1951년과 1952년 사이에 더 심각한 전쟁 위험을 드러낼 것으로 전망했다. 소련이나 공산 진영의 공격 범위나 규모는 미국을 중심으로 한 서방 진영이 감내하기 힘들 것으로 예측되었고, 소련이 배후에서 움직이는 제3국에 의해서도 전면전이 발발할 것으로 예상되었다.

중공군 공세에 따른 유엔군 철수와 한국정부 이전 계획안

구체적으로 미국의 정책문서에서 한국정부의 망명정부 구상이 등장하는 시기는 중공군의 대규모 개입으로 인해 전세가 역전된 1950년 겨울 이후부터이다.

1950년 9월 15일 감행된 인천상륙작전은 전쟁의 전세를 역전시켜 한국군과 유엔군이 공세로 전환할 수 있도록 계기를 마련한 성공적인 작전이었다. 이때 상부로부터 맥아더에게 보내진 지침은 대통령의 특별한 지시가 없이는 38선을 넘어 작전할 수 없다는 내용이었다. 이에 대해 9월 27일 볼트[Charles L. Bolte] 장군은 유엔군사령관으로서 자신의 군사적인 목적을 달성할 수 있도록 38선 이북의 작전권한을 맥아더에게 부여하는 것이 무엇보다 중

인천상륙작전 성공 후 인천을 거쳐 서울에 진입해 시가전을 펼치는 미군

9월 27일 볼트 장군은 유엔군사령관으로서 자신의 군사적인 목적을 달성할 수 있도록 38선 이북의 작전권한을 맥아더에게 부여하는 것이 무엇보다 중요하다는 보고를 하였다. 그는 콜린스 대장에게 국방장관으로 하여금 이른 시기에 맥아더 장군의 38선 돌파를 승인하도록 촉구하였다. 이에 따라 9월 27일 미 합참은 한반도에서 맥아더 장군의 작전권한을 확대하도록 지시하는 전문을 보냈다.

요하다는 보고를 하였다. 그는 콜린스 대장에게 국방장관으로 하여금 이른 시기에 맥아더 장군의 38선 돌파를 승인하도록 촉구하였다. 이에 따라 9월 27일 미 합참은 한반도에서 맥아더 장군의 작전권한을 확대하도록 지시하는 전문을 보냈다. 이러한 상부 지시에 따라 1950년 10월 1일 맥아더는 북한군의 항복을 권고하는 선언문을 발표했는데, 이는 북한의 불필요한 희생을 막기 위한 조치였다.

한편 1950년 10월 3일 중국 외상 저우언라이^{周恩來}는 유엔군이 38선 이북을 공격한다면 전쟁에 개입을 하겠지만 한국군만이 38선을 넘을 경우 개입하지 않겠다는 중국의 입장을 미국에 전달해줄 것을 북경의 주중인도대사 파니카$^{K.\ M.\ Panikkar}$에게 부탁했다. 그러나 미국은 파니카의 친공^{親共}적이고 반미^{反美}적인 입장을 알고 있었기 때문에 그를 신뢰하지 않았다.

이 당시 중공군의 참전에 대한 정보는 여러 방면에서 들어오고 있었다. 네덜란드 주재 미 대사인 차핀$^{Seldon\ Chapin}$은 "저우언라이는 개인적인 대화에서 38선이 붕괴될 경우 중국이 참전할 것이라고 말했다. 또한 중공군 참모총장인 녜룽전^{聶榮臻}도 역시 38선을 유엔군이 돌파한다면 중공군이 참전하는 것 외에 달리 선택의 여지가 없고, 비록 미국과 전쟁으로 중국의 발전이 50년 이상 후퇴한다 하더라도, 만약 지금 저항하지 않는다면 중국은 영원히 미국의 통제 아래 놓이게 될 것이라는 견해를 밝혔다."고 보고했다. 그는 중공군이 만주에 약 100만 명의 정예군을 보유하고 있는 것으로 추산되고 있다며 보고서를 끝맺고 있다.

이미 1950년 8월에 미국은 중국의 한국전쟁 참전 가능성을 예측했다. 미 국가안전보장회의 문서 NSC 73/2에는 소련이 중국을 이용하여 한국전쟁에 개입할 가능성을 분석하였다.

한국전쟁의 발발은 소련이 아래와 같은 행동 방책 중의 1개 또는 몇 개를 채택하려는 의도가 있는 것으로 생각된다.

a. 세계대전을 유발한다.
b. 소련군 단독으로 또는 위성국 군대와 연합하여 지역적이고 제한된 목표들을 개별적으로 공격하며 세계대전을 계획하지는 않는다.
c. 소련군은 사용하지 않고 위성국 군대만 사용하여 침략을 계속한다.
d. 미국의 결심과 군사적 능력을 시험한다.

즉 이러한 소련의 의도에 따라 한반도에 정규 중공군의 투입 가능성을 예상하였다. 이는 중공군이야말로 아시아 지역에서 소련이 활용할 수 있는 유일한 위성국 군대이기 때문이라는 판단에서였다. 특히 중국이 한국전쟁에 직접 개입할 능력을 상당히 높게 평가하였다.

워싱턴에서 중국 개입 가능성을 주의 깊게 분석하고 있었지만 이것이 전반적인 행정부 전체의 정책지시로 구체화된 것은 아니었다. 10월 5일 북한에 중공군이 개입하였다는 믿을만한 자료를 제시하면서 극동군사령부 정보장교들은 만약에 유엔군이 38선을 넘을 경우 중공군이 한국전쟁에 공공연히 개입할 가능성이 있다고 보았다. 정보참모인 윌로우비Charles A. Willoughby도 워싱턴에 보내는 보고에서 최소한 38개 중공군 사단 중에서 9개 내지 18개 사단이 한만국경에 집결하고 월경할 준비를 갖추고 있다고 언급했다.

이러한 경고에도 불구하고 현지 사령관인 맥아더에게 보낸 메시지에는 10월 7일 통과된 유엔총회결의안이 38선 이북에 대한 작전 수행을 지지할 뿐만 아니라 1950년 6월 27일의 안보리 결의안 집행을 한층 강화한 것으로 평가하고 있었다. 유엔총회의 결의안에 따라 맥아더는 북한에 유엔총회의 결정조치를 통고하며, 적대행위의 중지 및 항복을 권유하는 메시지를 10월 8일 또 다시 발송했다.

미국은 중국이 개입할 것인가 아닌가의 문제보다 소련이 어떻게 나올 것인가 하는 문제에 대해 더 큰 관심을 기울이고 있었고 소련이 개입할 경우 어떻게 행동을 취해야 하는가 하는 문제를 더욱 심각히 분석하고 있었다.

10월 17일 맥아더는 유엔군사령부 명령 제4호로 북진 제한을 철회하고 전 지상부대가 공격할 수 있는 선까지 진출하도록 명령했다. 10월 24일에는 국경 남쪽의 유엔군 사용에 관한 모든 제한을 철폐했는데 이는 한반도의 북단까지 전진할 것을 지시한 것이었다.

1950년 10월 19일 오후 5시 30분, 제40군의 도하를 시작으로 중국인민지원군의 주력부대는 당일 밤에 3개소의 도강 지점에서 압록강을 건너 남하했다. 중국의 참전은 이로써 정식으로 개시되었다.[25] 맥아더사령부의 의도와 달리 중공군의 한국전쟁 개입은 지속적으로 이루어지고 있었고, 같은 날 한반도 북부에 진출했던 중공군의 총 병력 수는 40만 명 이상이었다. 이 시기에도 맥아더사령부는 11월 25일 정보에서 한반도에 진출한 중공군의 병력 규모를 약 6만 명 내지 8만 명이라고 판단하고 있었다.

하지만 이러한 맥아더의 판단은 3일이 지나서야 특별성명서를 발표함으로써 잘못된 것으로 드러났다. 맥아더는 이 발표에서 "총 합계 20만 이상으로 조직된 중공군의 주력부대가 현재 북한에 있는 유엔군과 대치하고 있다. 우리는 완전히 새로운 전쟁에 직면해 있다."고 주장하며 한국전쟁이 국제전화 되었음을 주장했다.

육군참모총장 콜린스 대장은 12월 4일 도쿄를 방문해 맥아더 사령관과 제1차 전략회담과 12월 7일에 이어진 제2차 전략회담에서 미 제8군과 미 제10군단을 통합한 후 단계별 방어선을 설정하여 지연전을 전개하면서 부산으로 철수하는 계획에 최종 합의하였다. 다음은 이 회의에서 합의된 9개의 방어선으로 12월 10일 미 제8군은 축차적인 방어선을 확정했다.

- 에이블[Able] 방어선 - 평양 북쪽
- 베이커[Baker] 방어선 - 임진강 하류에서 38선을 따라 동쪽으로

뻗은 선
- ○ 찰리Charlie 방어선 - 서울 주변과 홍천 동쪽에서 초승달 모양을 하다가 동해안을 향해 뻗은 선
- ○ 도그^{Dog} 방어선 - 한강 아래의 평택으로부터 원주·삼척을 향해 뻗은 선
- ○ 금강 방어선 - 금강 남안과 소백산맥을 연하는 방어선
- ○ 낙동강 방어선 - 북한군으로부터 부산을 방어하기 위해 여름 동안(1950. 8. 4~9. 16) 사용하였던 방어선의 이름과 같다.
- ○ 데이비드슨^{Davidson} 방어선 - 부산 주변 68마일 교두보
- ○ 레이더^{Raider} 방어선 - 부산 주변 48마일 교두보
- ○ 부산 방어선 - 부산 주변 28마일 교두보

12월 이후 중국의 한국전 개입은 소련이 이 전쟁을 세계 대전으로 이끌어가는 한 단계일 뿐이라는 점에 워싱턴의 관심이 집중되었다. 이러한 점을 걱정하여 미국의 모든 주요 사령부에 임전 태세를 갖추도록 통고했고 12월 16일에 트루먼$^{Harry\ S.\ Truman}$ 대통령이 국가의 비상사태를 공식적으로 선포했다.

12월 23일 미8군 사령관 워커가 사망한 이후 작전권한을 인계 받은 리지웨이$^{Matthew\ B.\ Ridgway}$는 미 제8군의 작전방침은 38도선에서 부산까지의 공간지역을 최대한 활용하면서 방어에 유리한 지형을 이용하여 축차적인 지연전을 전개하려고 계획하였고, 미 제8군은 이러한 방침에 따라 다음과 같은 6개의 방어선을 설정하였다.

① 제1통제선 : 38도선 진지로, 임진강 하구에서 양양에 이르는 주저항선
② 제2통제선 : 수원-양평-홍천-주문진을 연하는 선으로, 평택-삼척선의 방어를 준비하는데 필요한 시간을 확보하기 위한 선
③ 제3통제선 : 평택-안성-원주-삼척을 연하는 선으로, 평택-삼척선의 방어를 준비하는데 필요한 시간을 확보하기 위한 선
④ 제4통제선 : 금강선으로, 금강 남안과 소백산맥을 연하는 방어선
⑤ 제5통제선 : 소백산맥선으로, 산맥의 험준한 지형을 이용하여 낙동강 방어선을 준비하는 데 필요한 시간을 확보하기 위한 선
⑥ 제6통제선 : 낙동강 방어선으로, 유엔군이 최대한의 저항을 시도할 진지 방어선

리지웨이 장군은 12월 말 단계별 방어선을 확정하였다. 제6통제선이 무너지면 유엔군은 일본으로, 국군은 연안도서로 철수시킬 계획이었다. 이때 처음으로 작전 계획서 상에서 군대의 이동과 잠정적으로 한국정부의 제주도 및 해외 이전 계획의 초기안이 나타났다.

1951년 1·4 후퇴 전후 한국정부 이전 계획의 대두

1951년 1월 중공군의 제3차 공세에 따라 유엔군은 다시 38선 이남으로 후퇴하였다. 이때 미국과 유엔군은 한국정부의 해외 이전 계획을 구체화하기 시작하였다. 대체로 대략적인 구체안은 12월 28일 미 국무부에서 마련되었다. 당시 계획은 철수시킬 한국인들의 예상인원을 대략 5만여 명으로 예측하고 있었다.

- 철수 대상 한국인들의 예상 인원(57,700명)
  1) 국회의원, 중앙 및 지방경찰의 고위직과 가족(3,500여 명)
  2) 대한민국의 고위 장교단(1,000명)
  3) 민간분야의 저명한 지도자 및 기독교인사, 교육자 등 향후 공산주의와 투쟁에서 유용할 것으로 보이는 인사들(3,000명)
  4) 한국군(약 50,000명)
  5) 정보수집 및 심리전 수행에 필요한 북한포로(500명)
  6) 유엔군 사령부는 일반 민간인의 철수를 지원할 수 없음.

이 당시 계획에서 선정된 철수 지역은 물자공급과 방어에서 불리한 점은 있지만 제주도가 가장 적합한 지역으로 간주되었다. 그 이유는 한국정부가 여전히 한국의 영토에서 기능할 수 있으며 한국군 역시 수비대의 형태로 주둔할 수 있기 때문이었다. 그러나 계획의 내용은 이것이 전부였고, 이에 따른 세부적인 계획은 아직 준비되지 못했다.

1월 4일 덜레스$^{\text{John Foster Dulles}}$는 주미 한국대사 장면과 대화에서 한국으로부터 유엔군 철수 문제에 대해 논의했다. 먼저 장면은 미국의 정책이 한국으로부터의 철수인지를 물었고 이에 대해 덜레스는 군부의 의도를 알 수 없다는 점을 피력하며 즉답을 회피했다. 이어지는 대화에서 장면은 만약 전면 철수 시 한국정부에 근거지를 제공하는 것이 필요하고 그 대안으로 제주도를 언급했다. 그는 제주도가 한국영토라는 이점이 있다는 사실을 강조했다. 하지만 만약 공산 측이 한반도 전역을 장악할 경우, 오키나와 혹은 일본을 그 대상지로 언급했다. 그러나 덜레스는 일본에 망명정부가 들어서는 것은 바람직하지 않은 복잡한 문제를 야기할 것이라고 지적하며 대화를 마무리했다.

같은 날 국무부 동북아시아국은 한국정부의 해외 이전 계획을 더욱 심도 있게 논의하기 시작했다. 물론 당시 상황의 전제는 중공군의 대규모 참전이 소련의 사주에 의한 것으로, 최종적으로는 소련과 전면전을 예상하고 있었다. 따라서 유엔군은 제주도나 오키나와 혹은 일본에 기지를 두고 한반도에 대한 대규모 군사작전을 감행하는 한편 한국정부와 해당 인원들은 한반도 이외 지역으로의 소개를 염두에 두고 있었다. 대상지는 우선 제주도가 1순위였고, 다음으로 일본 및 부속도서, 그리고 오키나와가 대상지로 물색되었다. 또한 철수계획의 대상자는 한국정부 및 군 고위인사, 기독교지도자, 교육가, 사업가 및 반공지도자와 한국군 그리고 북한 포로 등이 포함되었다.

중공군의 서울 점령 이후 37도선으로 남하가 이루어지자 유엔군은 더욱 긴급한 상황에 처하게 되고 이에 따라 더욱 자세한 계획이 수립되었다. 1월 9일 합동참모본부는 맥아더에게 중공군에 대한 대응 및 군사 방침에 대해 다음과 같이 지령했다. 우선 중국해안 봉쇄는 한국에서 유엔군의 지위가 확고해지거나 아니면 완전 철수가 이루어진 다음에 실행되어야 하고, 중국에 대한 공격 역시 중공군이 한반도 이외 지역에서 미군을 공격하는 경우에 허가되어야 한다고 밝혔다. 또한 대만군의 이용에 대해 이들이 한국에서 중요한 역할을 할 가능성이 없으므로 이들을 한국에 파병하자는 제안에 대해서도 긍정적인 반응을 보이지 말 것을 주문했다.

이러한 상황에서 워싱턴 당국은 한반도 전황을 휴전으로 이끌려는 계획을 구상하고 있었다. 여기에 더해 한국으로부터 유엔군을 철수하고 미국의 해군과 공군의 철수도 계획한 국가안전보장회의 각서 100(NSC 100)을 준비했다. 미국은 유엔군이 한국전쟁을 수행하는 기본적인 원칙들을 강화하면서, 중국에 대항한 군사 및 정치 보복 프로그램을 계획하였다.

1. 한국으로부터 유엔군을 철수시키고, 해공군력을 철수함.
2. 해공군력과 경제적 제재를 통하여 중국에 대한 봉쇄를 강화함.
3. 중국과 한국 사이의 병참선에 대한 공격의 개시와 지속 또한 군사적 중요성이 있는 만주의 공격지원용 산업시설에 대한 공격도 포함함.
4. 동남아시아를 포함하여 극동에서 모든 반공주의 요소들을

최대한 지원할 수 있는 가능성을 확대함. 그리하여 중국의 중부 및 남부에서 전면전을 개시하고, 게릴라 활동을 확대함.

5. 해공군력을 통한 군사적 역량의 확대를 통해 대만 지역의 방어를 강화함.

또한 미 합동참모본부는 중국과 한국에서의 행동방침이 되는 NSC 101을 작성했다. 이 문서에서 합참은 일본, 류큐열도, 필리핀으로 이어지는 미국의 해안방어선을 유지하고, 대만의 공산화를 저지하되, 한국에서 철수할 경우 한국 망명정부를 수립할 것을 건의했다. 또한 중공군을 침략자로 규정하는 유엔결의를 요구하며, 중국 내에 활동 중인 게릴라에게 비밀지원을 할 것을 주장했다. 이 NSC 101은 국가안전보장회의 수준에서는 처음으로 한국정부의 철수를 공식화하며 이에 대한 계획 작성을 촉구했다. 1951년 1월 15일 개정된 NSC 101/1은 철수할 경우 미군은 일본으로 이동해야 하고, 한국군 및 그 외 국제연합군의 철수 계획을 수립해야 한다고 규정했다.

한국정부 이전 계획의 구체화 ―제주도

이 당시 미 국무부도 미 합참과 나눈 논의를 토대로 구체적인 대비계획을 수립하였다. 여기서 가장 긴급한 문제는 대규모 인원(80만~100만)을 제주도로 옮기느냐 아니면 소규모 인원(1만~2

만)을 전 세계에 분산 수용하느냐의 선택 문제였다. 그러나 무엇보다 이전 대상지인 제주도가 논란의 대상이 되었다.

제주도는 많은 장점을 가지고 있었으나 또한 단점도 적지 않았다. 제주도가 이전 대상지로 갖는 장점은 대략 6가지로 분석되었다. 1)많은 인원을 공산 측의 보복으로부터 보호할 수 있고, 2)공산 측의 완전한 승리를 저지할 수 있으며, 3)미국과 유엔의 반격에 대한 지속적인 상징을 갖는다는 것, 4)자유 한국정부가 한국 영토에 존재한다는 점을 지속적으로 국민들에게 알릴 수 있는 상징이 될 수 있고, 5)게릴라 지원과 심리전을 위한 이점을 가지고 있으며, 6)한국정부의 해외 이전의 어려움을 피하면서 지속적인 한국정부의 의지를 보여줄 수 있다는 점이었다.

반면에 단점은 다음과 같이 파악되었다. 1)피난민들에 대한 보호와 원조를 언제까지 지속해야 하는지 불분명하고, 2)제주도에 대한 유엔의 지속적인 지원을 확보하기 쉽지 않으며, 이를 둘러싼 연합국들 사이의 견해 차이가 증대, 3)만약 공산 측과 타협이 이루어질 경우 제주도의 항복을 요구할 수 있는데, 이럴 경우 군사적인 측면에서 현재 포기하는 것보다 미국과 유엔의 위신에 더 큰 재앙이 될 수 있다는 것, 4)기본적인 구호에서도 다수 인구를 유지하는 것은 심리적인 문제를 가져올 수 있고, 5)제주도는 불가피하게 대만과 같은 운명이 될 것이라는 우울한 전망이었다.

따라서 만약 피난처가 제주도가 아닌 곳으로 정해진다면 제한된 철수를 우선순위에 따라 이루어지도록 계획하였다. 1)정부의 주요인사와 그 가족들(약 4,000명), 2)한국군 고위 장교단 및 기술 관리들과 가족들(약 3,000명), 3)기독교계 인사 및 민간지도자, 교육가 등과 그 가족(약 10,000명), 4)포로관련 기관과 전쟁포로 순이었다. 한국군은 그 군사적 잠재력을 고려하여 오키나와와 같은 독립된 기지에 주둔해야 한다고 권고했다. 또한 대통령, 내각, 의회 등으로 구성될 한국정부는 유엔의 책임이라는 원칙이 유지된 가운데 하와이나 다른 미국 영토가 바람직할 것으로 예측했다.

하지만 미 국무부 담당자들은 무엇보다도 제주도의 확보가 중요하다고 결론 내렸다. 만약 제주도를 포기한다면 공산 세력에 대한 반격이라는 상징성을 포기한다는 지적이었다. 무초 역시 한국 정부가 철수할 경우 제주도를 우선적으로 고려해 줄 것을 강력히 요청했다. 그는 제주도 이전이 심리적, 정치적으로 매우 중요하다는 것을 지적했다. 그러면서 이러한 계획의 누설에 대해 걱정스러워했다. 이미 이러한 유사한 계획이 도쿄의 유엔군사령부에서 진행되고 있으며, 계획의 내용이 그곳에 있는 기독교 지도자들에게 누설되어 한국에까지 알려지고 있다는 점을 우려했다.

결국 우려했던 일이 1월 15일자 뉴욕타임스 The New York Times에 게재되면서 나타났다. 당시 기사에 따르면 부산에 임시로 이전한 한국정부가 제주도로 철수할 것이라는 소식이었다. 기사에서는 제주도의 통상 인구를 약 30만 명 정도로 추산하며 대만과 달리 좋은 항구와 현대식 비행장이 없으므로 미국 정부의 도움이 있어야만 한국 정부가 오랫동안 한반도에 저항할 수 있다는 점이 강조되었다. 절망적인 상태 속에서 한국정부의 해외 이전 계획은 그 전제가 의심스러웠다.

1951년 1월 15일 콜린스$^{\text{Lawton J. Collins}}$ 육군참모총장, 반덴버그 $^{\text{Hoyt S. Vandenberg}}$ 공군참모총장이 한국에서 군대 철수를 맥아더와 논의하기 위해 도쿄에 도착하였다. 1월 17일 회의에서 맥아더는 한국에서 자신의 군사적 위치는 견딜 수 없는 상태라고 말했으나 이제 상황이 한국에서 교두보를 유지할 만큼 개선되었다는 점에는 동의했다. 하지만 콜린스가 보기에 맥아더의 주장과 달리 유엔군의 사기는 매우 높았다. 따라서 이들은 자신들이 한국에서 본 희망적인 내용들을 1월 17일 워싱턴에 전달했다. 리지웨이가 지휘하는 제8군의 상태는 맥아더가 주장했던 절망적인 상태와는 전혀 상반된 것이었다.

그러나 한국정부의 해외 이전 계획이 실제 전선 상황에 따라 취소된 것은 아니었다. 유엔군은 소련과 전면전이라고 하는 최악의 상황에 대비하여 이 계획을 더욱 구체화하고 있었다. 중요한 것은 소련과의 전면전이라는 제3차 세계대전을 예상하면서 한국정부의 해외 이전을 추구했다는 것이다.

한국정부 이전 계획의 구체화 ― 사이판, 티니안

한국정부의 해외 이전 계획은 소련과 전면전을 예상한 극동군사령관에 의해 1951년 4월 Operation Plan CINCFE 4-51로 준비되었다. 이 계획은 유엔군이 한국전에 개입하고 있는 동안 소련에게 공격당해 세계대전이 발발할 경우를 대비해 상정한 것이었다.

이 계획의 대체적인 개요는 다음과 같다. 즉 한국정부와 선별된 포로를 사이판^{Saipan}과 티니안^{Tinian}에 이송하는 것이다. 이송해야 할 인사들의 범주는 A급-중앙공무원, 군대, 경찰(총인원 300,543명)과 B급-종교 및 전문직 지도자(총인원 182,000명), 그리고 10,000명의 선별된 포로들로 총원은 약 50만 명이었다.

하지만 이 계획에 대해 미 육군부는 이들 섬을 이용하는 계획에 대해 반대 의견을 제시했다. 먼저 계획상의 인원수가 너무 많다는 점이 지적되었다. 당시 극동군사령부는 인도차이나에서 14만 명의 프랑스 군대와 10만 명의 선별된 민간인을 하이퐁으로부터 소개하는 계획을 가지고 있었다. 그런데 한국 민간인들이 프랑스 군대의 재배치보다 우선할 수는 없을 것이라는 점이었다.

다음으로는 해외 이전 대상지가 거리상 너무 멀다는 점이 지적되었다. 사바이^{Savaii}, 우폴루^{Upolu}를 포함한 서사모아$^{Western\ Samoa}$, 팔라우^{Palau}, 얍^{Yap}, 포나페 열도$^{Ponape\ islands}$, 괌^{Guam}이나 파푸아뉴기니$^{Papua\ New\ Guinea}$ 등은 피난민을 수용할 수 있으나 거리가 문제라는 것이다. 역시 같은 문제로 인해 미국 본토와 하와이도 고려 대상이 될 수 없다고 지적하였다.

따라서 미 육군부는 여러 가지 문제를 고려하여 다음과 같이 결론을 내렸다. 먼저 소개될 인원과 장비는 미국의 수송 능력에 부담을 주는 것으로 바람직하지 않고, 한국군은 아시아 연안에서 공산진영의 공격을 방어하는 데 유용하게 사용될 수 있다

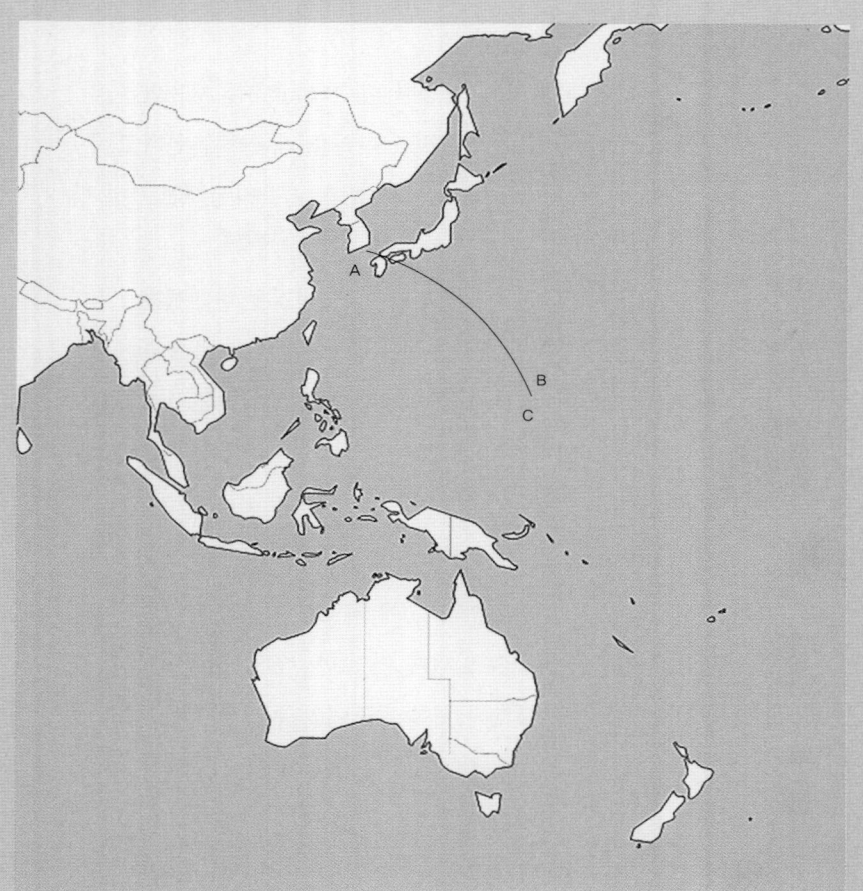

한국전쟁 중 정부의 해외 이전 후보지
A 제주도 B 사이판 C 티니안

한국정부 해외 이전 계획은 소련과 전면전을 예상한 극동군사령관이 1951년 4월 Operation Plan CINCFE 4-51로 준비했다. 이 계획은 유엔군이 한국전에 개입하고 있는 동안 소련에게 공격당해 세계대전이 발발할 경우를 상정한 것이다. 계획의 개요는 한국정부와 선별된 포로를 사이판과 티니안에 이송하는 것이다. 이송해야 할 인사들의 범주는 A급 – 중앙공무원, 군대, 경찰(총인원 300,543명)과 B급 – 종교 및 전문직 지도자(총인원 182,000명), 그리고 10,000명의 선별된 포로들로 총원은 약 50만 명이었다.

는 점이 지적되었다. 따라서 가능한 다수의 군대를 보유한 한국 정부도 해외 이전이 아닌 제주도로 이전을 계획해야 한다고 주장했다. 다만 민간인 피난지로 1)서사모아, 2)팔라우, 얍, 포나페 열도, 3)영국령 뉴기니 등을 추천하였다.

극동군사령부에서도 한국정부의 일본 이전을 반대했다. 1951년 6월 27일 극동군사령관 리지웨이는 육군부에 한국과 일본 사이에 원한이 높기 때문에 한국정부의 소개지역에서 일본을 제외하고, 가장 우선적인 고려 대상 지역으로 사이판-티니안 제도를 추천했다.

1951년 8월 30일 리지웨이는 미 합참에 한국정부의 해외 이전 계획을 수정하여 보고했다. 이 보고에 따르면 이전의 다양한 논의를 바탕으로 결론을 내리고 있었다. 먼저 만일 공산군에게 한반도 전역이 점령당할 경우 보복에 처할 한국인의 수를 산정하였다. 그 수는 정부인사, 군인, 경찰, 종교인 등 150만 여 명에 달했다. 따라서 이들의 안전과 병참지원의 원활한 수행을 위해 한반도 남부 지역에서 교두보를 확보할 것을 주장했다. 즉 유엔군사령관은 모든 한국인을 수용할 수 있도록 한반도 안에 충분한 발판을 마련하고 이 지역 내에 한국정부가 위치해야만 함을 강조한 것이다.

그리고 다시 한 번 한국정부의 일본 이전은 과거 역사와 현재의 정치적 요인에 따라 바람직하지 않다는 점을 강조하며, 만약 전 한반도가 공산화될 경우 싸이판, 티니안, 괌을 그 후보 대상지로 건의했다.

1951년 후반기에 들어와 전쟁의 양상은 38도선을 경계로 밀고 밀리는 고지전으로 변화되고 있었다. 이제 전선의 유동성은 현저히 줄어들고 참호전과 고지쟁탈전으로 변하고 있었다. 휴전협상이 여러 난관에 따라 여러 번 결렬되었지만 그래도 꾸준히 전개되고 있었다. 하지만 이러한 시기에도 향후 전쟁이 장기화되고 전면화해서 제3차 세계대전으로 확전될 경우를 대비해, 한국정부와 한국인의 철수에 대한 예비 연구가 계속되었다.

현재 확인할 수 있는 마지막 계획은 1952년 1월 23일자 미 합동참모본부의 예비 연구이다. 이 예비 연구에 따르면 제3차 세계대전이 벌어질 경우 우선 한반도 남부에 교두보를 확보한다는 것이 극동군사령관의 기본 구상이었다. 하지만 이는 제한된 시간, 전략적 목적에 대한 고려, 미국과 소련의 핵무기 능력의 차이, 한국인들의 소개 가능성 등 종합적으로 고려했을 때 부적합한 것으로 판단되었다. 그렇다면 한국정부와 한국인의 철수 지역으로는 각각 류큐(오키나와)와 일본이 가장 적절한 지역으로 평가되었다. 그러나 일본, 대만, 류큐는 인종적 차이로 인해 적절한 소개 장소가 아님을 밝히고 있다. 따라서 선택 가능한 지역은 바로 싸이판-티니안 제도가 그 후보지로 고려되었다.

한국정부 이전 계획이 갖는 군사적 의미

미 국무부는 한국정부의 해외 이전 인원을 5만 명 이하의 소규모로 산정했으며, 군사적 이유보다는 미국의 국가적 위신을 우선적으로 고려하고 있었음을 알 수 있다. 반면에 미 군부의 한국 정부 이전계획은 소련과 전면전을 고려하면서 군사적 입장에서 규모가 대규모이고 반격시 전진 교두보의 역할을 강조했다.

미 국가안보회의에서 진술된 '위험지역에서 주요 해당국 인사들의 소개'에 대한 미국의 정책을 보면 미국 정부가 한국전쟁에서 한국정부의 해외 이전 계획을 어떠한 입장에서 접근했는지를 확인할 수 있다.

먼저 내용을 살펴보면 당시 미국 정책의 목적은 '소련의 팽창에 맞서기 위한 전쟁에서 고도로 숙련되고, 유능한 개인을 효과적으로 활용'하도록 하는 데 있었다. 특히 '과학, 산업, 정책, 군사 부문의 주요 해당 지도자와 지식인들은 그들의 능력이 적에게 활용되지 않도록 보호되거나 소개됨으로써 동맹국이 전쟁 노력을 증대하는 데 활용되어야 한다.'는 점을 강조했다. 따라서 '한국인들의 대규모 소개는 어떠한 표준을 세워야 하고 공산군에게 침략을 받은 모든 지역으로부터 위협받는 민간인들의 소개를 위한 선례가 될 수 있다.'며 한국정부의 해외 이전 계획에 대한 신중한 접근을 주문했다.

이러한 자료로 볼 때 당시 한국정부의 해외 이전 계획은 단순히 공산진영의 전 한반도 공산화에 따른 우익 인사들의 처벌을 모면하기 위한 계획만은 아니었다. 또한 한때 논란이 되었던 정권의 안위를 위한 일본으로의 한국 정부 이전 계획도 아니었다.

즉 앞에서 살펴본 당시 자료를 통해 면밀히 분석해보면 당시 한국정부 해외 이전 계획은 소련과의 전면전, 즉 제3차 세계대전을 예상하면서 추진했다는 점이다. 특히 가장 우선적으로 고려한 대상지역은 제주도였다. 제주도를 한국정부의 이전 대상지로 규정한 것은 제주도야말로 공산세력에 대한 반격이라는 상징성이 강하다는 것이었다. 여기에 더해 해외가 아닌 제주도로의 이전이 갖는 의미 가운데 정치적, 심리적 이유를 들고 있다.

결국 한국전쟁 시기 한국정부의 해외 이전 계획은 먼저 이에 대한 상황의 전제가 중공군의 대규모 참전을 소련의 사주에 의한 것으로 간주, 최종적으로는 소련과 전면전을 예상하면서, 동북아시아에서 반격을 준비하는 유엔군(미군)의 거대한 작전계획의 일환이었다고 할 수 있다.

한국전쟁을 전후하여 맥아더사령부의 심리전은 3단계로 전개되었다. 첫째, 한국전쟁 이전 기간으로 이 시기 맥아더사령부에서는 심리전을 위해 정보참모부(G-2) 산하에 7명으로 구성된 소규모 기획단인 심리전과를 유지하고 있었다. 둘째, 임시방편의 기간으로 이 시기 맥아더 사령부에서는 심리전 삐라 작전을 1950년 6월 28일 처음으로 시도했다. 그러나 인원부족으로 상당한 어려움을 겪어야 했다. 셋째, 인천상륙작전 이후 안정화 시기로, 정보부(G-2)의 심리전과 전단반에 추가 인원이 배치되었고, 중공군이 한국전쟁에 개입함으로써 1950년 11월 5일에는 중공군을 상대로 삐라를 제작, 살포하였다.

제1차 세계대전 이후 전쟁은 그 이전 시기의 전쟁 관행과는 매우 다른 양상을 나타내기 시작했다. 즉 총력전$^{total\ war}$의 형태를 띠게 된 것이다. 총력전의 형태로 전개되는 전쟁은 전후방이라는 전선을 무의미하게 만들었고 적국의 민간인들에게도 전쟁에 관한 선전전을 전개하기에 이르렀다. 특히 이러한 선전전은 심리전$^{Psychological\ Warfare}$이라는 새로운 전쟁 체계를 구축해 나갔다.

1950년 6월 25일 발발한 한국전쟁 역시 국가총력전의 형태로 전개되었다. 따라서 한국전쟁 당시 미군은 북한군과 중공군에 대해 심리전을 전개하였다. 특히 이러한 심리전에는 다양한 매체들이 동원되었는데, 삐라(전단, Leaflet), 방송 등 커뮤니케이션 매체를 동원하여 전개되었다. 이 장에서는 맥아더 사령부에서 주도한 한국전쟁기 삐라 선전 정책을 중심으로 살펴본다. 여기에서 시기를 한국전쟁 전반이 아닌 맥아더가 한국전쟁을 지휘한 시기로 한정짓는 이유는 이 시기야말로 전쟁의 전개과정이 다이내믹하게 펼쳐지고 있었고, 전쟁 당사국 모두 수단과 방법을 총동원하여 전쟁 수행에 임하였기 때문이다. 여기에서 활용된 삐라는 맥아더기념관에 소장된 것이 분석대상이다.

심리전 연구기관의 출현

'심리전'이라는 용어는 1941년 나치스 용어 'Weltanschuungskrieg'(세계관전쟁)를 번역하여 모방한 것이 시초가 되어 처음으로 영어에 편입되었다고 보고 있는데, 이는 적에 대한 이데올로기적 승리를 담보하는 수단으로서 선전, 테러 및 국가의 강제력을 과학적으로 응용하는 것을 의미한다.

미국의 군과 정보기구들은 2차 대전 동안 이 정의를 '전장에서의 선전, 우방국 군대를 위한 이데올로기 교육, 국내에서 사기와 규율 진작과 같은 전시 문제들에 심리학과 사회심리학을 응용하는 것'으로 확대시켰다. 공산주의 이론가들은 이와 유사한 활동들을 늘 '선동과 선전agitation and propaganda'으로 불렀다.

미 육군 정보참모부장 와이먼W. G. Wyman 소장은 제2차 세계대전이 끝난 직후인 1946년 1월 마르크스주의Marxism와 관련하여 미군 병사들조차도 심각한 심적 혼란을 겪고 있다고 밝히며 '정신적 페니실린'을 준비해야 한다고 지적했다. 이러한 정신적 페니실린을 위해 미국은 심리전을 체계화하는 방향으로 전쟁도구를 준비하고 있었다.

심리전을 이해하기 위해서는 먼저 이를 분석하고 준비하던 연구기관을 살펴볼 필요가 있다. 그 이유는 사회과학계가 주도가 된 연구기관의 분석과 자료를 통해 심리전이 더욱 정교하게 발전했기 때문이다.

제2차 세계대전이 시작되었을 때, 재능 있는 학자들 대부분은 대학이나 기업체에 종사하고 있었다. 미군은 대규모의 연구조사 기구를 갖추고 있지 못했지만, 점점 학문적 지식의 필요성을 느끼고 있었다. 2차 대전은 총력전의 성격을 띠고 있었기 때문에, 연합국들은 인구 및 경제 자원을 총동원하고 있었고, 기술 및 학문적 지식도 예외가 될 수는 없었다.

이러한 취지에서 국방연구위원National Defense Research Committee, NDRC이 창설되었고, 민간연구기관으로 과학연구개발국Office of Scientific Research and Development, OSRD이 만들어졌다. 그러나 2차 대전이 끝난 후 국방연구위원회와 과학연구개발국은 폐쇄되었다.

하지만 2차 대전 종전 후 미군에서는 민간조직 연구기관의 필요성을 절감하게 되었고, 이러한 필요성에 각 군에서는 독자적인 연구기관을 창설하게 되었다. 연구조사기관으로 해군은 작전평가단Operations Evaluation Group, OEG, 공군은 랜드RAND연구소, 육군은 작전연구국Operations Research Office 등을 신설하였다.

해군의 작전평가단은 해군작전연구단Naval Operations Research Group, ORG으로 명칭이 변경되어 1945년 11월 1일 창설되었다. 작전평가단에는 25명의 과학자들과 30만 달러의 예산이 배정되었다. 공군 역시 육군항공대 사령관인 아놀드H. H. Arnold 장군의 주도로 민간연구기관의 설립을 추구했다. 1945년 12월 1일 연구개발을 위한 르메이 장군 주도의 새로운 사령부가 창설되었고, 이후 정식으로 랜드[Research and Development Corporation, RAND]연구소가 창설되었다.

한편 육군도 1946년 4월 30일 당시 육군참모총장이던 아이젠하워[Dwight D. Eisenhower]의 비망록으로 육군 외부에 민간 조사기구 설립안의 논의가 본격화되었다. 이러한 논의는 맥아우리프[A. C. McAuliffe] 중장의 주도로 이루어졌고, 1948년 6월 랜드연구소와 유사한 일반연구국[General Research Office]이 신설되었다. 이 기구는 동년 12월 작전연구국[Operations Research Office]으로 명칭을 변경했다. 작전연구국[ORO]은 존스 홉킨스 대학과 계약을 맺고 실제 업무에 착수했다. 작전연구국은 1972년 6월까지 존속했다. 육군부는 한국전쟁 시기 이러한 작전연구국을 조직하여 그 부서 일부를 극동군에 파견했다. 따라서 극동군 작전연구국[ORO, FECOM]은 극동군사령부에서 연구·조사를 담당하는 주체가 되었다.

극동군사령부 작전연구국의 심리전

인천상륙작전 전후인 9월 중순에 ORO국장 존슨[Ellis. A. Johnson]을 비롯한 핵심 멤버들이 극동군사령부에 배속되었다. 이들의 배속이 결정되자 9월 18일 극동군사령부에서 임무가 확정되었다. 작업을 위해 작전참모부(G-3) 산하 ORO가 설치되어 전체를 총괄했지만, 주요 그룹은 제8군 G-3에, 심리전 담당은 극동군 정보참모부(G-2)에 배속되었다. 참고로 ORO의 연구 및 그 우선순위는 극동군사령관이 육군부에 승인을 얻어 최종적으로는 육군부가 결정하는 것으로 되어 있었다.

(표 8-1) 한국전쟁기 ORO의 심리전 관련 연구현황

연구 번호	연구 제목	주제별 분류
ORO-T-2, FEC	Possible Operations Research in FEC Psychological Warfare	심리전 일반
ORO-S-3	Possible Expansion of Psywar Operations	심리전 일반
ORO-S-6, FEC	Leaflet Dropping in Korea	삐라
ORO-S-7, FEC	A Suggested Reorganization of Psywar Operations for the Korean War	심리전 일반
ORO-S-8, FEC	Critical Notes on Foreign Radio Program Addressed to Korea	라디오 방송
ORO-T-1, EUSAK	Radio in Korea	라디오 방송
ORO-T-2, EUSAK	A Preliminary Study of North Korean and Chinese Surrenders	심리전 일반
ORO-T-3, EUSAK	Evaluation and Analysis of Leaflet Program in the Korean Campaign June-December 1950	삐라
ORO-T-3, FEC	US Psywar Operations in the Korean War	심리전 일반
ORO-T-4, EUSAK	Evaluation of Effects of Leaflets on Early North Korean Prisoners of War	삐라
ORO-T-6, EUSAK	Preliminary Evaluation of Psywar Leaflets and Broadcasts from IPOR POW Interrogation	삐라
ORO-T-10, EUSAK	North Korean Propaganda to South Koreans(Civilians and Military)	북한의 선전, 선동
ORO-T-10, FEC	Organization and Activities of Psywar Personnel in Lower Echelons of Eighth Army, 24 Jan.~5 Apr. 51	심리전 일반
ORO-T-11, EUSAK	Immediate Improvement of Theater Level Psychological Warfare in the Far East	심리전 일반
ORO-T-12, EUSAK	An Evaluation of Psywar Influence on North Korean Troops	심리전 일반
ORO-T-17, FEC	Eighth Army Psychological Warfare in the Korean War	심리전 일반
ORO-T-21, FEC	FEC Psychological Warfare Operations: Leaflets	삐라
ORO-T-28, FEC	FEC Psychological Warfare Operations: Intelligence	심리전 일반
ORO-T-31, FEC	A Study of Chinese and North Korean Surrenders	심리전 일반
ORO-T-35, FEC	Protesting Procedures for Psychological Warfare Printed Media - Phase Ⅱ: Ranking and Other Methods	심리전 일반
ORO-S-35, EUSAK	Possible Expansion of Tactical Psywar in Korea	심리전 일반
ORO-S-36, EUSAK	Summary Version of ORO-S-35, EUSAK	심리전 일반
ORO-S-40, EUSAK	Civilian Reaction to Imminent Invasion	심리전 일반
ORO-S-1A, EUSAK	Proposed Use of Airborne Loudspeakers In Korea	라디오 방송
ORO-S-39	Influence of Korean Villagers on Enemy Troops	심리전 일반
ORO-S-66	Report on Communist Radio Propaganda on the Korean War, August 8-31, 1950	라디오 방송
ORO-S-68	Recommendations for Psychological Warfare in Korea	심리전 일반

출전: "CG, Office of the Commanding General, HQ, EUSAK to CINCFE: Operations Research Activities"(1951. 2. 19), NARA, RG 349, Box 783, Operations Research Office, 1950; NARA, RG 338, Eighth U.S. Army, 1944-1956, Adjutant General Section, Security-Classified General Correspondence, 1951, Entry 8th Army, 319.1 (ORO) to 319.1 (PDS), Box 754; 한국학중앙연구원 편, 『6.25 전쟁기 미군 심리전 관련 자료집』(선인, 2005). ※FEC: 미 극동군사령부, EUSAK: 주한 미8군.

작전연구국은 한국전쟁이 발발한 직후 2년 동안 현지팀을 파견해 한국과 일본에서 활동했다. ORO 국장인 존슨은 4개 팀을 이끌고 한국에 입국하였고, 점차 40여 명의 전문가들로 구성된 8개 팀으로 늘어났다. 작전연구국의 연구팀은 한국전쟁에서 근무지원의 평가, 한국인의 활용방안, 효율적인 삐라 작성, 핵무기 사용에 대한 평가 등 다양한 작업을 수행했다. 연구조사를 위해 작전연구국의 연구자들은 적 후방에 침투하여 조사를 수행하기도 했다. 이들의 한국전쟁기 심리전 관련 연구현황을 보면 다음과 같다. 각 주제를 통해 알 수 있듯이 심리전 관련 연구는 주로 그 전략적, 전술적 영향과 평가로 모아졌다.

한국전쟁을 전후하여 맥아더사령부의 심리전은 3단계로 전개되었다. 첫째, 한국전쟁 이전 기간으로 이 시기 맥아더사령부에서는 심리전을 위해 정보참모부(G-2) 산하에 7명으로 구성된 소규모의 기획단인 심리전과$^{Psychological\ Warfare\ Branch,\ PWB}$를 유지하고 있었다. 둘째, 임시방편의 기간으로 이 시기 맥아더 사령부에서는 심리전 삐라 작전을 1950년 6월 28일 처음으로 시도했다. 그러나 인원부족으로 인해 상당한 어려움을 겪어야 했다. 셋째, 인천상륙작전 이후 안정화시기로, 정보부(G-2)의 심리전과 전단반에 추가 인원이 배치되었고, 중공군이 한국전쟁에 개입함으로써 1950년 11월 5일 중공군을 상대로 삐라를 제작, 살포하였다.

맥아더 사령부의 주도로 이루어졌던 심리전은 맥아더가 해임되고 난 이후인 1951년 8월 심리전국$^{Psychological\ Warfare\ Section}$으로 확대 개편되어 작전참모부(G-3)로 배속되었다. 이후 전쟁기간 내내 심리전을 주도했다. 당시 심리전을 전개했던 조직의 구조는 다음과 같다.

전단반의 조직은 중국어 고문과 한국어 고문을 두고, 삐라전문 작성과 삽화 그리고 뉴스 등을 전하는 편집국으로 구성되었다. 특히 이를 위해 중국어 번역가 및 한국어 번역가와 함께 뉴스 편집을 위한 중국어 편집자 및 한국어 편집자를 배치했다.

맥아더사령부 산하 심리전단의 삐라는 제작단계에서 다음과 같이 주제별로 9가지를 선정하여 이 기준에 따라 제작되었다.

[표 8-2] 삐라 제작의 주제별 분류

주제명	내용
외통수(Checkmate)	당신은 전술적으로 절망적인 상황에 빠져 있다.
불도저(Bulldozer)	UN군은 강대하다. 당신들은 결국 패배할 것이다. UN군이 장비, 출자의 측면에서 우세하다.
땀과 고생(Sweat and Toil)	'다가올 겨울, 참호 파기, 피로 등 당신이 감수해야 할 고통을 생각하라'
향수(Home and Mother)	향수, '고향의 식구들을 생각하라'
이아고(Iago)	'당신의 상관, 우군, 전쟁목적, 공산주의자를 믿지 마라', '당신은 이용당하고 있다'
구사일생(Skinsaver)	'목숨을 건질 수 있는 기회를 놓치지 마라'
나이팅게일(Nightingale)	'당신은 포로로서 환대받을 것이다'
길잡이(Signpost)	'삐라 내용대로 따라 하면 안전하게 투항할 수 있다'
데스데모나(Desdemona)	'UN군의 전쟁목적은 정당하다', 'UN군은 당신이 다치는 것을 원하지 않는다'

또한 삐라 제작 시 북한에 대한 전략적 선전전의 목적을 두고 다음과 같은 주제를 표준으로 선정했다. 각각의 주제는 총 39가지로 이를 분류하면 다음과 같다.

〔표 8-3〕 삐라의 주제별 표준안

주제별 분류	내용
유엔의 평화유지 노력	1. 유엔의 목적: 평화, 통일, 복구 2. 한국인들에 대한 UN의 우정 3. 한국에서 인명 손실을 최소화하기 위한 유엔의 노력 4. 북한군 포로에 대한 UN의 좋은 대우 5. 유엔의 물질적 우월이 공산주의자들의 승리를 불가능하게 함 6. 한국인들이 요청하고 있는 UN의 지원
공산주의자에 대한 비난	1. 한국에서 공산주의자의 공격 2. 한국 통일에 대한 공산주의자들의 방해 3. 외국의 조종을 받는 김일성의 무능과 배신행위 4. 김일성 가짜론 5. 공산주의자들은 한국인들이 진실을 알게 되는 것에 대해 두려움을 갖고 있음 6. 북한정권은 적절한 공중위생 수단이 없음 7. 공산주의자들의 소위 토지 '개혁'의 오류 8. 피난민들의 이주는 한국인들이 공산주의에 반대하고 있다는 것을 보여줌 9. 공산주의자들의 특권 10. 북한병사들의 불충분한 장비 보급 11. 북한 병사들의 불충분한 전투 훈련 12. 부상당한 북한병사들에 대한 의료 지원 부족 13. 북한화폐와 공채의 불안정성 14. 공산주의 정권하의 강제노동 15. 경찰국가하의 북한인들에 대한 억압
대소련 비난	1. 한국인의 희생으로 소련 전쟁을 수행 2. 공산주의자들의 충성은 한국이 아니라 러시아임 3. 한국전쟁에서 이득을 얻는 것은 오직 소련임 4. 소련을 돕는데 드는 막대한 비용 5. 소련은 최신무기로 북한을 지원하려고 하지 않음. 6. 한반도에 대한 소련의 정치, 경제, 군사적 착취 7. 한국을 지배하려는 중국과 러시아의 오랜 열망(대중국비난과 중복)
대중국 비난	1. 한국을 지배하려는 중국과 러시아의 오랜 열망(대소련비난과 중복) 2. 한반도에 대한 중국의 정치, 경제, 군사적 착취 3. 한반도에 기생하여 살고 있는 중공군 4. 식량과 보급품을 징발하며 남발하고 있는 중공군 군표의 무가치성 5. 파괴와 고통을 지속시키는 중공군의 개입 6. 유엔의 원조와 복구를 지연시키는 중공군의 개입 7. 사상자에 대한 중국과 북한의 상이한 반응
기타	1. 유엔군에 의해 폭격될 군사적 목표 지역에서 이탈하라 2. 공산주의자들의 침략에 대해 반대하는 국제적 연대 3. 전쟁은 튼튼한 국가를 건설할 수 있는 한국인의 능력을 감소시키고 있음 4. 한민족, 한국가, 모든 한국인은 동포임

전황의 전개에 따른 삐라 선전 내용의 변화

맥아더 사령부에서 제작한 삐라에는 일련번호가 기재되어 있다. 본격적인 논의에 앞서 일련번호에 대해 알아보자. 이 시기 제작된 삐라는 0100시리즈부터 9000시리즈까지 총 14개 종류로 구분되었다. 각각의 삐라 시리즈는 제작부대, 언어의 차이에 따라 구분되고 있고, 또한 일반 삐라 및 편지 형식에 따라 구분되기도 한다. 따라서 이 일련번호를 통해 보면, 삐라의 제작 부대 및 형식에 대해 기본적인 정보를 제공해 준다고 할 수 있다.

[표 8-4] 심리전 삐라의 분류

시리즈	제작부대	언어
0100	극동군사령부	한국어
0700	극동군사령부	중국어
1000	극동군사령부	한국어
2000	극동군사령부	한국어(신문)
3000	극동군사령부	한국어
5000	극동군사령부	중국어(신문)
6000	극동군사령부	중국어
7000	극동군사령부	중국어
8000	주한미8군	한국어와 중국어
8100	주한미8군	한국어
8400	주한미8군*	한국어
8500	주한미8군	중국어
8900	주한미8군*	중국어
9000	극동군사령부	한국어

*제작은 극동군사령부에서

개전과 지연작전 (1950년 6월~1950년 8월)

북한군의 기습남침으로 인해 서울이 함락되고 한국군과 유엔군이 지연작전을 통해 낙동강 방어선으로 후퇴하던 시기의 삐라는 그 대상을 다음과 같은 범주로 구분하여 각각에 맞는 주제로 제작, 살포되었다. 각각의 월별 삐라 살포량은 다음과 같다.

[표 8-5] 1950년 6~8월 삐라 살포량

	6월	7월	8월
한국인과 한국군	11,760,000	10,225,000	3,672,000
북한 점령하의 한국인	-	2,304,000	2,710,000
북한군	-	800,000	5,410,000
합계	11,760,000	13,329,000	11,792,000

1950년 6월 25일 한국전쟁이 발발하자 제일 먼저 삐라가 투하된 시기는 6월 28일이었다. 이 당시 투하된 삐라의 내용은 국제연합이 미군을 통해 침략당한 대한민국을 지원한다는 것이었다.

"국제연합회는 일본에 주둔하는 미군에게 평화를 사랑하는 대한민국 국민이 북한의 무법한 침략에 대하여 반항하는 귀국을 원조하라고 요청하였음으로 우리는 적극적으로 원조하겠습니다. 견고·침착·대담하며 맹렬히 적을 대항하십시오. 우리는 한국과 힘을 합하여 침략자를 귀국으로부터 격퇴하겠습니다."

두 번째로 투하된 삐라 역시 트루먼 미국대통령과 맥아더 사령관의 사진을 삽입하여, 미국대통령의 성명과 맥아더의 내한來韓을 소개하였으며, 한국전쟁에 미국의 전폭적인 지원을 시사하였다.

이후 맥아더사령부는 한국인들의 사기 진작을 위해 맥아더 사령부의 주요 구성원들이 한국전쟁 참전을 위한 준비를 서두르고 있고, '전 세계 민주주의 우방인 영국, 호주, 뉴질랜드, 인도, 네덜란드, 벨기에, 중화민국 등이 지원을 약속하고 있다'고 밝히는 내용의 삐라를 살포했다.

"빛나는 군사 경험과 노련한 전략가로 유명한 맥아더 원수 총지휘 하에 폭학暴虐한 침략자와 과감히 싸우고 있는 한국에게 전 세계 민주주의 우방인 영국·호주·뉴질랜드·인도·네덜란드·벨기에·중화민국 제국諸國이 지원을 약속하였으며 이미 원조는 착착 도착하고 있습니다. 맥아더 원수는 이 침략자를 격퇴하여 버리는데 필요한 조치를 긴급히 취하기 위하여 친히 한국을 방문하고 왔습니다. 이 맥아더 원수에 수행한 원수의 고급막료들은 한국의 군사원조에 필요한 모든 계획을 작성하였습니다. 맥아더 원수와 군사경험이 풍부한 그의 참모들은 싸우고 있는 한국 장병과 시민의 힘찬 사기를 보고 조속한 승리를 확신하고 있습니다."

북한군의 남침이 계속되자 맥아더사령부에서는 한국전쟁에 참가한 미군은 물론 어떤 나라 군인이더라도 만일 북한군에게 포로가 되었을 시 문명국들 사이에 인정된 '인도주의적' 대우가 제공되어야 할 것이라고 언급했다.

서울을 점령한 북한군이 계속해서 남진하며 금강선을 돌파

國際聯合會는 日本에 駐屯하는 美軍에게 平和를 사랑하는 大韓民國國民이 北韓의 無謀한 侵略에 對하여 反抗하는 貴國을 援助하라고 要請하였음으로 우리는 積極的으로 援助하겠습니다. 堅固, 沈着, 大膽하게 猛烈히 敵을 對抗하십시요. 우리는 韓國과 힘을 合하여 侵略者를 貴國으로부터 擊退하겠읍니다.

THE UNITED NATIONS

HAS APPEALED TO AMERICAN FORCES IN JAPAN TO ASSIST YOU PEACE-LOVING CITIZENS OF THE REPUBLIC OF KOREA IN YOUR STRUGGLE AGAINST THE UNPROVOKED AGGRESSION FROM THE NORTH. WE SHALL GIVE YOU EVERY SUPPORT. BE STEADFAST. BE CALM. BE COURAGEOUS. RESIST FIRMLY. TOGETHER WE SHALL DRIVE THE AGGRESSOR FROM YOUR TERRITORY.

트루멘 大統領

美國大統領의 聲明

— 大韓民國에 對한 北鮮軍侵略에 關하여 —

國際聯合 安全保障理事會는 北鮮侵略軍에 對하여 戰鬪를 中止하고 北鮮部隊를 撤退시키라고 勸告하였읍니다. 그러나 이 勸告도 實現되지 못하였으며 그럼으로 對抗하야 國際安全保障理事會의 國際聯合加盟國代表들은 加盟國을 援助하라고 要請하였읍니다. 이러한 情勢에 따라 余는 美國極東全軍과 海軍에게 大韓民國政府軍隊를 掩護하라고 援助하라고 命令하였읍니다. 共産主義者들이 獨立한 國家를 征服한 政策을 放棄하지 않고 武力으로 獨立國家를 征服하려고 하지 않는한 世界의 平和는 維持되지 않으리라는 것이 明白한 事實입니다. 余는 大韓民國에 對한 攻擊의 明白한 事實로부터 武力으로 獨立한 國家를 征服하려는 共産主義者들의 陰謀行動을 取하는 것입니다.

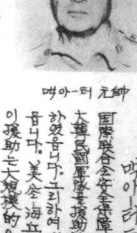

맥아더 元帥

맥아더 元帥 來韓

國際聯合軍 安全保障理事會는 두루맨 美合衆國大統領의 美全軍 派遣하는데 關하여 本日 大韓民國 援助 및 北鮮侵略軍 擊退를 命令하였음을 받고 大韓民國 極東軍總司令官으로 맥아더 元帥는 大統領의 命令을 直接 遂行하기 爲하여 本日 韓國에 來韓하였읍니다. 美合衆國海軍力은 이미 大韓民國의 援助를 爲하여 戰鬪를 繼續하고 있읍니다. 英國도 日本近海에 있는 自己 海軍艦隊를 提供하야 利用할 수 있게 하였읍니다. 極東軍總司令官으로 먼저 大統領令 全計劃을 直接 實行하기 爲하여 맥아더 元帥는 大韓民國을 來韓 親히 監督하는 活動中입니다. 이 侵略으로 對抗하여 戰鬪하기 爲하여 全韓民國 國民의 手段을 發揮한 反抗으로 맥아더 元帥의 援助는 大擴大的으로 繼續될 것입니다. 大韓民國의 慘情한 侵略者를 擊退할 것이라는 大韓民國과 世界的으로 決意를 表示하는 것입니다. 맥아더 元帥의 極東軍은 大韓民國의 獨立과 自由를 保護하기 爲하여 行動할 것입니다. 맥아더 元帥는 如下한 軍誠이나 大韓民國 國民들과 한결같이 世界의 平和와 安全을 維持함에 있어 開戰하는 任務에 偉大한 誠意를 반칠 것입니다.

情報部長 맥아더元帥 參謀長
킬로이少將 아-몬드少將

參謀副將 作戰部長
도일准將 라이트少將

全世界自由國家
韓國을支援

김찬 韓國援助는 集中하다
韓國은 絕對로 孤立되어있지않다

맥아더元帥總司令部로부터 全世界에 보내는 正確한 뉴-스를
여러분들기 라디오 를通하야 드러주시기를 바랍니다 每日밤
12時부터 새벽4時까지 550 650 730 950키로사이클 韓國의 放送을들니시요

북한에게신 여러분

공산군이 오면 이렇게 된다

공산군이 오기전!

식량은
공산군
에게만!

용기를내십시요
실망할때가아닙니다

하고, 한국군과 미군이 지연작전을 통해 서서히 후퇴작전을 개시하면서 맥아더사령부는 계속해서 새로운 삐라를 제작 살포하였다. 이 시기 2종류의 삐라가 주목되는데 하나는 대구-부산 지역으로 피난 온 한국인들에게 사기를 북돋을 목적에서 제작된 것이다. 또 하나는 북한인들에게 보내는 메시지로 금강선을 건너 남진하는 북한군이 이미 8,000명이나 사상자를 내고 있어 병력보충에 어려움을 겪을 것이고, 유엔군의 증강으로 인해 북한은 점점 더 고립되고 있음을 알리는 것이다.

얼마 지나지 않아 1950년 7월 14일이 되어 유엔군사령부가 설치되고 각국이 군사지원을 시작하자, 맥아더 사령부는 이를 적극 홍보하였다.

"이것은 UN표장입니다. 이 표장에는 평화를 표시하는 감람나무 가지가 세계지도를 싸고 있습니다. UN가맹국 중 52개국은 일치단결하여 북한공산주의자들이 불법침략전투를 시작하였다고 선언하였습니다. 단지 공산주의국가들만이 한국의 평화를 회복하는데 협력하지 않았습니다. 이미 미국병사 영미함대와 영국, 미국, 호주와 대한민국 항공대는 대한민국에서 전투하고 있습니다. 세계 각국의 라디오 방송을 들으면 한국을 원조하겠다는 나라가 나날이 늘어갑니다.

너도 나도 다투어 대한민국을 원조하고 있는 이 세계의 군호를 보시라.

육군부대를 보내는 나라!

태국, 터키, 영국, 호주, 뉴질랜드, 볼리비아
비행기를 보내는 나라!
캐나다, 벨기에, 그리스
선박을 보내는 나라!
프랑스, 노르웨이, 캐나다
군의대와 의약품을 보내는 나라!
스웨덴과 페루
약소강국 또는 빈부국가를 막론하고 대한민국의 원조를 맹세했습니다."

한편 이 시기 삐라는 북한군에게 염전^{厭戰} 사상 및 갈등을 부추기는 전단을 제작하여 살포하였다. 즉 북한군 병사에게 보내는 편지 형식의 삐라에서 북한포로들은 장교와 하사관들이 말하듯 학대를 당하거나 총살당하는 것이 아니라 좋은 음식과 편안한 대우를 받고 있음을 강조하며, "속히 귀순해서 부질없고 고달픈 싸움을 중지하고 사람다운 대접을 받으라"는 권유의 글로 마무리하고 있다.

북한군 병사들에 대한 선전뿐만이 아니라 일반인들에게도 공산주의에 대한 혐오사상을 고취하는 것은 심리전의 가장 중요한 주제 가운데 하나였다. 맥아더사령부에서는 북한점령 하에 있는 민간인들을 대상으로 공산주의의 폐해에 대해 삽화를 통해 설명하였다. 그 주요 내용은 공산주의자들의 지배체제 아래에서는 대다수 민간인들이 식량 부족에 허덕인다는 것이다.

인천상륙작전과 북진

크로마이트$^{Chromite\ Operation}$ 작전이라고 부르는 인천상륙작전이 대성공을 거두자, 맥아더 사령부는 38선 이북에 대한 북진을 감행했다. 1950년 10월 7일 통과된 유엔총회 결의안은 첫째, 전 한국을 통하여 치안을 회복하고, 둘째, 전 한국을 통치할 민주주의 자주통일정부를 수립하기 위하여 선거를 실시하며, 셋째, 한국의 경제적 부흥을 기한다는 세 가지 결정안을 통과시켰다. 맥아더 사령부는 이러한 유엔결의안을 북한인들에게 홍보하기 시작했다. 그리고 이 시기를 중심으로 삐라 살포가 3배나 늘어나게 되었다.

[표 8-6] 1950년 9~11월 삐라 살포량

	9월	10월	11월
한국인과 한국군	8,592,000	7,200,000	1,000,000
북한 점령하의 한국인	5,880,000	9,863,000	-
북한군	16,744,000	5,605,000	19,481,000
중공군	-	-	10,680,000
합 계	31,216,000	22,668,000	31,161,000

"북한인민에게 고함

국제연합총회는 10월 8일 다음과 같은 조처를 요구하는 결의안을 채택하였다.

1. 전 한국을 통하여 치안을 회복할 것.
2. 전 한국을 통치할 민주주의 자주통일정부를 수립하기 위하여 선거를 실시할 것.

3. 한국의 경제적 부흥을 기할 것.

총회는 평화를 회복하고 자유선거의 실시를 감시하기에 충분한 기간에 한하여 국제연합군이 한국에 주둔할 것을 결의하였다. 총회는 한국통일과 부흥을 위하여 호주·네덜란드·파키스탄·필리핀·태국·터키·칠레의 각국대표로서 조직될 국제연합 한국통일부흥위원단을 임명하였다. 이 위원단은 총회결의를 집행할 것이다.

국제연합 경제사회이사회는 한국의 구제와 부흥에 관한 이 계획안을 금후 3주일 이내로 총회에 보고할 것이다.

여러분! 일치단결하여 평화를 회복하며 자주통일 민주한국을 건설하자."

38선 북진을 통해 북한군의 괴멸을 목표로 한 유엔군과 한국군의 전쟁목표는 더욱 구체화되었으며, 이를 선전하는 삐라를 제작하여 북한의 주요 도시에 살포하기 시작했다. 이 삐라에서는 유엔군의 재빠른 북진을 통한 북한 주요 도시의 점령을 소개하며, 무의미한 희생을 방지할 것을 경고하였다.

이 시기 특징적인 것은 북한 내부의 분열을 유도하기 위해 '김일성 가짜론'이 삐라를 통해 북한인들에게 소개되고 있다는 점이다. 이 삐라에서는 당시 북한군사령관인 김일성의 과거 전력이 다 조작된 것이라고 설명하며 북한인들이 기만당하고 있다고 주장했다.

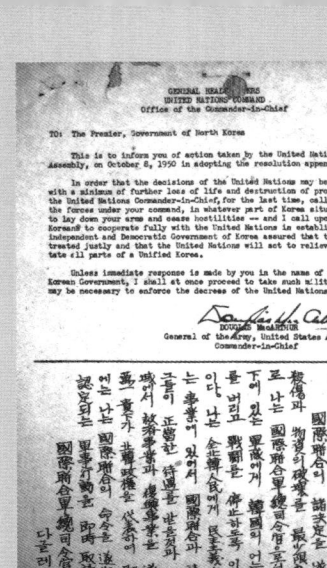

한국군의 북진 소식을 알리는 삐라 © NARA

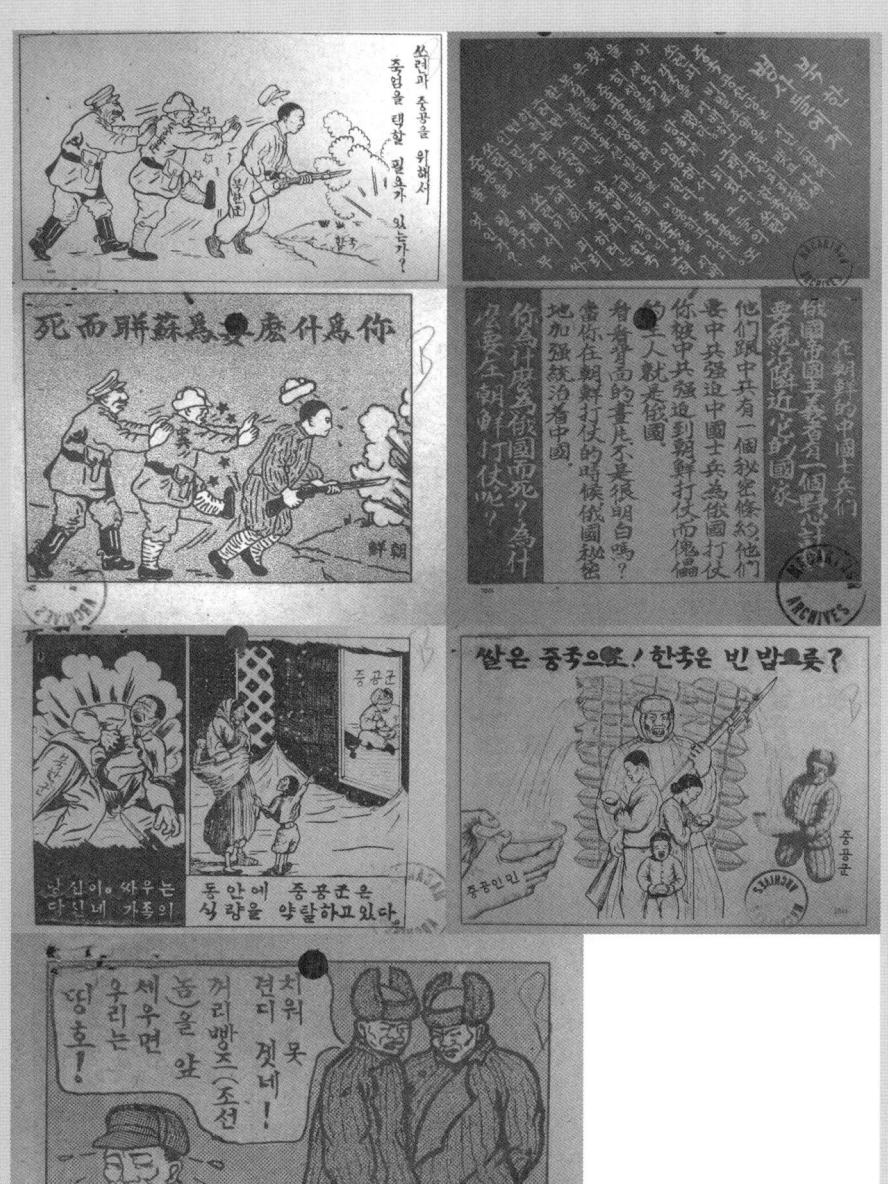

중공군 참전 이후 북한 병사들과
중국 병사들의 갈등을 조장하려는
내용의 삐라 © NARA

"김일성이라고 자칭하는 자는 여러 가지로 한국 사람을 속여 왔고 그중에도 제일 고약한 것은 이 자가 한국의 위대한 한 영웅인 김일성으로 거짓 행사한 것이다. 이 자는 절대로 김일성이 아니다. 진정한 김일성은 1885년에 나서 15년 전에 만주에서 돌아간 분이다. 이 가짜 김일성은 1910년까지는 나지도 않았다. 이 자의 정말 이름은 김성주다. 공산주의자로 1945년에 쏘련서 한국으로 보낸 자다. 이 자는 김일성이라고 행세하면서 사람들의 신망을 얻으려고 했다. 얼마동안은 성공했으나 지금은 누구나 이자에 대한 사실을 알게 되었다. 진정한 김일성은 한국의 적과 싸운 위대한 군사적 지도자였다. 이 김성주는 한국 사람으로 하여금 동포끼리 죽이게 만들었다. 이 자는 권세욕과 무능으로 말미암아 한국을 황폐하게 만들었다. 이 자는 모든 진정한 한국 사람의 적이다."

북진을 통해 유엔군이 압록강과 두만강 유역으로 진격하자, 맥아더사령부는 다시 한 번 북한군 병사에게 투항을 권유하는 삐라를 작성하였다. 그 내용에는 전쟁이 이른 시일 내에 종결될 것이며, 이미 공산주의 정치 장교들은 자신들의 안위를 위해 도망가 버렸고, 전투를 지속하는 것은 일반 병사만의 희생을 강요한다는 주장이었다.

중공군의 참전으로 인한 전쟁의 확전 논쟁과 제한전

한반도 북단까지의 진격으로 인해 통일이 곧 완수될 것 같았던 1950년 10월 25일, 중국이 인민지원군을 통해 대규모로 한국전쟁에 개입하자 새로운 전쟁, 확전의 위험성이 현실화되는 것과 같은 분위기가 팽배했다. 중공군의 포위섬멸작전으로 유엔군의 제8군과 제10군단이 위험에 처하게 되었고, 곧 후퇴하게 되었다. 이 시기 삐라 선전정책은 중국에 대한 비난 그리고 그 배후에서 이 모든 것을 움직이고 있다는 소련에 대한 이데올로기적 선전전이 전개되고 있었다. 이 시기부터 삐라는 한국어와 중국어 2가지 언어로 제작되어 유포되기 시작하였다.

그런데 한국어로 제작된 삐라의 내용은 중공군을 상대로 이루어진 삐라 선전 정책에도 그대로 사용되고 있었다. 다만 위 사진에서 떠밀리는 대상이 북한군에서 중공군으로 대체되었을 뿐이다.

이 시기 맥아더사령부에서 제작한 삐라는 북한병사들과 중공군 사이에 갈등을 조장하는 내용으로 강화되고 있었다. 중공군이 북한의 식량을 약탈하거나 쌀을 대량으로 강탈하고 있다는 것이 주를 이루고 있었다.

또한 중공군의 한국인에 대한 모멸감을 삽화로 제작하여 반중反中의식을 고취하는 삐라도 제작되었다.

한편 이 시기 주요한 삐라 선전의 주제는 향수를 자극하는 내용과 염전사상에 대한 것이다. 가족에 대한 그리움을 강조함으로써 인간 내면의 귀소성歸巢性을 강조하였다.

그리고 유엔군의 물질적 우위를 강조함으로써 공포와 두려움을 갖도록 하는 삐라도 제작하였다.

이 외에도 이 시기 제작된 삐라 가운데에는 전쟁의 양상과

중공군 참전 이후 삐라 선전의 주제는 향수를 자극하는 내용과 염전사상, 공포심 조장이 주를 이룬다. ⓒ NARA

세계 각국의 동향을 전하는 낙하산 뉴스Parachute News와 자유세계 주간신보Free World Weekly Digest가 제작되어 살포되었다. 낙하산 뉴스와 자유세계주간신보의 주요 내용은 한국전쟁에 대한 자유진영 국가의 반응 및 소련과 중국의 공산 야욕을 드러내는 방향으로 전개되었다.

특히 이 시기의 삐라의 선전 내용은 공산 진영에 대한 공격적 성향을 내포하기 시작했고 전면전을 은연중에 내포하는 선전 삐라도 제작되기 시작했다.

한국전쟁의 전황의 변화에 따라 삐라의 내용이 전쟁초기에는 유엔군의 참전과 자유세계의 지원을 강조하였으며, 인천상륙작전의 성공 이후에는 전한반도의 통일을 주장하며 북한군의 투항을 권유하는 삐라가 주로 제작되었다. 한편 중공군의 참전 이후에는 북한인들을 대상으로 중국의 북한에 대한 착취를 선전하며 북한과 중국 사이의 반감을 조장하는 삐라가 주로 제작되었다. 마지막으로 중공군의 대규모 참전으로 인해 전세가 다시 악화되자 맥아더사령부에서는 전면전을 암시하는 삐라 선전 정책을 전개하기도 하였다.

삐라 선전 효과의 평가

한국전쟁에서 삐라의 효과에 대한 분석은 주로 작전연구국의 요원에 의해 진행되었다. 물론 이러한 자체 평가는 흔히 과장되기 마련이고, 이에 대한 정확한 근거나 자료도 제한적이므로 이에 대한 객관적 평가는 쉽게 내릴 수 없다. 따라서 여기서는 미국의 자체 평가를 제한적이나마 소개하고자 한다.

한국전쟁에서 삐라 선전은 미국의 자체 평가에 의하면 기본적으로 효과적이었던 것으로 평가되고 있다. 포로들에 대한 신문조사를 통해 밝혀진 삐라의 선전 효과에 대해 한 보고서는 다음과 같이 평가하고 있다.

유엔의 삐라를 보거나 들은 사람들 가운데 자신들의 항복 결정에 영향을 미치지 않았다는 비율은 35~45%에 달한다. 반면에 자신들의 항복을 고무하거나 항복하도록 생각을 결정하는데 삐라가 영향을 미쳤다고 하는 포로는 55~65%에 달했다.

그렇다면 포로들의 항복에 삐라의 효과가 어떤 정도로 영향을 미쳤을까? 북한군과 중공군 포로를 상대로 조사를 한 설문조사는 삐라를 보거나 들었는지에 대한 항목, 삐라 습득방법, 삐라를 읽은 장소, 삐라를 읽는 방법, 삐라를 보고 난 후의 처벌유무, 그리고 항복결정에 삐라가 미친 영향 등 다각도로 분석하였다. 또한 질문대상자를 북한군 사병 80명, 북한군 장교 40명, 중공군 사병 20명으로 분류하여 조사하였다.
먼저, 삐라를 보거나 들었는지에 대한 질문사항에 대해 거의 반수 이상이 삐라를 읽거나 들은 것으로 조사되었다.

[표 8-7] 유엔 삐라를 듣거나 읽은 조사자

	북한병사	북한장교	중국병사
보거나 들었음	47%	75%	45%
보거나 들었음	53%	25%	55%

    계속해서 삐라를 습득한 방법에 대한 질문에서 삐라를 직접 발견했는지, 아니면 다른 사람에게 전달받았는지를 조사했다. 조사결과 북한병사와 북한장교의 경우 본인이 발견한 경우가 각각 58%, 73%등 상당한 수치가 보고되었으나, 중국병사의 경우, 거의 본인이 발견한 경우는 없었다. 또한 다른 사람에게서 전달받은 경우도 20% 내외의 수치를 기록하고 있다.

[표 8-8] 삐라 습득 방법

	북한병사	북한장교	중국병사
직접 발견	58%	73%	-
다른 사람에 의해 전달받음	16%	27%	33%
기억나지 않음	27%	-	67%

    삐라를 읽은 장소에 대한 분석은 장교와 사병 사이에 매우 커다란 간극을 보여주고 있다. 즉 전선에서 삐라를 읽은 북한장교와 중국병사의 경우 각각 70%와 100%를 나타내는데 반하여 북한병사의 경우 2%에 지나지 않았다. 즉 북한병사와 북한장교 사이의 차이는 주로 전쟁 경험의 차이에서 비롯된 것으로 분석되었다. 북한장교들의 경우 전선에서 근무기간이 사병보다 훨씬 장기간이었고, 반면에 북한병사의 경우 장교들에 비해 전투 경험

이 미약하고 이미 동원되기 이전부터 유엔군의 삐라를 읽고 있었음을 보여주고 있다. 중국 병사의 경우는 전선에서 삐라를 읽고 투항한 경우가 많음을 보여주고 있다.

[표 8-9] 삐라를 읽은 장소

	북한병사	북한장교	중국병사
전선	2%	70%	100%
야영지	29%	13%	-
후방	24%	10%	-
기억나지 않음	45%	7%	-

또 다른 흥미로운 질문 가운데는 삐라를 읽고 처벌을 받았는가 혹은 삐라를 읽는 것에 대해 처벌규정이 있는가에 대한 질문이었다. 그런데 이 질문에 대한 답변이 각각 다르다는 것을 보여줌으로써 북한군이나 중공군 내부에서 삐라를 읽는 행위에 대한 처벌규정이나 금지 규정이 각 부대 단위별로 상이함을 확인할 수 있다.

[표 8-10] 삐라 접근에 대한 처벌이나 금지 규정

	북한병사	북한장교	중국병사
존재한다	39%	40%	44%
존재하지 않는다	27%	33%	12%
잘 모른다	34%	27%	44%

마지막으로 삐라가 항복 결정에 얼마나 영향을 주었는지에 대한 질문에 따르면 북한병사, 북한장교, 중국병사 사이에 편차

가 있지만 50% 이상이 영향을 받았다고 대답했다.

[표 8-11] 삐라가 항복 결정에 미친 영향

	북한병사	북한장교	중국병사
효과 없음	45%	47%	33%
항복을 생각하는 데 영향을 줌	24%	30%	22%
항복을 결정하고 실행하는 데 자극이 됨	31%	23%	45%

삐라가 항복 결정에 미친 영향에 대해 원인을 자세히 분석한 내용에 따르면 항복을 생각하는 데 영향을 준 세부적 원인으로는 주로 삐라에 대한 신뢰성이 매우 높았다는 점에 대한 응답이 높았다.

[표 8-12] 삐라의 효과에 대한 답변에서 응답자가 제시한 이유들

		북한병사	북한장교	중국병사
효과 없음	선전	41%	50%	33%
	두려움	29%	8%	-
	언어	-	-	33%
	삐라에 제시된 행동을 취할 상황이 불가능	23%	8%	-
	항복에 대한 생각이 이미 구체화되었음	-	20%	33%
	무응답	17%	14%	-
항복을 생각하는데 영향을 줌	전세의 변화	12%	33%	-
	삐라에 대한 신뢰	76%	56%	50%
	무응답	12%	11%	50%
항복을 결정하고 실행하는데 자극이 됨	항복에 대한 생각과 함께 전투의지 부족	83%	14%	-
	항복을 위한 수단 제공	-	-	25%
	항복에 대한 효과적인 선전책	-	72%	25%
	무응답	17%	14%	-

1. 요코하마의 인쇄공장에서 극동사령부 소속 일본인 노동자가 M16A1 Cluster 포탄에 심리전 삐라 두루마리를 넣는 모습 1950년 11월 1일(위)
2. 도쿄 정보사령부 산하 심리전감실의 서예가 장상문과 통역관 David An이 UN군측 삐라를 제작 중인 모습 1950년 11월 1일
3. 요코하마의 인쇄소에서 극동사령부 소속 Furl A Krebs 상사가 삐라 두루마리가 감긴 M16A1 Cluster 어댑터를 싣는 장면 1950년 11월 1일 © NARA

결론적으로 삐라를 통한 북한인이나 중국인들에 대한 심리전은 매우 성공적이었고, 만일 삐라를 더욱 명확하고 간단하게 제작한다면 더 큰 효과를 볼 수 있을 것으로 판단했다. 하지만 이 조사결과는 세심한 주의가 필요하다. 즉 표본집단이 매우 적기 때문이다. 따라서 이 결과에 대해 일반적으로 적용하기에는 많은 제약이 따른다고 평가할 수 있다.

이후 전쟁의 양상이 지구전 및 고지쟁탈전화 하자 이전과 같은 대규모의 전선 이동은 나타나지 않았다. 그러나 오히려 이러한 지구전은 후방에 대한 심리전의 전개를 더욱 활발히 하는 계기가 되었다. 따라서 삐라의 제작 및 문구는 더욱 정교해졌으며, 내용은 문자해득이 불가능한 대상자들을 위해 삽화와 단문으로 변형되었다. 치열한 열전熱戰 뒤에서 심리전이 효과적인 또 하나의 전쟁 수단으로 더욱 발전하게 된 것이다.

맥아더사령부 시기 한국전쟁에서 삐라 선전 정책은 전황의 변화에 따라 자유세계의 우월성을, 인천상륙작전 이후에는 전한반도의 통일을, 중국군 참전 이후에는 자유진영과 공산진영의 대립이라는 체제선전을 강화하였다. 한국전쟁은 이러한 체제우위, 이데올로기적 비교가 강하게 투영된 이념전쟁으로 진행되었고, 이는 총력전의 또 다른 이면을 보여주는 것이라고 할 수 있다.

9장 미국의 실정

미군의 공산포로 '미국화' 교육

한국 사회 내에서 미국에 대한 이미지 자체는 한 마디로 정의 내리기 어렵다. 요시미 슌야는 자신의 저서에서 "현재 일본인은 '미국'을 명확한 한계나 윤곽을 지닌 타자로 규정할 수 없다. 이는 공기처럼 일상에 침투하여 자신을 구성하고 있다."고 규정하고 있다. 물론 지식인들의 미국 비판과 대중들의 미국 취향이 공존하는 가운데에서 말이다. 이러한 지적은 우리에게도 시사하는 바가 매우 크다. 지식인의 반미의식과 대중의 친미의식이 공존하는 한국 사회에서 미국화의 현상을 쉽게 단정할 수는 없기 때문이다.

남북 분단이 가시화 되고 냉전이 진행되자 미국은 한반도를 냉전 대결이라는 미소 대리전^{proxy war}의 결전장으로 인식하기 시작했다.

일찍이 잘 알려져 있듯이 아시아-태평양전쟁의 전후 배상 계획을 준비하고 있던 미 대통령 특사 에드윈 폴리^{Edwin W. Pauley}의 지적처럼, 한반도는 전후 냉전 체제의 이데올로기적 전쟁터^{Ideological Battleground}로 변화하고 있었다. 결국 폴리가 자본주의와 공산주의의 이데올로기 전쟁의 시험장으로 보았던 한반도에서는 전쟁이 본격화되었고, 미국식 민주주의의 교육이 공산권의 사람들에게 직접적으로 시행된 계기는 한국전쟁이었다.

한국전쟁은 자본주의와 공산주의 진영 간에 첨예한 이데올로기의 대리전이었다. 치열한 전황 속에서 약 400여 만 명의 인명피해가 발생하였고, 남북한 양국을 비롯하여 20여 개국이 참전한 국제전쟁$^{International\ War}$이었다. 전쟁의 발발과 함께 다수의 포로가 발생하자 미국은 자유진영 이데올로기의 우수성을 입증하기 위해 포로를 상대로 한 심리전을 전개해 나갔다. 특히 냉전이 격화되어 가던 시기에 물리적으로 직접 공산권과 접촉했던 것은 한국전쟁이 유일했다. 따라서 미국의 많은 정부기관들이 한국전쟁이야말로 공산주의와 비견되는 자유주의 특히 미국적 가치의 신념을 대외적으로 표방할 수 있는 호기로 삼았다.

이데올로기가 전쟁의 수단으로서 채택된 것은 공산권 포로들에 대해 '전향교육'이 시작되면서부터였다. 이들의 신념을 변경하기 위해서는 자본주의 국가의 도덕적, 물질적 우수성을 전파해야 했다. 이러한 노력의 일환으로 시행된 것이 바로 17만여 명에 달하는 공산포로의 재교육이었다.

이 글에서는 한국전쟁기 포로들을 대상으로 미국의 전통적 가치 ―민주주의, 개인주의, 프로테스탄티즘 등― 의 교육훈련이 어떻게 이루어졌는가를 살펴본다. 이 교육프로그램은 제한적이지만 동북아시아의 한국인과 중국인들에게 미국주의를 체계적으로 소개한 최초의 교육이라고 평가할 수 있다.

미국주의의 유입과 체제화 과정

먼저 미국의 전통적 가치 개념과 그 유입과정 그리고 한국 사회 내에서 체제화해 가는 과정을 간략히 정리해보자. 보통 미국의 전통적 가치란 자유, 평등, 민주주의, 개인주의, 인권, 법치, 그리고 사유재산의 정치적 원칙들에 대한 헌신 및 청교도주의puritanism로 대표되는 기독교 등을 의미하고 이러한 전통적 가치의 핵심을 미국주의Americanism라고 정의하고 있다. 그리고 미국화Americanization란 이러한 미국주의가 한 사회 내에서 체제화 되는 과정을 의미하고 있다. 즉 미국주의를 다른 나라에 교육하고 전파하는 것을 미국화라고 정의하고 있다.

대체로 이러한 미국화의 해외 확산은 1차 세계대전을 전후한 현상으로 보고 있으며, 주로 전기와 통신 기술의 혁명으로 인해 그 전파력이 확산된 것으로 평가하고 있다.

하지만 주의해야 할 것은 미국의 영향력이 미친 이러한 미국화의 경향이 모두 동일한 것은 아니라는 점이다. 특히 한국 같은 경우에는 일본을 경유한 미국화가 진행되어 다른 아시아 국가와 차별성을 보이고 있다. 또한 미국화가 체제화 되는 것도 시기에 따라 비균질적으로 나타나게 되었다. 즉 대한제국 시기부터 일제강점기까지와 해방 이후의 미국화의 정착과 그 의미는 다르게 나타나고 있다.

한국사회에 미국주의, 즉 아메리카니즘의 유입은 대한제국 시기부터 시작하여 일제강점기에 유행하게 되었다. 즉 이 시기 미국화의 핵심이 되는 미국주의는 주로 정치, 경제, 사회, 제도의 공적이고 물질 차원이 아닌 정신, 의식, 정체성, 문화, 일상생활과 같은 사적 영역의 문제였다는 것이다. 그렇다면 이 당시 미국화의 본질적 내용은 무엇이었을까? 미국화는 주로 영화와 재즈,

물질적 풍요와 신세계의 이미지 등 미국의 소비주의 라이프스타일 및 대중문화와 연관되어 논의되기 시작하였다. 특히 할리우드 영화는 직접적으로 '미국'의 이미지를 전하고 있었고, 이는 당시 서울의 젊은이들에게 모더니티의 상징으로 다가왔다.

또한 당시 조선인들에게 미국은 근대성의 상징이자 전파자로서의 이미지로 체현되기 시작했다. 미국인들은 의료, 교육 등의 활동분야에서 당대 최고의 기술과 문화를 조선인에게 수용시킴으로써 새로운 이상향의 좌표로 미국을 동경하게끔 했던 것이다.

또 하나 이때의 미국주의의 핵심으로 전파되었던 것은 '문명의 종교'로 알려진 기독교의 보급이었다. 대한제국 시기부터 일제강점기에 이르기까지 조선 기독교 신자의 폭발적 확산은 세계적으로도 그 유례를 찾아보기 힘들 정도였다. 기독교 선교사들의 영향으로 조선의 모더니스트들에게 '미국'은 제국주의 일본의 거짓 근대와는 다른 '풍요롭고', '자유로운' 근대의 표상으로서도 받아들여지고 있었다.

한편 이 시기 미국주의의 정체를 자유주의로 분석하는 지식인도 있었다. 그는 미국주의의 정체를 양심의 독립, 종교의 자유라는 청교도인 퓨리터니즘으로부터 찾고, 이를 통해 권력의 분산과 주권州權의 인정 등 자유사상의 총본산總本山으로 규정했다.

해방 후 남한에는 미군이 진주하여 미군정을 수립했고, 대한민국 정부수립 이후 정치, 사회, 경제, 문화 영역에서는 미국과 교류가 본격 전개되었다. 흔히 원조경제로 통칭되는 1940~50년대의 한국 사회에서 미국은 동경의 대상을 넘어, 노스탤지어

Nostalgia로 인식되고 있었다. 미국주의는 정치적 자유주의, 경제적 자본주의, 종교적 기독교주의라는 삼두마차로 무장하여 남한 사회에 뿌리내리게 된 것이다. 해방 직후인 1946년 9월에는 이러한 미국화를 "철학상의 프래그머티즘Pragmatism, 종교상의 퓨리텐니즘Puritanism, 정치상의 데모크라시Democrcay 및 경제상의 자본주의를 일관하는 아메리카 생활실상의 종합적 활동적 조류"라고 정의했다.

결국 이 시기 한국사회에 만연한 미국화는 '20세기 초반 미국의 다양한 제도와 가치가 새로운 자본주의 질서 재편성과 커뮤니케이션 혁명을 토대로 세계 각 지역에 다양한 방식으로 펼쳐지고, 그 결과 수용 지역에서 자발적이거나 강요에 의해 그러한 것을 베끼고 따라잡는 현상과 과정'으로 정의할 수 있을 것이다.

하지만 이후에 논의할 포로들에 대한 미국화 교육은 이보다는 좀 더 포괄적으로 정의해야 한다. 즉 '미국의 다양한 제도와 가치를 주장하지만 이는 냉전 적대세력인 공산주의에 대한 거부감의 의미로서, 자신들의 가치를 통해 공산세계의 어두운 면을 부각, 폭로하여 자유세계에 대한 이미지를 자본주의, 자유주의 및 기독교주의로 체계화하는 과정'이라고 할 수 있다.

미국이 의도한 포로들에 대한 미국화Americanization 교육이 이데올로기적이고 정치적인 목적을 갖고 이루어졌지만, 한국 사회 내에서 미국에 대한 이미지 자체는 한 마디로 정의 내리기 어렵다. 요시미 슌야吉見俊哉는 자신의 저서에서 "현재 일본인은 '미국'을 명확한 한계나 윤곽을 지닌 타자로 규정할 수 없다. 이는 공기처럼 일상에 침투하여 자신을 구성하고 있다."고 규정하고 있다. 물론 지식인들의 미국 비판과 대중들의 미국 취향이 공존하는 가운데에서 말이다. 이러한 지적은 우리에게도 시사하는 바가 매우 크다. 지식인의 반미의식과 대중의 친미의식이 공존하는 한국 사회에서 미국화의 현상을 쉽게 단정할 수는 없기 때문이다.

결국 한국 사회와 포로수용소 내부에서 발현되는 미국에 대한 인식은 친미주의와 근대화, 반미주의와 공산주의의 수용이라는 식으로 도식화되었을 뿐만 아니라, 삶을 압도하는 현실로서의 남북한 분단으로, '미국'은 일상적인 차원에서 '반공'과 더욱 단단히 연결되었던 것이다.

포로의 발생과 포로 관리 기관의 설치와 운영

한국전쟁의 발발로 인해 전선의 이동이 양 극단으로 전개되었고, 이러한 전선의 이동으로 인해 많은 수의 포로가 발생하였다. 특히 유엔군 측에서는 인천상륙작전 이후 다수의 포로를 확보함으로써 포로 관리를 위한 준비를 체계화하기 시작하였다. 1950년 9월 포로관리를 맡게 된 미군은 포로처리의 방침을 그들의 노동력 활용과 심리전에 이용하려는 방향으로 결정하였다. 미국방부와 국무부가 이를 위해서 협의를 하였지만, 합동참모본부가 주도하기로 결정되었다.

유엔군사령관 맥아더 장군은 이 방침에 따라 1950년 11월과 12월 초에 영등포 수용소에서 연령, 교육 정도, 정치적 지향 및 직업에 따라 고루 선발된 약 500명의 포로에 대한 예비조사를 실시하였다. 이 조사는 포로들에게 전체주의의 정권보다 민주사회에서 사회적, 정치적 및 경제적으로 더 행복해질 수 있다는 신념을 심어주려는 것이었다. 유엔군 측은 이 조사를 통해서 교재, 강의 방법, 포로의 반응 등을 검토하여 본격적인 포로 교육에 대비하였다. 그러나 중공군의 참전으로 유엔군이 서울에서 후퇴하자, 예비조사는 예정보다 일찍 완료되었다.

그 후 1951년 3월 23일 포로교육은 합동참모본부의 승인으로 육군 심리전본부Chief of Psychological Warfare, USA의 지시에 의해 본격화되었다. 이에 따라 GHQ의 민간정보교육국은 1951년 4월 3일자로 유엔군총사령부의 일반명령 제8호에 따라 포로의 교육 프로그램을 개발하고 운영하기 위해서 사령부 내에 설치되었다.

포로교육을 담당한 민간정보교육국Civil Information & Education, CIE은 GHQ 산하에 설치된 부서의 하나로 점령지 내의 문화·종교 관련 업무를 담당하는 기구였다. CIE는 일본의 여론, 교육, 종교 및 사회적 문제를 검토하고, 일본 사회에 팽배해 있는 국수주의, 군사주의의 퇴치와 새로운 민주사회의 원리를 도입하기 위한 전반적 제도개혁을 실시한 경험이 있었다. 이렇게 일본인의 '정신 재교육'을 목표로 운용되었던 CIE가 1951년 4월 3일 유엔군사령부로 배속되면서 전쟁포로에 대한 교육프로그램을 담당하였다. 교육 내용은 문자 훈련, 직업 훈련, 운동, 예술 등이었으나 중점은 오리엔테이션에 있었다.

1951년 4월 중순에 기구의 인력과 조직안이 승인되었고, 군사요원과 한국인·중국인 요원의 선발과 배치는 5월 초에서 중순까지 이루어져서, 교육은 6월 초에 시작되었다. 그 임무 수행을 위해서 민간정보교육국은 제8군 사령부, 군수사령부, 국무부의 정보교육처, 유엔군 참모부 및 한국과 유엔의 관계기관 등과 직접 연락할 수 있는 권한을 부여받았다. 민간정보교육국의 조직은 다음과 같다.

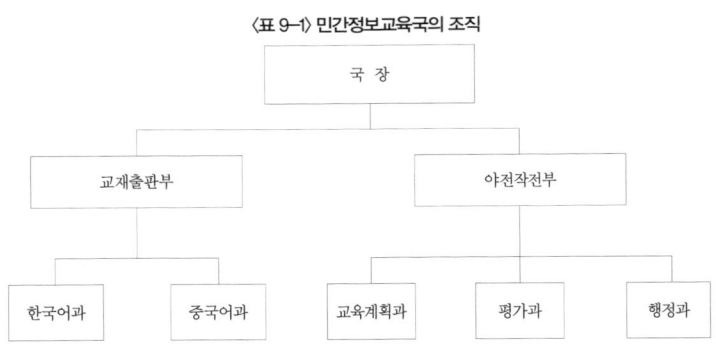

〈표 9-1〉 민간정보교육국의 조직

출전: NARA, RG 554, Records of General Headquarters, Far East Command, Supreme Commander Allied Powers, and United Nations Command, 1941-57. 554.2, Records of Commands in the Pacific, Post World War Ⅱ

CIE의 전체적인 조직을 보면 일본 도쿄의 본부 아래 교재출판부를 두고, 한국에서는 야전작전부를 설치하여 포로수용소의 업무를 관장하게 하였다. 국장과 부국장 등 집행 본부에서는 전반적인 계획 수립과 교재를 담당하였고, 야전작전부에서는 교육에 관한 실무를 수행하였다. 첫 교육국장은 해병중령 뉴젠트 Donald R. Nugent가 임명되었다.

교재출판부에서는 공식적인 교재와 팸플릿 및 포스터 등과 전반적으로 교육에 필요한 물품을 담당하였다. 여기에는 한국어과와 중국어과가 있어서 각각 30명의 미국인, 30명의 한국어 요원, 25명의 중국어 요원이 참여하여 업무를 지원하였다.

야전작전부는 교육계획과, 평가과 및 행정과로 이루어졌다. 실제 교육의 프로그램은 교육계획과를 통해서 실시되었다. 평가과는 교육이 지식습득과 태도에 어떤 영향을 미쳤는지를 평가하여, 교육의 개선과 장래 포로문제를 처리하는 데에 취할 조치를 조사하였다. 행정과는 모든 물자의 수수와 야전작전부에 배당된 장비의 유지와 교육활동을 지원하였다.

CIE 프로그램을 수행하기 위해서는 상당한 규모의 요원들이 필요했다. CIE 부서는 군사조직이었으므로 종합 계획과 일일 활동은 군부의 통제 하에 있었다. 그러나 CIE는 수많은 미국 민간인 전문가들을 교육심리학자, 통계학자 등으로 채용했다. 게다가 2,500명 정도의 전쟁포로들을 CIE요원으로 채용하여, 교육, 연극그룹 지도, 체육활동 지도 그리고 직업프로그램 보조 등 다양한 분야에 배치하였다.

프로그램이 진행되면서 이들 전쟁포로 교사들은 자격을 갖춘 한국 민간인들로 교체되었다. 그러나 상당한 수의 포로들은 계속해서 이 프로그램의 운영에 참가하였다. 끝으로 약간의 카투사 KATUSA: Korean Augmentation Troops to the U. S. Army (미 육군에 파견 근무하는 한국군인)들에게는 이 프로그램에서 교육, 모니터링 등 보조임무가 부여되었다. 이들은 포로들과 민간인 교사들이 CIE 프로그램에 적대적인 포로들에게 위협받고 있던 1951년 4/4분기에 대대적으로 충원되었다.

이렇게 포로재교육을 전담한 CIE는 유엔군사령부와 자체 연락 라인을 갖고 수용소 사령부에 덧붙여진 독립된 부서였다. 즉 부여된 임무를 수행함에 있어 수용소 사령부와는 독립적으로 움직였다.

공산포로에 대한 미국화 교육

CIE 프로그램은 크게 두 가지 방향으로 교육 목표를 설정하고 있었다. 하나는 민주주의를 비롯한 자유진영의 이데올로기를 포로들에게 교육시키는 것이었고 다른 하나는 기독교를 전파하는 것이었다.

CIE 프로그램에 따른 공식 교육은 1951년 6월 1일 63포로수용소의 7,500명을 대상으로 실시되었다. 이 프로그램의 교육 계획은 공식적인 교실 수업과 비공식적인 교육 모두를 포함하였다. 수업은 30주 동안 6가지 주제를 차례대로 배우도록 짜여졌다. 즉 《전쟁의 배경》, 《민주주의와 전체주의》, 《자유세계국가 사람들의 생활상》, 《한국과 세계》, 《한국의 부흥》, 《집단 활동에서의 지도력과 기술 개발하기》 등이다. 《민주주의와 전체주의》 수업에서 강조된 다음의 제목들은 포로에 대한 교육이 무엇을 목적으로 이루어졌는지를 구체적으로 암시하고 있다. 즉 미국적 가치, 아메리카니즘의 체계적 교육이 주를 이루고 있었다. 교재명이 『민주주의란 무엇인가?』, 『민주주의와 전체주의 체제 아래서의 시민적 자유와 해방』, 『철의 장막 북한의 배후』 등이다. 특히 자유세계 사람들의 생활상에서는 개인의 존엄성, 재산권보장, 자립, 자조, 근면 등의 이념 교육이 주를 이루었다.

이 당시 사용된 포로교재로는 다음과 같은 것들이 구비되었다. 포로를 대상으로 하는 교재 대부분은 민주주의에 대한 강조, 반공주의 강화를 목적으로 제작된 것들이 다수를 차지하고 있었다.

〈표 9-2〉 민간정보교육국에서 제작한 포로 대상 교육 교재

교재명(한글)	교재명(영어)	출판일
민주주의와 전체주의 하의 시민적 해방과 자유	Civil Liberties and Freedom under Democracy and under Totalitarianism	
미국의 실정	Facts about the United States	1951년 7월
평화건설	Building for Peace	1951년 10월
민주주의와 평화, 공산주의와 전쟁	Communism and War, Democracy and Peace	1951년 9월
공산주의하의 북한	Communism in North Korea, Facts behind the Iron Curtain	1951년 10월
스위스와 스위스 사람	Switzerland and the Swiss	1951년 11월
동남아세아 몇 나라와 그 국민	Some countries of Eastern Asia and their Peoples	1951년 12월
스웨덴과 스웨덴 국민	Sweden and The Swedes	1951년 11월
공산주의는 과연 소화할 수 있는가?	Is Communism Digestable?	1951년 10월
라틴아메리카 몇 나라와 그 국민	Some Latin-American countries and their People	1951년 12월
공산주의에 대한 문답	Some Questions and Answers about Communism	1951년 10월
영련방의 여러 나라	The British Political System and Some of its Associated Countries	1951년 12월
노예노동과 자유노동	Labor-Slave and Free	1951년 8월
구미민주주의의 역사	History of Democracy	
현세계의 농민	The Farmer of Today	

출전: NARA, RG 554, Records of General Headquarters, Far East Command, Supreme Commander Allied Powers, and United Nations Command, 1941-57. 554.2, Records of Commands in the Pacific, Post World War II

이 가운데 몇 가지 텍스트를 중심으로 포로들에게 미국의 이념을 어떻게 전파하고 교육시켰는지 분석해 보자.

미국의 자본주의

먼저 『미국의 실정 Facts about the United States』의 내용을 검토해 보자. 이 책의 목차는 다음과 같이 구성되어 있다.

〈표 9-3〉 미국의 실정(Facts about the United States) 교재의 목차

1. 나라 땅과 백성	12. 오락
2. 정치 체계	13. 제조 공업
3. 중앙 정부의 조직	14. 통신
4. 생활 수준	15. 전력
5. 보건과 의료 시설	16. 교통
6. 교육	17. 농업
7. 후생사업	18. 산림과 임산물
8. 노동과 노동조합	19. 광물자원
9. 여성들	20. 해운업과 외국무역
10. 종교	21. 국가 재정
11. 음악 서적 예술 및 극장	22. 특수한 연대(年代)들

출전: "Facts About the United States, Korean Laguage Series", NARA, RG 554, Records of General Headquarters, Far East Command, Supreme Commander Allied Powers, and United Nations Command, 1941-57. 554.2, Records of Commands in the Pacific, Post World War Ⅱ

이 책에서는 미국의 급속한 성장 원인을 다음과 같이 기술하고 있다. 미국이 2백 년도 안 된 기간에 다른 나라보다 빨리 성장한 것은 그 자원에만 있는 것이 아니라 '그 인민의 개척정신'에 있다는 것이다. 즉 미국인들은 전체 행복을 위한 자유와 정의를

위해 투쟁을 단념하지 않았다고 강조했다.

이 책자를 읽으시고 미국의 경제적 부만을 부러워하지 마십시오. 미국의 힘과 부에 대한 가장 큰 원인들 중에 하나는 미국이 민주주의 기초 우에 세워진 그것이라는 것을 기억하십시오. 민주주의 기초 우에 나라가 서지 않고 인민의, 인민에 의한, 인민을 위한, 정부를 가지지 않고는 한 나라가 진실한 장래를 세울 수는 없는 것입니다.

그리고 이 교재는 미국의 생활수준을 구체적으로 설명하고 있다. 즉 "1948년 현재 미국의 3천 8백 50만 가정 중에서 약 25%가 연 수입 2천 달러, 54%가 2천~5천 달러, 18%가 5천~1만 달러, 그리고 나머지 3%가 1만 달러 이상의 수입을 가지고 있는데, 여기에는 농가들도 포함되어 있다. 또한 미국에는 극단으로 부유한 사람이나 극단으로 가난한 사람들이 별로 없고 미국인의 대다수는 쏠쏠한 수입으로 비교적 편안히들 살고 있다"고 기술한다. 이러한 평균수입에 대한 자세한 기술은 물질주의적으로 풍부한 미국 사회를 포로들에게 각인시키는 내용으로 미국 자본주의에 대한 우월성을 은연중에 드러내고 있음을 알 수 있다.

한편 아주 구체적인 수치를 들어 미국인 평균 노동자들의 수입을 비교한 예도 있다.

평균을 따져 보면 미국의 노무자는 한 '파운드'의 면보를 살만한 돈을 벌기 위하여는 단지 한 시간만 일하면 되고, 한 '파운드'의 쌀을 사기 위하여는 7분, 한 '파운드'의 사탕을 사기 위하여는 4분, 한 '파운드'의 '커피'를 사기 위하여는 31분, 한 '파운드'의 '베콘'을 사기 위하여는 26분, 열두 개의 귤을 사기 위하여는 18분, 열두 개의 계란을 사기 위하여는 26분 동안만 일하면 된다. 그리고 또한 37시간도 못되는 노동으로 새 양복 한 벌을 장만할 수 있으며, 여섯 시간 반의 노동으로 구두 한 켤레를 살 수가 있다.

이렇게 구체적으로 베이컨, 커피, 귤, 계란 등의 식료품을 구비하는 데 단지 약간의 시간만을 투여하면 충분한 양의 생필품을 구매할 수 있다는 주장은 미국 자본주의의 생산력과 임금 체계를 포로들에게 과시하는 측면도 있을 것이다.

마지막으로 이 교과서는 미국의 과학기술 문명에 의한 가전제품을 나열하고 있는데 "미국의 도회지 가정들 중에서 67%가 기계 냉장고를 가졌고, 84%가 '깨스'나 전기 화덕을, 65%가 전기토스터를, 58%가 진공청소기를, 52%가 전기세탁기를, 93%가 전기다리미를, 91%가 라디오와 라디오축음기(전축) 등을 가지고 있다"고 강조하고 있다.

결국 교재를 통해 포로들에게 강조하고 싶었던 것은 자본주의 세계의 물질적 풍요에 대한 동경을 잠재적으로 일깨우는 것이 주요 목적이었던 것이다.

민주주의의 우월성

다음으로는 민주주의의 가치에 대한 내용을 담고 있는 교재이다. 포로 교재 가운데 민주주의와 공산주의의 비교를 통해 그 우월성을 강조하고 있는 교재는 『민주주의와 평화, 공산주의와 전쟁 Communism and War, Democracy and Peace』이다. 먼저 교재 첫 페이지는 다음과 같이 시작하고 있다.

> 공산주의는 그 근본에 있어서 폭력이라 할 것이다. 크레믈린에 있는 사람들은 이 폭력과 혁명과 전쟁을 복음과 같이 선전하고 있다.

또한 공산주의의 독재적 성격에 대해서도 "퐛쇼주의나 나치스주의나 군국주의나 공산주의가 다 꼭 같은 것들이다. 이 모든 주의자들의 통치하는 방식은 다 백성의 권세를 빼앗고 또 사실로 백성을 종으로 만드는 것이다. 모든 권세는 다스리는 몇 사람의 손에나 혹은 독재자 한 사람의 손에 들어간다."고 설명하며 공산주의의 속임수에 주의하라고 당부하고 있다. 공산주의의 속임수는 독일, 이탈리아, 일본 세 나라가 사용하던 것과 똑같은 술책인데 세계정복을 꿈꾸고 있으나 이는 자신들의 국민들을 멸망으로 이끄는 것이라고 한다.

반면에 공산주의와 달리 "그 권세가 백성의 손에 있고, 법률 만드는 권리가 백성에게 있고, 그 법률을 시행하는 권력이 또한 백성에게 있는 나라 즉 다시 말하면 참된 민주주의 나라에서는 침략전쟁을 할 수 없다."고 강조하였다.

민주주의에 있어서는 모든 기본적 권력이 다 백성에게 있다. 백성들은 이 기본적 권력을 결단코 버리지 않는다. 백성들은 그 권력을 정부에 있는 자기들의 대행기관이나 또는 자기들이 선거한 대표자에게 언제나 일정한 한도 안에서 맡아 할 수 있도록 위임할 수 있는 것이며 또한 위임하는 것이다. 그러나 이 위임에는 일정한 한도가 있는 것이다. 더욱 전쟁을 선언하는 권리와 권한은 무엇보다도 더 엄중한 제한을 받는 것이다.

그러나 이러한 내용은 한국전쟁에 참전하고 있는 미국의 행위를 설명하고 있지 못하다는 약점이 존재하고 있었다. 따라서 한국전쟁에 대해 참전하고 있는 미국 스스로의 자기합리화를 위한 설명이 필요했다. 이를 위해 교재에서는 "미국은 치욕이나 굴복이나 또는 침략자에게 정복을 당하는 것밖에 다른 길이 없다고 생각될 때에만 부득이 전쟁을 하게 되는 것"이라고 강조하고 있다. 그리고 민주주의의 길만이 평화의 길임을 주장하고 있다.

민주주의 같이 평화로운 것은 없다. 백성들은 자기네 일이든지 정부 일이든지 마음대로 하면서 보수로 다만 평화의 열매만 구하는 것이다. 그러나 민주주의는 공격을 당하거나 또 애써서 얻은 자유가 도전을 당할 때에는 민주주의 같이 그렇게 결사적으로 싸우는 것은 없을 것이다.

미국은 포로에 대한 교육을 통해 한국전쟁의 발발원인을 북한 측에 돌리고 있으며, 이를 통해 민주주의 국가의 붕괴를 위해서, 부득이하게 전쟁에 참여하였음을 포로들에게 설명하고 있다.

반공교육

다음으로는 포로들에게 가장 직접적인 심리전 선전술의 하나로 공산주의에 대한 혐오감과 문제점을 지적하는 반공교육이 포로교육의 핵심을 이루고 있다. 포로교육 교재에서 반공주의를 가장 적나라하게 보여주는 것은 『공산주의에 대한 문답Some Questions and Answers about Communism』과 『공산주의는 과연 이해될 수 있는가?Is Communism Digestible?』라는 교재이다.

『공산주의에 대한 문답』의 목차는 다음과 같다.

〈표 9-4〉 공산주의에 대한 문답 교재의 목차

공산주의와 자유
공산주의자의 세력 획득 방법
공산주의자와 한국
공산주의 밑에서의 노동자와 농민
공산주의 밑의 정치적 사회적 역할
자유국가에서의 공산주의
공산주의와 전쟁

출전: "Some Questions and Answers about Communism", NARA, RG 554, Records of General Headquarters, Far East Command, Supreme Commander Allied Powers, and United Nations Command, 1941-57. 554.2, Records of Commands in the Pacific, Post World War II

이 교재는 7개의 주제 아래 55개의 질문을 부여하고 이에 대해 설명하고 있다. 공산주의와 자유라는 장에서는 다음과 같은 질문을 제기하고 있다.

1. 공산당은 주장하기를 공산주의 치하에 있는 사람들은 많은 자유를 가졌다는 이것이 사실인가? (답: 천만에요)
2. 소련에서는 인권과 자유가 보장되어 있는가?
5. 공산주의자들은 언론 자유를 가졌다고 하는데 이것이 사실인가? (답: 아니다)
6. 소련에 신앙의 자유가 있는가? (답: 없다)

물론 답은 "아니다", "없다" 등의 부정 표현으로 시작하면서 상세히 답변하고 있다. 다음으로 '공산주의자의 세력획득방법' 장에서는 다음과 같은 질문이 나온다.

10. 공산주의가 한 나라에 들어오게 되는 것은 그 백성이 청하여 오는 것인가? (답: 역사상에 그와 같이 청함을 받은 일은 절대로 없다)
11. 공산주의는 외부의 세력으로 나라를 빼앗는가? (답 : 최후의 수단으로써만 외부세력으로 다른 나라를 접수하는 것이다)
13. 공산주의자들은 한 국가의 세력을 잡게 되면 어떤 이익을 취하는가? (답: 한가지로는 보통사람보다 더 나은 생활을 하게 된다)

이외에도 공산주의와 한국이라는 장에서는 국내 공산당이 무엇을 노리고 있는지를 문답식으로 정리했다.

17. 한국의 공산당 지도자들은 무엇을 원하는가? (답: 한국의 공산당 지도자들은 한국을 로서아의 지배 밑에 있는 전체주의 국가로 전환시키기를 원하고 있다)
18. 한국의 공산주의자들은 자주성이 있는가? 혹은 세계적인 공산주의 운동의 일부분으로 움직이는가? (답: 한국의 공산주의자들은 다른 나라의 공산주의자와 같이 세계적인 공산주의 운동의 일부분으로 움직이고 있다)

이 교재는 55가지의 질문을 통해 공산주의 하의 노동자와 농민의 생활상, 공산주의 하의 계급질서의 존재 유무, 공산주의자들의 전쟁관 등을 질문하며 자연스럽게 공산주의에 대한 혐오감을 강조하고 있다.

다음으로 『공산주의는 과연 이해될 수 있는가?』의 교재도 주로 공산주의의 정체를 민중의 각성으로 인식함으로써 공산주의의 폭력성과 탄압, 억압정책 등을 정확히 이해해야 한다고 기술하고 있다.

요약하자면, 반공주의 교육의 핵심은 공산주의 체제를 외부 세력에 의한 침략세력 등으로 대상화함으로써 이에 대한 반감을 고취하는 것이 주요 목적이었다.

거제도 포로수용소 안에서 진행된 반공 이데올로기 교육과 기독교 교육

군목제도를 통한 군 선교와 포로 선교는 순수한 기독교 복음 전파나 군인과 포로들의 종교적 복지 내지 서비스 차원에서 이루어진 것이라기보다는 고도의 심리전적 의도가 내포된 정치 행위였다.

기독교

미국주의 즉 아메리카니즘의 대표적인 체계 가운데 하나는 바로 기독교라는 종교였다. 그러므로 포로에 대한 교육 가운데 중요한 위치를 점하고 있는 것이 바로 기독교의 선교였다. 포로들에 대한 기독교 교육은 초기 비공식적인 방향으로 이루어지다가 CIE 프로그램에 정식으로 도입되었다.

초기에는 이종오·김원상 등 소수의 기독교 신자들이 중심이 되어 예배를 보는 것으로 시작하였다. 1950년 8월 힐Harry J. Hill(許一) 선교사가 선천 출신의 김장로(본명 미상)와 함께 외부로부터의 포로선교를 시작했다. 이러한 비공식적인 포로선교의 대표적 인물은 일본에서 건너와 1950년 9월 인천상륙작전에 참여하여 인천에 수용되어 있던 5만여 명의 포로들에게 전도를 했던 보켈Harold Voelkel(玉鎬烈)이었다. 그는 북진하는 미군을 따라 평양에까지 진출하였고 이후 함흥·흥남·원산 지역까지 힐 선교사와 동행하여 포로선교를 추진하였다. 부산 지역에서는 1950년 12월에 선교사 텔미지J. E. Telmage(打要翰)가 정식으로 미군 군목 신분을 얻어 포로를 대상으로 한 선교활동을 시작하였다.

1951년 4월 본격적으로 CIE 프로그램이 각 포로수용소에 도입되며 군 관리들의 주도 아래 체계적인 기독교 교육이 시작되었다. 특히 CIE 프로그램은 기독교와 민주주의 사이의 강한 유대감을 강조하였다. 한국의 CIE는 기독교 개종을 성공의 척도로 간주하기도 하였다. 5백 명의 전쟁포로를 대상으로 한 CIE프로그램의 실행에서,

CIE 관리인 핸슨Kenneth Hansen 대령은 이를 복음주의 전파의 기회로 활용하였다. 정례적인 CIE 프로그램이 생기면서, 핸슨은 교회 참석인 수를 파악하여 그 진전도를 규칙적으로 측정했는데, 특히 기독교 행사와 정기 예배에서 늘어가는 포로들의 수에 강조점을 두었다.

한국의 CIE에서 이러한 선교사적 믿음이 제일 강한 지지자는 CIE의 야전작전부 책임자인 오브라이언Robert E. O'Brian 중령이었다. 거제도에 상설된 한국의 CIE 프로그램의 수석 관리인이었던 오브라이언은 민주주의와 기독교의 공생적 관계를 칭송하는 프로그램을 개발할 계획을 가지고 있었다. 그는 민주주의에 대한 '도덕적이고 윤리적인' 지지는 기독교와 하나님에 대한 믿음과 연결되어 있다고 주장했다. '박해' 앞에서 종교적인 신념을 외치는 것은 가장 전형적인 반공주의적, 그리고 미국인 관리자에 대한 친親민주적인 의지의 표현이었다.

이를 연구한 한 학자는 이데올로기 교육에서 기독교 개종이 포로의 전향과 반공의식을 판별하는 시금석으로 작용하였고, 이렇게 기독교 개종의 목적에는 심리전적 요소가 강하게 작용하였음을 간파하였다.

포로수용소 내의 조직의 기초가 되는 집단들을 조사한 한 연구 보고서에서는 기독교인들의 집단에 대해서 다음과 같이 서술하고 있다.

기독교인들 −기독교인 집단은 고도로 조직적인 경향이 있었고, 가끔 반공 행동의 핵심이 되기도 했다. 제3구역 기독교인들은 비교적 공식적이고 전 구역적인 조직을 가졌고, 징발과 행정을 위한 우두머리와 관리들이 이 집단에서 나왔을 뿐만 아니라 지도부장의 주된 임무는 민주주의와 공산주의의 차이를 설명하는 것이었다. 이 집단의 어떤 행위들은 비밀리에 이루어졌으며, 한 미국인 선교사가 포로들의 종교적 요구를 지도할 뿐만 아니라 반공 정보원으로 이들을 사용하여 공산주의 혐의자의 행동 정보를 수집, 수용소 당국에 넘겨주기도 하였다.

이 보고서는 당시 포로에 대한 기독교계의 선교가 반공 이데올로기의 주입이라는 정치적 목적과 병존하고 있음을 잘 보여주고 있다. 기독교 교육을 이수한 포로들은 석방되자 곧바로 1955년에 '기독신우회'를 조직하였고, 포로수용소 시절부터 신학을 지원한 자들 가운데 가능성 있는 지원자 200여 명을 대학 및 신학교에 진학시켰다. 기독신우회를 통해 배출된 목회자는 목사만 160여 명에 이르며 전도사까지 포함하면 200여 명에 이르고 있다.

군목제도를 통한 군 선교와 포로 선교는 순수한 기독교 복음 전파나 군인과 포로들의 종교적 복지 내지 서비스 차원에서 이루어진 것이라기보다는 고도의 심리전적 의도가 내포된 정치 행위였다.

기타 교육

이외에도 포로교육을 위해 미국의 소리 Voice of America, 유엔군사령부 방송, 자유아시아 라디오, 그리고 대한민국 방송국 등이 내보내는 라디오 방송도 널리 이용되었다. 피수용자들은 또한 주간 미국공보원United States Information Service, USIS의 번역 뉴스와 USIS 배급 영화필름도 보았다. 또한 중국인 포로들은 국민당 정부의 잡지들도 받아보았다.

오리엔테이션 프로그램의 비공식 교육은 포로들의 일상생활에 많은 영향을 미쳤다. 라디오 프로그램과 녹음은 하루 세 번씩 수용소 내에 방송되었다. 검열된 책, 팸플릿, 신문 등은 도서관과 정보 센터를 통해 포로들에게 제공되었다. 그 외에 주기적인 전시와 공연도 제공되었다.

오리엔테이션 프로그램과는 관계없이 문맹자 교육에 보다 많은 노력이 기울여졌다. 이는 아마도 교육 요원들이 직면했던 가장 어려운 문제였을 것이다. 1951년 말이 되어서야 한국어와 중국어 교재가 준비되었고 오리엔테이션 강좌 시리즈들은 기본 읽기와 쓰기 과정을 끝마친 사람들을 위해 쉬운 용어로 제작되었다.

CIE의 종합 계획은 직업훈련 프로그램도 제공하였다. 모든 포로들에게는 매주 최소 4시간 이상 목공, 재봉 또는 제화 기술을 배울 수 있는 기회가 주어졌다. 또한 새로운 농사 기법들을 익히려는 노력들도 경주되었으며, 시범재배도 실시되었다. 그러나 이런 농사작업에 사용될 땅이 한정되었기에 이 프로그램의 성과는 제한적일 수밖에 없었다.

마지막으로 CIE는 체육, 놀이, 취미, 미술, 음악, 문학 활동 등에 시간을 할당하는 포괄적인 여가recreation 프로그램을 구성했다.

미국화교육(심리전)의 성과

한국전쟁기 휴전협상에서 가장 큰 문제는 바로 송환문제였다. 미국은 포로 송환 때 자유의사에 따른 송환(Voluntary Repatriation)을 주장하였고 이는 기존의 국제법과도 배치되는 일이었다.

하지만 미국이 이토록 국제법에 저촉되는 조항을 들고 나온 것은 소련과 중공을 위시로 한 공산 진영에 대한 일종의 심리전의 전개라고 볼 수 있다. 결국 미국은 이를 관철시켜 협상테이블에서 일정 정도 물질적이기도 하고 이데올로기적이기도 한 만족감을 얻었다고 할 수도 있다. 이런 만족감들이 미국의 힘을 증명하고 미국의 이익에 보편성이라는 개념을 지탱하는 데 사용되었다.

미국 정부는 일례로, 어떤 전쟁 포로도 본국 강제 송환은 없다는 원칙을 강화해서 서방 국가들이 개인 인권에 가지고 있는 존경을 증명했으며, 이 원칙 때문에 중요한 국가적 목표를 희생할 정도였고, 북한과 중국 공산주의 정권의 비합법성과 그 인민들의 의심쩍은 충성심을 보여주었다고 주장했다.

이러한 미국의 이데올로기전, 심리전에 활용된 것이 바로 한국전쟁기 포로재교육이었다. 물론 이러한 계획에는 전략적 목적이라는 특수한 이해관계가 작용한 것이었지만, 교육 내용 자체에는 바로 미국의 가치인 민주주의, 개인주의, 프로테스탄티즘에 대한 자신감이 동양인들에게 전파되고 교육되었다는 역사적 사실을 입증하고 있는 것이다.

10장

연합국번역통역국과 북한문서의 노획

1950년 7월 16일, ADVATIS는 중요한 문서를 입수했다. 이는 북한군 제4사단장인 이권무의 서명으로 예하 제18, 16, 5연대에 6월 22일 발효된 정찰명령서였다. 이 문서와 함께 ADVATIS는 북한의 남침을 증명할 수 있는 확실한 증거 문서로 작전명령 1호를 입수하여, 제4사단 포병장교의 진술과 함께 이를 유엔에 제출할 특별보고서에 첨부했다. 이 작전명령 1호에는 잘 알려져 있듯이 북한군 제4사단이 38선 접경지역인 옥계리를 돌파하여 의정부, 서울 지역으로 진출하는 것으로 계획되어 있었다.

북한노획문서에 대한 직접적인 연구는 문서가 공개된 1977년 직후에야 미국과 일본에서 이루어지기 시작했다. 그러나 이들 연구는 문서에 대한 전반적인 소개였을 뿐 문서의 입수 과정에 대해서는 그 경위와 해당 주체 등이 알려져 있지 않았다.

이후 북한노획문서에 대한 직접적인 연구는 거의 없었다. 1980년대 후반에 들어와 북한노획문서에 대해 선구적으로 연구한 학자는 방선주 박사이다. 여기서 주목되는 것은 이 논문에서 노획문서와 연합국번역통역국Allied Translator & Interpreter Section(이하 ATIS)의 관계를 처음으로 언급하고 있다는 점이다. 2002년에 들어와 방선주는 「선별노획문서」라는 주제의 논문에서 다시 한 번 ATIS에 대해 간략하게 소개하였다.

흔히 북한노획문서의 수집 주체를 인디언헤드[Task Force Indianhead]

특수임무부대로 설명하고 있다. 그러나 본론에서 자세히 살펴보겠지만 인디언헤드 부대의 활동은 1950년 10월 19일부터 25일까지 7일 정도에 불과할 뿐이다. 따라서 현재 우리가 활용하고 있는 160만 매 이상에 달하는 북한노획문서가 이들 인디언헤드 부대가 전적으로 수집한 것은 아니라는 것을 쉽게 알 수 있다. 더욱이 문서의 입수 장소와 시기도 평양, 원산, 인천, 서울 등 상이하다.

이 장에서는 북한노획문서의 수집과정에 대해 정리하고자 한다. 먼저 연합국번역통역국ATIS의 연혁과 임무를 살펴보고 북한노획문서를 획득하기 위한 주요 기구의 활동을 기술한다. 특히 인디언헤드 특수임무부대와 ATIS의 활동을 상술하여 북한노획문서의 조사, 입수, 분석, 이송의 주요 임무를 수행한 주체를 밝히며, 마지막으로 북한노획문서의 종류와 체제를 정리해보고자 한다.

연합국번역통역국(ATIS)의 연혁과 임무

ATIS의 창설과 조직은 앞의 2장에서 이미 살펴보았다. 여기서는 한국전쟁 기간의 ATIS조직과 활동에 대해 자세히 알아보자.

이미 한국에서는 24군단 하에 신문센터를 설립하여 소련 점령지역인 북한에서 내려온 피난민에 대한 신문을 진행하고 있었다. 일본인 귀환자의 수가 점차 줄어들기 시작하고, 한국전쟁이 발발하여 북한군 및 중공군 포로에 대한 신문 수요가 증가하자, 윌로우비는 TIS$^{\text{Translater and Interpreter Section}}$가

실시하는 소련 관할지역에서 온 일본인 귀환자의 신문을 1950년 12월 31일자로 종료하였다.

한국전쟁이 발발하자 TIS는 1950년 7월 7일 한국전선에 배치할 ATIS전선부대(ADVATIS)의 조직을 서두른다. 이들이 선발대로 한국에 파견되었고, 이후 ADVATIS의 조직은 확장되었다. ADVATIS는 일종의 전진기지 역할을 담당했다. 대구와 부산, 동래를 주기지로 하며 주요 지역(서울, 인천)과 전투부대에 전방제대$^{ATIS\ Advanced\ Echelon}$를 파견하였다. 즉 ADVATIS는 전선에 파견된 예하 부대인 전방제대(AE)를 통해 북한군 및 중공군 포로에 대한 신문, 각 파견대 및 사단 파견대에서 보내오는 북한 노획문서를 분류, 정리, 번역하여 전략정보, 전술정보 등으로 분류하고 이를 도쿄의 ATIS본부로 이송하였다.

북한문서 수집을 위한 인디언헤드 부대의 조직과 활동

한국전쟁기에 북한문서는 다음과 같이 다양한 기구에서 수집되었다. 즉 제8군 내 제2사단 병력으로 조직된 특수 임무부대인 인디언헤드 부대$^{Task\ Force\ Indianhead}$, 극동공군사령부$^{U.\ S.\ Air\ Forces\ of\ Far\ East}$, 제8군(EUSAK) 정보참모부(G-2) 산하 정보대, 극동군사령부 정보참모부(G-2) MIS산하의 ATIS이다. 여기서는 일반적으로 잘 알려진 인디언헤드 특수임무부대와 ATIS의 활동을 중심으로 살펴보자.

인디언헤드 부대는 1950년 10월 16일 제8군 G-2의 명령으로 제2사단 사령부의 지시에 의해 포스터 중령^{Ralph H. Foster}을 지휘관으로 하여 조직되었다. 당시 제2사단은 각 예하 부대가 반격작전으로 낙동강을 거쳐 북상하던 중이었다. 제2사단의 행로를 보면 9월 16일 낙동강에서 전주를 거쳐 논산까지 전진하였다. 10월 6일에서야 수원 북쪽까지 사단 선두부대가 진출하였고, 이날 제8군 예비대로 전환되었다. 사단 사령부는 10월 10일에 영등포에 주둔하였고 사단 예하 모든 부대는 예비 집결장소에서 차후 명령을 위해 대기 중이었다. 사단의 예하 부대인 제9연대는 평양 지역에, 제23연대는 해주와 사리원 지역을, 제38연대는 사단 포병대와 함께 영등포 지역에 주둔하였다.

이렇게 제8군의 예비부대인 제2사단 예하병력으로 특수 임무 대대를 조직한 것이다. 인디언헤드 부대는 다음과 같이 조직되었다.

- 제72 탱크대대에서 1개 소대 차출 : 6대의 M-26 탱크와 1대의 반-궤도 차량
- 제2 정찰중대에서 1개 소대 차출 : 2대의 M-24탱크와 1대의 M-39 장갑 보병 수송차
- 제38연대에서 1개 보병중대 차출 : 중대장을 포함한 6명의 장교. 차량화 보병중대
- 1명의 장교와 14명의 사병으로 구성된 공병폭파대 : 1대의 2.5톤 트럭과 1세트의 공병폭파물
- 제82 방공포대대에서 방공자동포 1개반 차출 : 1대의 M-16

과 1대의 M-19 의무반에서 1명의 의사와 2명의 보조 원으로 구성된 야전응급치료소$^{\text{aid station}}$ 제2 CIC파견대에서 일부 요원

여기에 제8군의 대표자 및 GHQ의 정보특수팀$^{\text{intelligence specialist teams}}$이 추가로 구성되었다. 특수임무부대는 전부 차량 기동화 되었다. 10월 17일에 인디언헤드 부대는 사단의 제2정찰중대 지역에서 집결하였다. 인디언헤드 부대는 공격 부대와 함께 평양에 들어가서 문서를 수집^{collecting}하고 분실되거나 파괴될지 모르는 가치가 있는 정보(정부기록, 과학문서, 외국 강대국이 북한정책에 강제적 영향력을 행사한 증거 등)를 확보할 것을 임무로 하고 있었다. 여기에 가능하다면 북한 인사를 생포하는 것도 주요 임무 가운데 하나였다.

10월 19일 북한 수도인 평양에 들어간 최초의 미국 병사는 파커$^{\text{E. V. Parker}}$ 병장이었다. 파커 병장은 인디언헤드 부대원이었다. 인디언헤드 부대는 10월 19일 평양 외곽까지 접근했으나 20일 오전까지 대동강을 건너지 못했다. 교량문제 때문이었다. 결국 오후 5시 50분경 한국군 병사로 구성된 소^{少} 병력이 공격단정으로 강을 건너고 나서야 경^{輕} 탱크를 이용하여 대동강 철교를 건널 수 있었다. 20일 밤 인디언헤드 부대는 평양에 있는 2곳의 라디오 방송국을 점령했다. 한 라디오 방송국에서는 신형 방송장비를 확보했고, 다른 곳에서는 북한 문건을 다수 확보했다. 또 다른 장소에서 상당량의 적 문건을 노획했지만 번역하지는 못했다.

인디언헤드 부대 요원들은 수집품^{collection}과 기록물$^{\text{recording of}}$

material을 방해 없이 확보할 수 있었다. 인디언헤드 부대원들은 자신들이 확보한 수많은 정보자료를 극동군사령부의 스페셜팀 Special Team에 인계했다. 임무를 완수한 인디언 헤드 부대는 1950년 10월 25일 12:00부로 해체되었다. 이후 모든 부대원들은 원 소속 부대로 복귀하였다.

여기까지가 그동안 알려진 인디언헤드 부대에 대한 개략적인 내용이다. 애플맨이 기술했던 Special Team은 무엇일까? 필자는 이를 ATIS, 상세히는 ATIS의 전선부대인 ADVATIS의 전방제대(AE)라고 추정한다. 이는 아래에서 소개할 ADVATIS의 활동을 미루어볼 때 추정 가능하기 때문이다.

한국전에서 ATIS의 조직과 활동

다음으로는 북한 지역에서 광범위하게 주요 문서를 수집, 분류, 적재, 이송하는 데 중요한 역할을 담당했던 ATIS의 활동을 구체적으로 살펴보자. 1950년 6월 25일 한국전쟁이 발발하자 미국은 6월 29일 북한군의 남침을 저지하기 위해 해공군의 투입을 결정했다. 곧 이어 일본에 주둔한 제24사단 21연대의 제1대대를 특수임무부대로 편성하여 파병하고, 본대인 제24사단의 한국전선 파견을 결정했다.

이에 따라 ATIS측에서도 ATIS전선부대(Advanced ATIS: ADVATIS)를 조직했다. 한반도에 3명의 장교를 포함한 조정반과 번역반 2개, 신문반 2개를 파견하는 것을 6월 30일에 결정했지만, 정식으로 ADVATIS가 발족했던 것은 1950년 7월 7일이었다. ATIS에서 파견한 ADVATIS는 윌드레이어$^{Carl\ J.\ Weeldreyer}$ 대위, 벅$^{James\ H.\ Buck}$ 중위, 카나야$^{Jimmie\ Kanaya}$ 중위, 이노모토$^{Satoru\ T.\ Inomoto}$ 병장, 하야시다$^{Robert\ M.\ Hayashida}$ 병장, 하마사카$^{George\ M.\ Hamasaka}$ 병장, 한$^{Joseph\ Han}$ 상병, 카네시로$^{George\ T.\ Koneshiro}$ 상병, 호리시게$^{Gerorge\ R.\ Horishige}$ 상병, 카빌$^{James\ E.\ Carville}$ 일병 등 총 10명이었다. 이들은 대전으로 이동하여 주한미군사령부(당시 미 제24사단)의 G-2와 접촉하고 신문 및 문서 수집 준비를 시작하였다.

그러나 이미 극동공군(FEAF)이 움직이고 있었다. 이들은 링어프로젝트$^{Wringer\ Project}$반을 가동하여 이미 1950년 7월 4일에 한국군에 붙잡힌 북한군 포로에 대한 신문을 시작했다. 따라서 FEAF보다 뒤늦게 편성되어 전선에 파견된 ADVATIS는 7월 10일 FEAF의 담당자와 공동으로 포로에 대한 신문을 처음으로 시작했다.

1950년 7월 15일 ADVATIS는 금천^{Kumchon} 지역에 주둔하고 있던 한국군 헌병대 2층 건물에 주둔했다. 이때 문순덕을 통역가로 임명했는데 이는 ADVATIS가 최초로 고용한 한국인이었다. 이 날 ADVATIS는 신문보고서를 최초로 주한미군사령부 G-2에 보고했고, G-2는 제8군 사령부 하의 모든 신문 조직에게 ADVATIS 부대장의 통제를 받을 것을 명령했다. 7월 17일 제8군 사령부와 ADVATIS 합동으로 신문센터$^{Interrogation\ center}$를 수립하고, 한국군에게 인계받은 포로 10명에 대한 신문을 시작했다.

7월 16일 ADVATIS는 아주 중요한 문서를 입수할 수 있었다.

이는 1950년 7월 16일 대전지역에 있던 제24사단 제21연대가 노획한 북한 문서였는데, 이는 북한군 제4사단장인 이권무의 서명으로 예하 제18, 16, 5연대에 6월 22일 발효된 정찰명령서였다. 이 문서와 함께 ADVATIS는 북한의 남침을 증명할 수 있는 확실한 증거 문서로 작전명령 1호를 입수하여, 제4사단 포병장교의 진술과 함께 이를 유엔에 제출할 특별보고서에 첨부했다. 이 작전명령 1호에는 잘 알려져 있듯이 북한군 제4사단이 38선 접경지역인 옥계리를 돌파하여 의정부, 서울 지역으로 진출하는 것으로 계획되어 있었다.

그런데 전선에 파견된 ADVATIS에게 필요했던 것은 일본어만이 아니라 한국어와 러시아어, 특히 중공군 참전 후에는 중국어의 언어요원으로, 닛세이를 주력으로 했던 종래의 언어요원으로는 쓸모가 없었다. 결국 1950년 8월에 유엔군 휘하 ADVA(UN)TIS가 한반도에서 유엔군에 참가하고 있는 육·해·공군 전부의 공동조직으로 문서 수집과 포로 신문의 중앙집권적 관리체제로 정비되었다.

[표 10-1] ATIS전선부대(ADVATIS Korea) [1950. 8. 2]

8월 9일과 10일 이틀에 걸쳐 ADVATIS는 한국에 파병된 미군 각 사단을 방문하여 신문 조직을 정비했다.

미 제1기병사단 : 장교 3명, 사병 21명
미 제24사단 : 장교 2명, 사병 21명
미 해병 여단 : 장교 2명, 사병 11명
미 제25사단 : 장교 4명, 사병 16명
미 제2사단 : 장교 3명, 사병 11명

8월 22일에는 낙동강 전선에서 총공격을 감행하려는 북한군의 기밀문서를 가지고 자진 귀순한 북한군 13사단 포병연대 정봉욱 중좌에 대한 신문을 진행하기도 하였다. 늘어나는 포로와 문서수집의 양으로 기존의 ADVATIS의 인원으로는 업무를 감당하기 힘들게 되었다. 이에 8월 31일에는 한국군 연락단의 협조 아래 ADVATIS는 14명의 한국군 중위와 80명의 민간인을 통역가로 추천받았다. 이 가운데에 문익환이 있었다.

노획문서를 영어로 번역하기 위해 한국 인사들을 GHQ에 소집한 사실은 있었으나, 각 인물들의 회고록에 따르면 시기나 장소는 상이하다. 즉 각각의 회고록에 따르면 전쟁 발발 후 10월, 12월에 소집되어 GHQ에 합류한 것으로 기록하고 있기도 하고, 근무 장소가 도쿄역 인근 GHQ사무소로 기억하고 있으나, 자료에 따르면 문익환은 이미 1950년 8월 통역 요원으로 한국군 연락단에 선발되어 미군에 통보되었다.

여러 자료를 교차 분석해 보았을 때, 사실에 관한 일부 차이는 있으나 GHQ는 북한에서 입수한 노획문서의 번역과 북한군 포로 신문을 위해 한국에서 영어를 할 수 있는 유력 인사들을 도쿄로 불러들여 이들에게 노획문서 번역, 포로 신문, 심리작전 일환인 대북방송의 임무를 맡겼다. 또한 포로들을 위한 교재 편찬에도 이들이 동원되었다. 장리욱의 회고에 따르면 한국인들로 구성된 번역팀의 노획문서에 대한 번역은 1951년 4월경에 종료되었다.

8월 26일 ADVATIS는 7월 초부터 활동하던 극동공군의 정보팀과 한반도에서 합병을 결정했다. 따라서 이후 극동공군 Wringer팀이 수행하는 신문보고서는 ADVATIS의 보고서에 통합되어 작성되었다.

인천상륙작전의 성공 이후 북한군 포로와 노획한 문서의 수가 기하급수적으로 늘기 시작했다. ADVATIS는 제한된 인원으로 임무를 수행하기 위해 동분서주하였다. 공보처장 김활란을 통해 한국인 통역가를 다수 확보하는 한편, 영한사전의 구입을 시도했다. 결국 ADVATIS는 1권에 4,000원(당시 2달러 22센트) 하는 신생사^{新生社}의 1947년도 발행 한영사전을 구입하여 업무에 활용하기도 하였다.

그럼에도 9월 이후의 작업은 그들에게는 버거운 일이었다. ADVATIS의 책임자인 다우드$^{Harold\ Doud}$ 대령은 도쿄의 ATIS 책임자인 스타크$^{Thomas\ N.\ Stark}$에게 보내는 전문에서 과도한 업무의 부담을 호소하고 있다. 그에 따르면 9월 20일 이후 문서 노획에서 ATIS본부로 선적할 때까지 기간이 11일이 걸린다고 주장했다. 그런데 이 가운데 각 부대에서 수집한 후 ADVATIS까지 7일이 걸리므로 정작 이를 분류하고 번역하는 데에는 4일의 시간밖에 주어지지 않는다는 하소연이었다. 1950년 9월 22일 현재 한국전쟁과 관련한 ATIS의 총 인원은 63명이었다. 여기에는 ADVATIS에 소속된 인원이 41명(장교 10명, 사병 31명), 출판·생산팀[Production] 6명(장교 1명, 사병 1명, 군무원 5명), ATIS본부요원 4명(군무원 4명), 조사·정보팀 13명(장교 3명, 군무원 10명)이다.

    ADVATIS의 또 하나의 주요 임무는 북한군 포로에 대한 신문이었다. 포로의 신문은 인천에서 가능한 한 3단계의 신문을 실행했다. 긴급한 현안 작전을 위해 전략적 신문[tactical interrogation]이 우선되었고, 10월말에는 중공군 포로 신문도 시작되었다. 본 글에서는 북한 노획문서의 수집과정에 대한 분석을 중심으로 살펴보기 때문에, ATIS의 포로 신문에 관한 내용은 생략한다.

ADVATIS의 북한지역 작전

인천상륙작전으로 북진이 시작되자 ADVATIS에 중요한 임무가 부여되었다. 바로 북한 지역 내에 직접 투입하여 북한의 주요 문건을 입수, 분류, 이송 하는 것이었다. ADVATIS의 문서과는 서울에 위치하며 북한 지역 내의 주요 문서를 수집했다. 1950년 10월 17일 평양으로 진격이 시작되자, 10월 19일 ADVATIS는 문서 수집팀을 파견했다. 여기에는 크릴로프[Eugene B. Kryloff] 소령과 오 소위(한국

1. James F Nobors 소령이 모공리에서 노획한 인민군의 문서들을 살피는 모습 1950년 9월 18일 ⓒ NARA
2. 대구 지역 1사단 8기병연대 B중대에 의해 생포된 인민군 13사단 참모장 이학구 대좌 1950년 9월 21일 ⓒ NARA
3. 생포된 인민군 포병대 정봉욱 중좌와 그의 보좌관, 미8군 정보사령부(1) 1950년 8월 22일 ⓒ NARA
4. 생포된 인민군 포병대 정봉욱 중좌와 국군 신문관, 미8군 정보사령부(2) 1950년 8월 22일 ⓒ NARA

군), 쿠니히로$^{Tow\ Kunihiro}$ 병장(미 공군), 임(군무원) 4명이었다. 앞에서 언급한 인디언헤드 부대의 Special Team은 이들을 지칭하고 있을 것으로 추정된다. 시기가 일치하고 이들 소수가 단독으로 북한지역 내에서 활동하기에는 위험 요소가 있기 때문에 인디언헤드 특수임무부대와 함께 평양으로 파견되었을 것이다.

한편 10월 12일 ADVATIS는 필리오드^{Pilliod} 대령과 김종호, 박병욱 등 2명의 한국군 소위를 비행기로 원산에 파견하였다. 이들은 원산 지역의 북한 문서를 수집하기 위해서 파견되었다. 이후 추가로 제10군단 내에 요원을 파견했는데, 여기에는 에이크$^{Eugene\ Ten\ Eyck}$ 대위, 언더우드 중위 등 총 10명으로 구성되었다. 필리오드 대령은 원산에서 우연하게도 러시아 서고를 확보할 수 있었다. 이 양은 기대했던 것 이상으로 상당했는데, 약 2,000파운드에 달하는 양이었다. 이들의 활약으로 10월 15일부터 원산지역의 문서를 입수하기 시작했다. 원산 지역에서 입수한 노획문서 가운데 러시아 문서를 조사하기 위해 평양에서 임무 수행 중이던 크릴로프 소령과 러시아 전문 번역가 3명이 급파되어 11월 4일까지 러시아 문서를 조사하였다. 평양에서 임무를 수행 중이던 팀들도 11월 13일까지 노획한 문서 전부를 분류하는 작업을 마치고, 11월 30일 최종적으로 서울로 철수하였다.

중공군의 공세로 인해 전황이 급격하게 변하게 되자, 1950년 12월 1일 ADVATIS는 전방에 파견된 전방제대(AE)의 번역팀 및 포로 신문가들을 모두 후방으로 후퇴시켰다. ADVATIS는 부산 동래에 사령부를 두었고, 서울과 인천 지역에 배치되었던 산하

부대를 모두 대구로 이동시켜 크릴로프 부대 산하로 배속했다. 12월 2일 현재까지 ADVATIS가 수행한 작업은 매우 방대했다. 9만 5천 명의 포로를 1차 심사했으며, 그 가운데 1,760명의 포로들에 대한 신문을 수행하였고, 2,788개의 신문보고서를 작성했다. 또한 문서 수집에서는 18톤에 해당하는 노획문서를 정리, 평가, 번역하였다.

이렇게 한국전쟁기 ATIS는 ADVATIS를 파견하여 한국전선에서 포로 신문, 주요문서의 번역 등을 통한 전략 및 전술정보를 수집하였다. 또한 당시 제8군, 극동공군, 국무부 신문팀$^{State\ Department\ Interrogation\ Team}$, ORO 등 공산권 자료를 확보하려는 다양한 기구들의 활동을 조정하여 이들이 입수한 주요 문서들을 통합적으로 관리, 선적번호를 부여하였고, 이를 안전하게 본토로 이송할 수 있었다.

이렇게 활약하던 ATIS는 1951년 2월 4일 제8238육군부대로 재조직되었으며, 12월 1일 극동군사령부 군정보대$^{Military\ Intelligence\ Service\ Group,\ 8238th\ Unit}$로 재편되었다. 이후 MISG는 1952년 9월 1일 500군정보대$^{500th\ Military\ Intelligence\ Service\ Group}$로 다시 개편되어, 한국전쟁이 정전에 이를 때까지 작전을 수행하였다.

노획문서의 종류와 체제

북한노획문서는 평양, 원산, 함흥 등 북한 지역에서 입수했을 뿐만 아니라 서울, 수원, 대전 등 남한지역에서도 다수 확보했다.

또한 미 공군이 주요 공항(김포공항, 흥남의 연포공항 등)에서 입수한 북한문서도 포함되었다.

그럼 여기서는 북한노획문서에 대해 개략적으로 정리해 보자. 현재 미 국립문서기록관리청(NARA)에 소장되어 있는 북한문서는 약 2,607Box 이상으로 추정된다.

현재까지 확인된 북한노획문서는 주제별로는 다음과 같이 분류된다. 건설계획, 경제, 고전문학, 공산당의 역사와 활동, 공업, 농업, 북한군, 북한법원, 사회학, 산업, 소련과 소련위성국인 동유럽에서의 생활, 선전, 수학, 영화, 의학, 정치, 조러무역, 중국인민지원군, 지리, 항해, 항공학, 현대문학 등이다. 노획문서의 형태별로는 서신, 공문서, 사문서, 인쇄물(책, 신문, 연간물), 회보, 사진 등이다. 언어별 분류에 따르면 대부분이 한국어와 러시아어로 된 것이 가장 많으며 이외에도 불가리아어, 중국어, 영어, 프랑스어, 독일어, 헝가리어, 이탈리아어, 일본어, 폴란드어 등이 있다. 여기서 동유럽계통의 언어가 보이는 것으로 보아 당시 북한의 대 동유럽 관계를 엿볼 수 있다.

북한노획문서는 정보의 내용면에서 3가지로 구분되었다. 첫째는 러시아 자료이고, 둘째는 노획된 북한 문서이며, 셋째는 노획된 적의 문건이다. 러시아 자료와 노획된 북한문서는 SA$^{Shipping\ Advice}$ 선적문서로 분류되어, SA2001부터 SA2013까지 번호가 부여되었다. 총 분량은 2,394박스이다. 세 번째인 노획된 적의 문건으로 분류되는 문서들은 6개의 숫자가 부여되어 200001부터 208072까지의 번호가 부여되었다. 총 분량은 173 박스이다.

노획문서를 관리하면서 모든 문서를 전부 번역하는 것은 아니었다. 여기에도 다음과 같은 평가체계에 따라 관리하였다. 아래의 문서 평가에서 B나 S그룹으로의 최종 인가는 ATIS만이 할 수 있었다.

A ―전역에 전술 및 전략적 가치를 가진 정보가 포함된 문서들
B ―전역 수준 이상의 정보를 가지고 있는 문서들
S ―전역 수준이나 전역 수준 이상의 정보를 가진 문서들
C ―군사적 가치가 없는 문서들

이렇게 평가된 노획문서는 운송 시 문서분류의 체계에 따라 다음과 같이 10가지 항목에 따라 정리되었다. 10가지 항목은 다음과 같은 내용에 따라 기입하도록 하였다.

1. 일괄번호(Batch Number)
2. 노획 장소
3. 노획 일자
4. 수령일
5. 발송 기관(부대) 및 일괄번호
6. 문서 가치 분류(A, B, S or C)
7. 선적일/수령 기관
8. 선적수단
9. 번역 번호

10. 분류인 이니셜

각 문서분류에 따라 정리한 북한노획문서는 다음과 같다.

- 러시아 자료[Russian materials captured in Pyong Yang]

  SA 2001~2004 [1123boxes]

  평양의 소련기관으로부터 입수. 세계문학, 예술, 음악, 기술, 정치 등에 관한 러시아 책을 포함한 도서관 자료

- 노획한 북한문서[Captured Korean Documents]

  SA 2005~2013 [1218boxes]

  일기, 팸플릿, 신문, 전단, 포스터, 지도, 청사진, 오버레이, 투명도, 사진 등

  SA 20181 [9boxes]

  구일본 해군 수로국에서 1937~45년 작성한 책, 연간물, 소책자

  SA 19177 [24boxes]

  일본어 문서

  An Additional 11 shipping advices [47boxes]

  책, 연간물, 소책자

- 노획한 적의 문건[Captured Enemy Documents]

  SA200001~208072 [186boxes]

  대부분 한국어로 된 문서들로 잠재적인 정보 가치를 가 지는

문서들이다. 이들 문서들은 ATIS가 번역이나 발췌 또는 요약해 "Enemy Documents"나 "Bulletin, Enemy Documents, Korean Operations"로 발간했다. 일부 SA번호 사이의 공백은 지도와 같이 미 국립문서기록관리청으로 인계되기 전에 삭제한 것이다.

- 영화
  242-MID [2,576items]
  친소-반미를 나타내는 북한 영화

ATIS에 대한 연구의 필요성

ATIS에 대해 이번 장에서 자세히 분석한 이유로는, 이 기구가 해방 이후 한국전쟁 이전까지 한반도와 일본 지역에서 공산권에 대한 정보수집, 한국전쟁기 북한군 및 중공군 포로에 대한 포로 신문 및 노획문서 확보를 통해 당시의 시대상을 이해할 수 있는 1차 사료를 집대성한 기관이기 때문이다.

한국전쟁이 발발하자 극동군사령부는 ATIS의 전선부대인 ADVATIS를 한국에 파견하였다. 10명으로 구성된 ADVATIS는 한국에 도착한 직후 대전 지역으로 이동했지만 후에 대구, 부산으로 이전하며 적의 문서 수집 및 포로 신문을 담당하였다. ADVATIS는 각 군단 및 사단에 소수의 인원으로 편성된 전방제

포로로 잡은 북한군 병사를 이송 중인 미군 병사들

한국전쟁기 ATIS는 산하 부대로 ADVATIS를 파견하여 한국전선에서 적의 문건과 포로 신문을 통해 적의 전투서열과 작전 계획, 병참 관련 정보 등 전쟁에 필수적인 정보를 확보하는 데 일익을 담당했을 뿐만 아니라, 심리전 및 사보타주 등의 활동까지 전개하여 전쟁에 기여하였다. 또한 북한군 및 중공군 포로에 대한 신문 및 각종 문서를 수집 정리하여, 전략정보 및 지리정보로 분류 정리하기도 하였다.

대(AE)를 파견하여 다양한 적의 문서를 입수하였는데 그 가운데는 1950년 7월 16일 대전 지역에서 확보한 북한의 정찰명령서가 있었다. 이는 이후 10월에 북한의 남침을 증명하기 위한 유엔 특별보고서에 첨부되기도 하였다. 한편 전선의 교착과 함께 아군으로 투항한 북한군의 소유 문건에 대한 번역 및 전투 정보 평가도 ATIS의 임무 가운데 하나였다. 전선 및 투항하는 적이 가져 오는 문건의 대부분은 도쿄의 사령부로 보내져 이곳에서 정보평가를 거쳐 번역되고 회람되었다.

이렇게 한국전쟁기 ATIS는 산하 부대로 ADVATIS를 파견하여 한국전선에서 적의 문건과 포로 신문을 통해 적의 전투서열과 작전 계획, 병참 관련 정보 등 전쟁에 필수적인 정보를 확보하는 데 일익을 담당했을 뿐만 아니라, 심리전 및 사보타주 등의 활동까지 전개하여 전쟁에 기여하였다. 또한 북한군 및 중공군 포로에 대한 신문 및 각종 문서를 수집 정리하여, 전략정보$^{\text{Tactical Intelligence}}$ 및 지리정보$^{\text{Geographic Intelligence}}$로 분류 정리하기도 하였다.

ATIS의 또 하나의 중요한 임무 가운데 하나가 바로 포로 신문이었다. 13만 여 명에 달하는 포로들에 대한 신문을 통해 ATIS는 적의 중요 군사 정보를 상세히 분석하였고, 이를 정리하여 예하 부대에 전투정보로 배부하였다. 이러한 ATIS의 포로 신문에 대한 분석과 조사는 현재 한국전쟁과 관련해 해명되지 않고 있는 많은 문제들을 해결할 보고이다.

참고문헌

1. 자료

『관보』, 『경향신문』, 『국민신문』, 『동아일보』, 『매일신보』, 『민주신보』, 『부산일보』, 『서울신문』, 『자유신문』, 『조선일보』, 『평화일보』, 《New York Times》
국방군사연구소, 『한국전쟁자료총서 1-미 국가안전보장회의문서 KOREA Ⅰ』, 국방군사연구소, 1996.
국방군사연구소, 『한국전쟁 자료총서 2: 미 국가안전보장회의문서 Korea Ⅱ (1951~1954)』, 국방군사연구소, 1996.
국방군사연구소, 『한국전쟁자료총서 3-미 국가안전보장회의 문서』, 국방군사연구소, 1996.
국방군사연구소, 『한국전쟁자료총서 49: 미 국무부 한국국내상황관련 문서 XI』, 국방군사연구소, 1999.
국방군사연구소, 『한국전쟁 자료총서 53: 미 국무부 한국국내상황관련 문서 ⅩⅤ』, 국방군사연구소, 1999.
국방군사연구소, 『한국전쟁 자료총서 54: 미 국무부 한국국내상황관련 문서 ⅩⅥ』, 국방군사연구소, 1999.
국사편찬위원회, 『남북한관계사료집』21~25권, 국사편찬위원회. 1996.
대한민국 국방부, 『2014 국방백서』, 국방부, 2014.
국사편찬위원회, 『자료대한민국사』, 국사편찬위원회, 1968~
신복룡 편, 『한국분단사자료집』Ⅲ-3, 원주문화사, 1992.
정용욱 편, 『주한미국대사관 주간보고서 Joint Weeka』2, 국학자료원, 1999.
한국학중앙연구원 편, 『6·25전쟁기 미군 심리전 관련 자료집』, 선인, 2005.
행정자치부 정부기록보존소 편, 『한국전쟁과 중국』Ⅰ, 행정자치부 정부기록보존소, 2002.
Chief of Military History, Reports of MacArthur-MacArthur in Japan: The Occupation: Military Phase, vol. Ⅰ, Supplement, Washington D. C: Government Printing Office, 1994,
Harry S. Truman Library and Museum, President Harry S. Truman's Office Files, 1945-1950.
NARA, 59, 740.00119 Control(Korea), 6-1749.

NARA, RG 59, 740.00119 Control(Korea) 7-149, Report of Political Advisor for U. S. Army Military Government in Korea.

NARA, RG 59, 740.00119 Control(Korea)/ 1-2549, A/MJS.

NARA, RG 165, Records of the War Department General and Special Staffs, Office of the Director of Plans & Operations, Top Secret : American-British-Canadian Correspondence, Box 454.

NARA, RG 165, Records of the War Department General and Special Staffs, Military Intelligence Division, "P"File, 1940-45.

NARA, RG 319, Assistant Chief of Staff, G-2(Intelligence), Publication Files 1946~51.

NARA, RG 319, Records of the Army Staff, 1903-2009, General Decimal Files, 1950-1951(Top Secret) General Correspondence Relating to Training and Operations, 1950-52.

NARA, RG 319, Records of the Army Staff, Office of the Chief of Civil Affairs, Security Classified Records of the Economics Division, 1946-61.

NARA, RG 331, Allied Operational and Occupation Headquarters, World War Ⅱ, Supreme Commander for the Allied Powers(SCAP), Assistant Chief of Staff, G-2, Public Safety Division, General File, 1946-50.

NARA, RG 338, Eighth U.S. Army, 1944-1956, Adjutant General Section, Security-Classified General Correspondence, 1951, Entry 8th Army, 319.1 (ORO) to 319.1 (PDS).

NARA, RG 338, Records of U. S. Army Operational, Tactical and Support Organizations office of the Inspector.

NARA, RG 349, Box 783, Operations Research Office. 1950.

NARA, RG 554 Records of General HQ, Far East Command, Supreme Commander Allied Powers, and United Nations Command, Assistant Chief of Staff, G-2 MIS(D/A) Intelligence Division, Translator & Interpreter Service, General Correspondence, 1947-50.

MA, RG 4, Records of General Headquarters, U. S. Army Forces Pacific(USAFPAC), 1942-47.

MA, RG 5, Records of General Headquarters, Supreme Commander for the Allied Powers(SCAP), 1945-51.

MA, RG 6, Records of General Headquarters, Far East Command(FECOM) 1947~1951.

MA, RG 9, Collection Messages(Radiogram), 1945~1951.

MA, RG 38, Papers of LGEN Edward M. Almond, Chief of Staff, SCAP, Commanding General, X Corps, FECOM.

U. S. Army Military Institute, Matthew B. Ridgway Papers,

U. S. Department of State, Bulletin. U. S. Department of State, 1945.

U. S. Department of State, Foreign Relations of the United States, 1945, vol. VI : The British Commonwealth and the Far East. Washington : United States Government Printing Office, 1969.

U. S. Department of State, Foreign Relations of the United States, 1946, vol. VIII : The Far East. Washington : United States Government Printing Office, 1971.

U. S. Department of State, Foreign Relations of the United States, 1947, vol. VI : The Far East, Washington : United States Government Printing Office, 1972.

U. S. Department of State, Foreign Relations of the United States, 1948, vol. VI : The Far East and Australasia, Washington : United States Government Printing Office, 1974.

U. S. Department of State, Foreign Relations of the United States, 1949, vol. IX : The Far East : China, Washington : United States Government Printing Office, 1974.

U. S. Department of State, Foreign Relations of the United States, 1950, vol. VII : Korea, Washington : United States Government Printing Office, 1976.

U. S. Congress, Military Situation in the Far East-Hearings before the Committee on Armed Services and the Committee on Foreign Relations United States Senate, Eighty-Second Congress First Session, Part 1~5, Washington, D. C: U.S. Government Printing Office, 1951.

U. S. Congress, Office of Technology Assessment, A History of the Department of Defense Federally Funded Research and Development Centers, OTA-BP-ISS-157, Washington, D. C: U.S. Government Printing Office, 1995.

竹前榮治 解說・今泉眞理 譯,『GHQ日本占領史 1: GHQ日本占領史序說』, 東京: 日本圖書センタ―, 1996.

高野和基,『GHQ日本占領史 2 －占領管理の體制』, 東京:日本圖書センタ―, 1996.

大嶽秀夫 編・解說.『戰後日本防衛問題資料集』, 東京: 三一書房, 1991.

2. 연구성과

가토 요코 지음・윤현명 옮김,『그럼에도 일본은 전쟁을 선택했다』, 서해문집, 2018.

강동완,「일본의 재무장과 한국의 카드 : 동아시아조약기구를 창설하라」,『말』통권 230호, 2005.

견수찬,「인천상륙작전에 대한 논의의 검토」,『인천역사』제1호, 인천광역시역사자료관 역사문화연구실, 2004.

고든 L. 리트먼 지음・김홍래 옮김,『인천 1950』, 플래닛미디어, 2006.

고모리 요이치 지음・송태욱 옮김,『1945년 8월 15일, 천황 히로히토는 이렇게 말하였다』, 뿌리와이파리, 2004,

고지마노보루 저・유승호 역,『한국전쟁 전모』, 송산출판사, 1988.

국방군사연구소,『한국전쟁』上, 국방군사연구소, 1995.

국방군사연구소,『한국전쟁』中, 국방군사연구소, 1995.

국방부군사편찬연구소,『6・전쟁사 6』, 국방부군사편찬연구소, 2009.

국방부군사편찬연구소,『6・25전쟁사 7』, 국방부군사편찬연구소, 2010.

국방부군사편찬연구소,『6・전쟁사 8』, 국방부군사편찬연구소, 2011.

국방부전사편찬위원회,『한국전쟁사 제3권 － 낙동강방어작전기』, 국방부전사편찬위원회, 1970.

국방부전사편찬위원회, 『한국전쟁전투사-인천상륙작전』, 국방부전사편찬위원회, 1983.
극동국제군사재판소 (엮음) 지음·김병찬 옮김, 『A급 전범의 증언 : 도쿄전범재판 속 기록을 읽다: 도조 히데키 편』, 언어의바다, 2017.
김경일 지음·홍면기 옮김, 『중국의 한국전쟁 참전 기원』, 논형, 2005.
김계동, 『한반도의 분단과 전쟁』, 서울대학교출판부, 2000.
김광수, 「인천상륙작전은 기습이 아니었는가」, 『전사』 제2호, 국방군사연구소, 1999.
김광식, 「일본의 군사력 증강과 아시아의 안보 위기」, 『말』통권 157호, 1999.
김남균, 「미국의 일본 재무장 정책」, 『한국전쟁사의 새로운 연구』 1, 국방부 군사편찬연구소, 2005.
김덕호·원용진 엮음, 『아메리카나이제이션: 해방 이후 한국에서의 미국화』, 푸른역사, 2008.
김도민, 「1948~50년 주한미대사관의 설치와 정무활동」, 서울대학교 석사학위논문, 2012.
김성길, 「재무장 서두르는 일본」, 『말』 통권 26호, 1988.
김성즙, 「日本의 再武裝과 그 展望: 第3次 軍事力增强計劃을 中心으로」, 『사상계』, 1967.
김영호, 『한국전쟁의 기원과 전개과정』, 두레, 1998
김영희, 「한국전쟁 기간 삐라의 설득커뮤니케이션」, 『한국언론학보』 제52권 1호, 한국언론학회, 2008년.
김용서, 「대해부 日本自衛隊; 日本再武裝의 겉과 속」, 『月刊中央』163, 1989.
김일영·조성렬, 『주한미군: 역사, 쟁점, 전망』, 한울, 2003.
김중생, 『조선의용군의 밀입북과 6·25전쟁』, 명지출판사, 2001.
김 철, 「日本의 外交 및 再軍備와 韓國」, 『사상계』, 1960.
김철범, 『한국전쟁과 미국』, 평민사, 1995.
김태기, 「1950년대 초 미국의 대한 외교정책」, 『한국정치학회보』제33집 1호, 1999.
김학준, 「정권형성기(1951년 8월 15일~1948년 9월 8일)와 정권 초창기(1948년 9월 9일~1950년 6월 24일)의 북한 연구 Ⅰ : 한국전쟁기에 미군이 노획한 북한 문서에 관한 소개를 중심으로」, 『국제정치논총』, 국제정치학회, 1985.
김학준, 『개정증보판 한국전쟁-원인·과정·휴전·영향』, 박영사, 2003

김 현, 「미국의 일본 재무장 결정(1950년 9월)의 외교정책 결정론적 분석」, 『한국정치학회보』 30집, 4호, 1996.
김현기, 「인천상륙작전과 서울탈환이 한국전쟁에 미친 영향」, 『군사논단』 17, 한국군사학회, 1999.
김형인, 『미국의 정체성; 10가지 코드로 미국을 말한다』, 살림, 2003.
남시욱, 「일본의 再軍備와 平和外交」, 『신동아』 9월호, 1970.
남정옥, 『한미군사관계사, 1871~2002』, 국방부군사편찬연구소, 2002.
다카시 후지타니 지음 · 이경훈 옮김, 『총력전 제국의 인종주의』, 푸른역사, 2019.
데이비드 콩드 지음 · 최지연 옮김, 『한국전쟁, 또 하나의 시각』 I, II, 과학과 사상, 1988.
도널드 스턴 맥도널드 저 · 한국역사연구회 1950년대반 역, 『한미관계 20년사: 1945~1965 해방에서 자립까지』, 한울, 2001.
藤原彰 저 · 엄수현 역, 『日本軍事史』, 시사일본어사, 1994.
라종일, 『세계와 한국전쟁』, 대한민국역사박물관, 2019.
로이 애플맨 저 · 육군본부 역, 『한국전쟁의 서부전선』, 육군본부, 1995.
리관준, 「미제살인장군을 족친 영웅」, 『천리마』, 문예출판사, 1983.
마에다 데츠오, 『일본군대 자위대』, 시사일본어사, 1988.
Malcolm W. Cagle · Frank A. Manson, 신형식 역, 『한국전쟁해전사』 (서울: 21세기 군사연구소, 2003).
박동찬, 『주한미군사고문단』, 한양대학교출판부, 2016.
박명림, 『한국전쟁의 발발과 기원』 I, II, 나남출판, 1996
박명림, 「한국전쟁: 전세의 역전과 북한의 대응(1)-1950년 8월 28일부터 10월 1일까지」, 『전략연구』 통권 10호, 1997.
박명림, 『한국 1950 - 전쟁과 평화』, 나남, 2002.
박명림, 「열전의 인천 1950년, 그리고 평화의 인천 2005년: 두 인천의 역사적 조망의 몇몇 비교범주들」, 『제4회 월미평화포럼-황해, 전쟁의 바다에서 평화 교류의 바다로』, 2004년 9월 17일.
박영실, 『중국인민지원군과 북 · 중 관계』, 선인, 2012.
박영실, 「반공포로 63인의 타이완행과 교육 및 선전 활동」, 『정신문화연구』 37호, 2014.

박영실, 「타이완행을 선택한 한국전쟁 중공군 포로 연구」, 『아세아연구』59호, 2016.
박원순, 「동경전범재판, 그 능욕과 망각의 역사」, 『역사비평』 계간 26호, 1994.
박원순, 「동경전범재판의 시작과 끝」, 『근현대사강좌』 통권 제17호, 근현대사연구회, 1995.
박재영, 『국제정치패러다임』, 법문사, 1996.
박찬표, 『한국의 국가형성과 민주주의-미군정기 자유민주주의의 초기제도화』, 고려대학교출판부, 1997.
박현수, 「6·25전쟁기 삐라의 사회기호학적 분석」, 『군사』 제73호, 2009년.
방선주, 「노획 북한필사문서 해제(1)」, 『아시아문화』 창간호, 한림대학아시아문화연구소, 1986.
방선주, 「미국 자료에 나타난 한인 〈종군위안부〉의 고찰」, 『국사관논총』 제37집, 국사편찬위원회, 1992.
방선주저작집간행위원회 엮음, 『방선주 저작집 세트』 (전3권), 선인, 2018.
방선주, 「한국전쟁 당시 북한자료로 본 '노근리'사건」, 『정신문화연구』23-2, 한국정신문화연구원, 2000.
방선주 편, 『한국전쟁기 삐라』, 한림대학교아시아문화연구소, 2000.
방선주, 「미국 국립공문서관 소장 RG242내 〈선별노획문서〉 조사연구」, 『미국소재 한국사 자료 조사보고』Ⅲ, 국사편찬위원회, 2002.
브루스 커밍스 지음·김동노 외 옮김, 『브루스 커밍스의 한국현대사』, 창작과 비평사, 2001.
사회과학원 력사연구소, 『조선전사』 제26권, 과학백과사전출판사, 1981
새뮤얼 헌팅턴 지음·형선호 옮김, 『새뮤얼 헌팅턴의 미국』, 김영사, 2004.
서민교, 「전후 일본의 방위 구상: 일본 우익 세력의 자위대 구상과 그 실천」, 『일본비평』 통권 제10호, 2014.
서주석, 「인천상륙작전의 결정경위와 전개과정」, 『인천상륙작전 50주년 기념학술회의-한국전쟁과 인천: 평화와 협력을 위하여』, 2000.
성인기, 「日本의 再武裝을 直視하라」, 『현대공론』 10월, 1954.
소토카 히데토시·혼다 마사루·미우라 도시아키 지음, 진창수 옮김, 『미일동맹: 안보와 밀약의 역사』, 한울, 2006.
송인영, 「인천상륙작전의 전쟁사적 평가 및 의의」, 『인천상륙작전 50주년 기념학술회의-한국전쟁과 인천: 평화와 협력을 위하여』, 2000.
송충기, 「뉘른베르크 재판과 동경 재판의 비교」, 역사학회 창립 50주년 기념 역사학 국제회의, 2002.
신경식, 『일본의 군사력 증강정책 연구』, 한국학술정보, 2007.
신도 에이이찌 저·송이랑 역, 『다시보는 일본 전후외교』, 동아대학교 출판부, 2005.
신우용, 「가시화하는 일본의 재무장 : 가공할 일본 군사력, 한반도 넘본다」, 『말』 통권 240호, 2006.
신응균, 「日本再軍備의 現況」, 『展望』1월, 1956.
아메미야 쇼이치 지음·유지아 옮김, 『일본 근현대사 시리즈 7 : 점령과 개혁』, 어문학사, 2012.
에드워드 베르 저·유경찬 역, 『히로히토-신화의 뒤편』, 을유문화사, 2002.
에드워드 L. 로우니, 『운명의 1도』, 후아이엠, 2014.
오동룡, 「켈로 부대장 최규봉 옹의 '인천상륙작전 비사'」, 『월간조선』 제24권 9호, 월간조선사, 2003.
오민우, 「일본재무장의 기정사실화 작업」, 『마당』36, 1984.
오보경, 「한국전쟁기 미 제8군의 심리전 기구와 활동」, 충남대학교 석사학위논문, 2010.
오코노기 마사오 저·현대사연구실 역, 『한국전쟁-미국의 개입과정』, 청계연구소, 1996
옥명찬, 「아메리카니즘-Frontier를 중심으로-」, 『新天地』, 1946.
와다 하루끼 지음·서동만 옮김, 『한국전쟁』, 창작과 비평사, 1999.
요시미 슌야 지음·오석철 옮김, 『왜 다시 친미냐 반미냐』, 산처럼, 2008.
우쓰미 아이코 지음·이호경 옮김, 『조선인 BC급 전범, 해방되지 못한 영혼』, 동아시아, 2007.
유지아, 「전후 미국의 한국과 일본에 대한 국방경비대(경찰예비대) 창설과정」, 『史林』 제28호, 2007.
유지아, 「일본 재군비 과정에서 제국군인의 역할과 위상: 연합총사령부(General headquarters) 復員局내의 '핫토리(服部) 그룹'을 중심으로」, 『일본역사연구』 33집, 2011.
윤정석, 「美國의 東北亞 軍事政策과 日本의 再武裝」, 『美蘇研究』3, 1989.

윤정석, 「소련의 極東군사정책과 日本의 再武裝」, 『美蘇硏究』4, 1990.
이기원, 「일본 방위체제 강화의 배경」, 『신동아』 12월호, 1978.
이상호, 「인천상륙작전과 북한의 대응-사전인지설과 전략적 후퇴에 대한 반론」, 『군사』 제59호, 국방부군사편찬연구소, 2006.
이상호, 「미국 맥아더기념관 소장 한국관련 자료조사 및 해제」, 『미국소재 한국사 자료 조사보고 Ⅴ』, 국사편찬위원회, 2007.
이상호, 「웨이크 섬(Wake Island) 회담과 중국군 참전에 대한 맥아더사령부의 정보 인식」, 『한국근현대사연구』 제45집, 한국근현대사학회, 2008.
이상호, 『맥아더와 한국전쟁』, 푸른역사, 2012.
이상호·박성진, 「인천상륙작전과 팔미도 정보 작전」, 『정신문화연구』 제36권 제3호, 한국학중앙연구원, 2013.
이선호, 「9·15인천상륙작전의 역사적 평가」, 『북한』 통권 405호, 북한연구소, 2005.
이원덕, 「주한미군 철수에 관한 연구: 1947~1949의 경우를 중심으로」, 서울대학교 석사학위논문, 1987.
이원덕, 『한일 과거사 처리의 원점: 일본의 전후처리 외교와 한일회담』, 서울대학교출판부, 2006,
이윤규, 『들리지 않던 총성 종이폭탄: 6·25전쟁과 심리전』, 지식더미, 2006.
이의환, 「인천상륙작전에 가려진 월미도 원주민들의 아픔」, 『황해문화』 통권68호, 새얼문화재단, 2010.
이주영, 『미국의 좌파와 우파』, 살림, 2003.
이형철, 「냉전하의 재군비」, 『亞細亞硏究』 83, 1990.
이혜숙, 「일본현대사의 이해-전후 일본사회와 미국의 점령정책-」, 『해외지역연구』, vol. 8, 경상대학교 해외지역연구센터, 2003.
인민무력부 전쟁경험연구실·사회과학원 력사연구소, 『조선인민의 정의의 조국해방전쟁사』2, 사회과학출판사, 1973
장영민, 「한국전쟁 전반기 미군의 심리전에 관한 고찰」, 『군사』 제55호, 2005.
전 준, 「일본군의 현황을 보라」, 『사상계』 7월, 1964.
전쟁기념사업회, 『한국전쟁사 제4권-낙동강에서 압록강으로』, 전쟁기념사업회, 1992.
정대화, 「일본의 재무장 현황, 1950-2000」, 『사회과학논총』26, 1999.

정동수, 「일본의 재군비에 대한 연구: 미국의 정책전환과정과 일본의 재군비논쟁을 중심으로(1948-1950)」, 서울대학교 외교학과 석사학위논문, 1993.
정병준, 「총설」, 『미국소재 한국사 자료 조사보고』 I, 국사편찬위원회, 2002.
정병준, 「탈취-노획의 전쟁기록」, 『역사비평』 73, 역사비평사, 2005.
정병준, 『한국전쟁: 38선 충돌과 전쟁의 형성』, 돌베개, 2006.
정용욱, 「미군정기 웨드마이어 사절단의 방한과 미국의 대한정책 변화」, 『동양학』 제30집, 2000.
정용욱, 「6·25전쟁기 미군의 삐라 심리전과 냉전 이데올로기」, 『역사와 현실』 51, 2004.
정용욱, 「6·25전쟁기 삐라에 나타난 '적'의 이미지」, 『내일을 여는 역사』 제16호, 2004.
정용욱, 「6.25전쟁 전후 NARA 한국 관련 자료의 활용 현황 및 과제」, 『미국소재 한국사 자료 조사보고 V』, 국사편찬위원회, 2007.
정일형, 「아메리카니즘의 정체」, 『신생』 제3권 제10호, 1930.
정재철, 「일본 재군비와 한국의 안전보장문제」, 『국방연구』 vol. 23, 1967.
조성훈, 「한국전쟁시 포로교육의 실상」, 『군사』 제30호, 1995.
조성훈, 「한국전쟁 중 유엔군의 포로정책에 관한 연구」, 한국정신문화연구원 박사학위논문, 1998.
조이현, 「1948-1949년 주한미군의 철수와 주한미군사고문단의 활동」, 서울대학교 석사학위논문, 1995.
주지안롱 지음·서각수 옮김, 『모택동은 왜 한국전쟁에 개입했을까』, 도서출판 역사넷, 2005.
중국군사과학원군사역사연구부 저·박동구 역, 『중국군의 한국전쟁사』, 국방부군사편찬연구소, 2005.
중앙일보사 편, 『민족의 증언』 제4권, 중앙일보사, 1983.
찰머스 존슨 저·장달중 역, 『일본의 기적: 통산성과 발전지향정책의 전개』, 박영사, 1984.
최창언, 「日本의 再軍備問題」, 『정경연구』 6월, 1965.
최형식, 『독일의 재무장과 한국전쟁』, 혜안, 2002.
크리스토퍼 심슨 저·정용욱 역, 『강압의 과학: 커뮤니케이션 연구와 심리전,

1945~1960』, 선인, 2009.
다치바나 다카시·이규원 역, 『천황과 도쿄대』1, 2, 청어람미디어, 2008.
프라우다誌 編·國會圖書館 譯, 「재무장을 꾀하는 일본의 군국주의자들」, 『해외사정』 49, 1983.
하야시 히로우미 지음·현대일본사회연구회 옮김, 『일본의 평화주의를 묻는다』, 논형, 2012.
한도 가즈토시·박현미 옮김, 『쇼와사』1, 2, 루비박스, 2010.
합동참모본부, 『합동·연합작전 군사용어사전』, 합동참모본부, 2003.
허버트 빅스 지음·오현숙 옮김, 『히로히토 평전, 근대 일본의 형성』, 삼인, 2010.
허종호, 『조선인민의 정의의 조국해방전쟁사』2, 과학백과사전종합출판사, 1993.
헌병사편찬위원회, 『한국헌병사』, 헌병사령부, 1952.
호사카 마사야스 저·정선태 역, 『도조 히데키와 천황의 시대』, 페이퍼로드, 2012.
Appleman, Roy E., South to the Naktong, North to the Yalu, Washington D. C: United States Government Printing Office, 1961.
Appleman, Roy E., Disaster in Korea-The Chinese Confront MacArthur, Texas: A&M University Press, 1989.
Bevilacqua, Allan C., "Inchon, Korea, 1950-The Landing that couldn't be done,"Leatherneck, September 2000.
Bigelow, Michael E., "Short History of Army Intelligence,"Military Intelligence, 2012.
Blair, Clay, The Forgotten War - America in Korea, 1950-1953, New York: Times Books, 1987.
Brackman, Arnold C., The Other Nurenberg: The Untold Story of the Tokyo War Crimes Trial, London: Collins, 1990.
Bradford, Jeffery A., "MacArthur, Inchon and the Art of Battle Command, "Military Review, Mar/Apr. 2001.
Clayton James, D., The Years of MacArthur, Volume III - Triumph and Disaster 1945-1964, Boston: Houghton Mifflin Company, 1985.
Corbin, Alexander D., The History of Camp Tracy: Japanese WWWII POWs and the Future of Strategic Interrogation, VA: Ziedon Press, 2009.

Cumings, Bruce, The Origins of the Korean War, Vol. II: The Roaring of the Cataract, 1947~1950, New Jersey: Princeton University Press, 1990.

Dae-Sook Suh, "Records Seized by U.S. Military Forces in Korea, 1921-1952,"Korean Studies, Volume 2, 1978.

Dorschner, Jim, "Douglas MacArthur's Last Triumph,"Military History, September 2005.

Dougherty, William E., A Psychological Warfare Casebook, Baltimore: The Johns Hopkins Press, 1958.

Dower, John W. Embracing Defeat: Japan in the wake of World War II, New York: W. W. Norton & Company, 1999.

Eiki, Takemae, Inside GHQ: The Allied Occupation of Japan and Its Legacy, N. Y: Continuum, 2002.

Foot, Rosemary, A Substitute for Victory-The Politics of Peacemaking at the Korean Armistice Talks, Ithaca: Cornell university press, 1990.

Goncharov, Sergei N., Lewis, John W. and Xue Litai, Uncertain Partners-Stalin, Mao and the Korean War, CA: Stanford University Press, 1993.

Heefner, Walton A., Patton's Bulldog-The Life and Service of General Walton H. Walker, Pennsylvania: White Mane Books, 2001.

Heinl, Robert D., "The Inchon Landing: A Case Study in Amphibious Planning, "Naval War College Review, Spring 1998.

Hermes, Walter G. Truce Tent and Fighting Front, Washington D. C: Center of Military History U. S. Army, 1965.

Hirsh, Herbert, Genocide and the Politics of Memory, Chapel Hill, NC: The University of North Carolina Press, 1995.

Hanji, Kinoshita, "Echoes of Militarism in Japan,"Pacific Affairs, vol. 26, No. 3, 1953.

MacArthur, Douglas, Reminiscences, New York: Mcgraw-Hill Book Company, 1964.

Maki, John M., "Japan's Rearmament: Progress and Problems,"The Western Political Quarterly, Vol. 8, No. 4, 1955.

William Manchester, American Caesar, New York: Laurel, 1978.

Mashbir, Sidney Forrester, I was an American Spy, N. Y.: Vantage Press, 1953.

McNaughton, James C., Nisei Linguists-Japanese Americans in the Military Intelligence Service During World War II, Washington D. C: Department of the Army, 2006.

Meyers, Samuel M. and Biderman, Albert D., Mass Behavior in Battle and Captivity: The Communist Soldier in the Korean War, IL: The University of Chicago Press, 1968.

Millett, Allan R. The War for Korea, 1950-1951: They came from the north, Kansas: University Press of Kansas, 2010.

Mossman, Billy C., Ebb and Flow: November 1950 ~ July 1951, Washington D. C: Center of Military History, United States Army, 1990.

Oi, Atsushi. "Rearmament and Japan: Thoughts on a Familiar Bogey,"Asian Survey, Vol. 1, No. 7, 1961.

Page, Thorton, Pettee, George S., Wallace, William A., "Ellis A. Johnson, 1906-1973,"Operations Research, Vol. 22, No. 6, 1974.

Paschall, Rod., "A bold Strike at Inchon,"Military History, 2002.

Charles M. Province, General Walton H. Walker-The Man Saved Korea, Oregon City: CPSIA, 2008.

Robin, Ron T., The Making of the Cold War Enemy: culture and politics in the military-intellectual complex, New Jersey: Princeton University Press, 2001.

Rottman, Gordon L. Korean war order of battle : United States, United Nations, and Communist Ground, Naval and Air Forces, 1950-1953, Prager Publishers, 2002.

Sawyer, Robert K., Military Advisors in Korea: KMAG in Peace and War, Washington D. C: Office of the Chief of Military History, 1962.

Schaller, Michael, The American Occupation of Japan, New York: Oxford University Press, 1985.

Schaller Michael, Douglas MacArthur: The Far Eastern General, New York:

Oxford University Press, 1989.
Schnabel, James, F., Policy and Direction: The First Year, Washington: Office of the Chief of Military History, United States Army, 1972.
Shunya, Yoshimi, "Reconsidering the Consumption of "America" in the Postwar East Asian Historical Context" 서양미술사학회 편, 『미국을 소비하기: 전후 동아시아에서의 문화적 헤게모니』, 2005년 서양미술사학회 제2회 국제학술심포지엄 논문집, 2005.
Stueck, William W. The Korean War: An International History, New Jersey: Princeton University Press, 1995.
The International Institute for Strategic Studies, The Military Balance 2016 : The annual assessment of global military capabilities and defence economics, London: Routledge, 2016.
Yuma Totani, The Tokyo War Crimes Trial-The Pursuit of Justice in the Wake of World War II, Cambridge, MA: Harvard University Press, 2008.
Weintraub, Stanley, MacArthur's War: Korea and the undoing of an American Hero, New York: The Free Press, 2000.
Whitson, W. L., "The Growth of the Operations Research Office in the U. S. Army," Operations Research, Vol. 8, No. 6, 1960.
フランク「コワルスキ—著 ・勝由金次郎 譯,『日本再軍備』,東京: サイマル出版會, 1984.
藤岡信勝,『自虐史觀の病理』, 文藝春秋, 2000.
服部卓四郎,『大東亞戰爭史』, 東京: 鱒書房, 1956.
北「史朗,「マ元帥と日本の再軍備計劃」,『世界政經』9月, 1976.
山本武利,『日本兵捕虜は何をしゃべったか』東京: 文藝春秋, 2002.
森田芳夫,『朝鮮終戰の記錄-米ソ兩軍の進駐と日本人の引揚』, 東京: 嚴南堂書店, 1964.
柴山太,「前後における自主國防路線と服部グル—プ-1947~52年」,『國際政治』第154号, 2008.
安広欣,『至誠は息むことなし-評「田中龍夫』, 東京, 三晃実業出版部, 2000.
櫻井浩,「朝鮮戰爭における米軍の'捕獲資料'について」,『アジア經濟』, アジア經濟研究所, 1983.

五百旗頭眞, 『米國の日本占領政策』, 東京, 中央公論社, 1985.

庄司潤一郎, 「朝鮮戰爭と日本の對応-山口県を事例として」, 『防衛研究所紀要』第8巻 第3号, 2006.

赤木完爾, 「核兵器と朝鮮戰爭」, 赤木完爾 編著『朝鮮戰爭』, 東京, 慶應義塾大學出版會, 2003.

佐藤 晉, 「大陸引揚者と共産圏情報-日美兩政府の引揚者尋問調査」, 増田 弘 編著, 『大日本帝國の崩壊と引揚復員』, 東京: 慶應義塾大學出版會, 2012.

竹前榮治, 『GHQ』, 東京: 岩波書店, 1983.

竹前榮治, 「GHQとインテリジェンス-MISと占領諜報との組織的関係」, 『現代法学』, 東京: 東京経済大学現代法学会, 2014.

春名幹男, 『秘密のファイル』東京: 共同通信社, 2000.

湯淺博, 『吉田茂の軍事顧問 辰巳榮一』, 東京: 産經新聞社, 2011.

土屋札子, 「占領軍の翻r通r局(ATIS)によるインテリジェンス活動」, 『Intelligence』第17号, 2017.

荒 敬 編集, 『朝鮮戰爭と原爆投下計画-米極東軍トップ・シ—クレット資料-』, 東京: 現代史料出版, 2000.

한국전쟁
6.25 70주년 —전쟁을 불러온것들 전쟁이 불러온 것들

초판 제1쇄 발행 2020년 6월 25일

지은이 이상호

펴낸이 김현주

편집장 한예솔
교 정 김형수
디자인 노병권
마케팅 한희덕
펴낸곳 섬앤섬

출판신고 2008년 12월 1일 제396-2008-000090호
주　　소 경기도 고양시 일산동구 백석로 119. 210-1003호
주문전화 070-7763-7200　팩스 031-907-9420
전자우편 somensum@naver.com
인　　쇄 세영미디어

ISBN 978-89-97454-39-6　03340

이 책의 출판권은 섬앤섬 출판사가 소유합니다. 저작권법에 따라 보호를 받는 저작물이므로 무단 전재와 복제를 금합니다.

이 도서의 국립중앙도서관 출판예정도서목록(CIP)은 서지정보유통지원시스템 홈페이지(http://seoji.nl.go.kr)와 국가자료종합목록 구축시스템(http://kolis-net.nl.go.kr)에서 이용하실 수 있습니다. (CIP제어번호 : CIP2020022685)